세계 최고의
인재들은
왜 미술관에 갈까?

세계 최고의
인재들은
왜 미술관에 갈까?

초판 1쇄 발행 2025년 1월 31일

지은이 신인철 펴낸이 이성용 책디자인 책돼지
펴낸곳 빈티지하우스 주소 서울시 마포구 성산로 154 4층 406호(성산동, 충영빌딩)
전화 02-355-2696 팩스 02-6442-2696 이메일 vintagehouse_book@naver.com
등록 제 2017-000161호 (2017년 6월 15일) ISBN 979-11-89249-96-0 13320

세계 최고의
인재들은
왜 미술관에 갈까?

세계 최고의 미술관에서 배우는
비즈니스 인사이트

신인철 지음

빈티지하우스
VINTAGE HOUSE

최고의 인재들은
지난 주말 어디에 있었을까?

세계 최고의 인재들은 왜 미술관에 갈까?

1년 365일, 하루 24시간 바쁜 일상을 보내며 매일같이 시간에 쫓기는 세계 최고의 인재들은 잠시 짬이 생기거나 주말, 휴일이면 바쁜 시간을 쪼개 미술관을 찾아 관람과 사색, 관조와 통찰의 시간을 갖는다고 합니다.

이들은 왜 미술관을 찾는 것일까요? 이들은 미술관에서 무엇을 얻으려고 하는 것일까요?

현대 사회에서 경영활동은 사람, 돈, 시간, 기술 등의 자원과 주변을 둘러싸고 있는 환경, 시장의 변화 그리고 자신들만의 정체성을 기반으로 한 조직문화 등을 종합적으로 통합하여 이뤄지는 종합예술에 가깝습니다.

과거에는 기술 또는 자본 중 어느 한 가지만 제대로 갖고 있어도 성공적인 경영활동이 가능했지만, 현대에는 기술과 자본뿐만 아니라 사람(고객, 임직원)에 대한 깊이 있는 헤아림, 시장에 대한 초인적인 인사이트, 시대적 조류에 대한 한발 앞선 포착, 다른 국가에 대한 문화적 이해 등이 종합적으로 작동해야 경쟁에서 뒤처지지 않고 앞서나갈 수 있게 되었습니다.

이런 상황을 반영하듯, 남들이 풀지 못하는 난제를 풀어내거나 다른 이들이 해결하지 못하는 일들을 앞장서서 해결해야 하는 인재들에게는 갈수록 더 어려운 상황이 주어지고 있습니다.

과거 공장에서 흔히 볼 수 있었던 문구가 있습니다. "닦고! 조이고! 기름치자!" 이처럼 과거에는 남들보다 조금 더 열심히 일하고, 치밀하게 일하고, 재빨리 일하면 조직 내에서 인재로 인정받을 수 있었습니다. 하지만 지금은 그렇게만 해서는 인재로 인정받기는커녕 현재의 자리를 유지하는 일도 어렵습니다. 기술이 발달하고 원하는 정보를 누구나 쉽게 얻을 수 있는 사회가 되면서 근면과 성실은 더 이상 차별화 포인트가 아닙니다. 남다른 감성, 시대를 뛰어넘는 통찰력, 분야를 넘나드는 통섭력을 갖춘 문제해결 능력이야말로 진정한 능력으로 평가받는 시대가 된 것입니다.

이럴 때 필요한 것이 괴슬러 이론으로도 불리는 이연연상二連聯想 능력입니다. 학계에서는 바이소시에이션Bisociation이라는 용어로 사용되는 이연연상은 '서로 전혀 관련이 없어 보이는 두 가지 사고 패턴에서 가져온 요소들을 하나의 새로운 패턴으로 만들어내는 것' 또는 '전혀 상관없어 보이는 요인으로부터 다른 영역에 있는 문제해결의 실마리를 찾는 것' 등을 의미합니다. 예를 들어, 아르키메데스가 국왕의 황금 왕관 문제를 해결하기 위해 목욕통 안에서 발휘했던 능력이며, 구텐베르크가 포도 압축기를 보고 인쇄기를 발명할 때도 발견되는 능력이 이연연상입니다.

현대 기업경영에서는 각기 고유의 포지션이 있으면서도 가장 적극적으로 팀워크이 발휘되는(특히, 벤치 클리어링이 벌어질 때를 보면) 야구팀의 로스터나 스쿼드를 활용한 애자일^{Agile} 방식의 기업조직이 이연연상으로 성공한 대표적인 사례라 할 수 있습니다.

그렇다면 세계 최고의 인재들이 이러한 이연연상을 가장 많이 발휘하거나 훈련받는 공간이 어디일까요? 저는 여러 사례조사와 문헌 기록 등 무수히 많은 자료를 통해 미술관이 바로 그 공간-아르키메데스의 목욕통이자, 쿠텐베르크가 포도 압축기를 발견한 와이너리이자, 최고의 스타트업 경영자가 방문한 메이저리그 경기장-인 것을 발견했습니다.

미술관은 그저 단순히 아름다운 미술품을 모아놓거나 전시하는 곳만이 아니었습니다. 그곳의 미술품을 만든 이들이나 수집품들을 모아서 미술관을 만든 이들은 자신이 사는 시대, 환경의 제약을 넘어서서 인간에게 보편의 감동을 불러일으킬 줄 아는 감성과 통찰력을 보유했던 사람들이었습니다.

세계 최고의 인재들이 일과 이후의 시간이나 휴일에 미술관을 찾는 것은 단순히 머리를 식히거나 취미생활을 한 것이 아닙니다. 미술관에서 예술가들이 자신의 능력을 십분 발휘한 위대한 걸작들을 경험함으로 우리가 경영환경에서, 사회생활에서 필요로 하는 많은 것들을 배우거나 본인의 머릿속을 가득 메우고 있던 수많은 난제들을 풀기 위해 필요한 이연연상을 발휘하기 위함이었습니다.

그뿐만이 아니었을 것입니다. 미술관은 단순히 건물과 소장품으로 이뤄진 곳이 아닙니다. 그 안에는 최초로 설립을 기획한 사람과 실제로 만들어낸 사람, 그에 유무형의 기여를 한 사람과 사사건건 반대를 하며 다른 논리를 들이댄 이들의 협력과 공조, 다툼과 반목의 역사가 담겨있습니다.

그에 대해 살펴보는 것만으로도 최고의 인재로 성장하는 데 있어 가장 중요한 활동 중의 하나인 커뮤니케이션과 의사결정, 협력과 경쟁 관계에 대한 배움을 구할 수도 있습니다.

자! 관람권을 끊어 봅시다!

그러한 의도에서 이 책은 유럽과 미국 그리고 아시아의 최고경영자, 유명한 석학 또는 자신의 분야에서 일가를 이룬 인재들이 즐겨 찾는다고 알려진 미술관에 대한 이야기로 구성되었습니다.

단순히 해당 미술관이나 소장품에 대한 소개를 넘어서 세계 최고의 경영대학원MBA로 꼽히는 펜실베이니아대 경영대학원, 하버드대 경영대학원, 인시아드INSEAD, 런던정경대 경영대학원, MIT 경영대학원의 주요 커리큘럼과 개인적으로 한국에서 인재로 성장하기 위해 필요한 역량들을 반영해 총 20개의 챕터로 구성했습니다.

각각의 챕터에는 해당 미술관과 그를 만든 사람들, 소장된 작품들, 연관된 에피소드 등을 주요 내용으로 다루면서 기업들의 실제 경영활동과 다양한 뒷이야기 등을 담아서 보다 실질적인 배움을 얻을 수 있고 손쉬운 이해가 가능하도록 노력했습니다.

이 책을 구입함으로써 여러분은 세계 최고의 인재들이 사랑하는 스무 군데의 미술관 또는 박물관을 마음껏 방문할 수 있는 프리티켓을 가지게 된 셈입니다.

자, 그 첫 미술관의 문을 열고 한발 들어서 보죠. 그리고 그 안 어디에선가 마주치게 될 인류 지성의 상징, 문화의 선구자, 예술혼의 영웅들이 열정적으로 들려주는 이야기에 귀를 기울여 봅시다.

마지막으로 이 책의 시작부터 끝까지 큰 도움을 주신, 지금 이 시간에도 열악한 환경에서 인류문화의 보고를 지켜가는 전 세계 미술관의 직원분들께 감사 인사를 드립니다. 구체적으로 도움을 주신 분들에게는 책의 말미에 그 소중한 이름을 한 분 한 분 언급하는 것으로 고마운 마음을 대신했습니다.

여러모로 많이 부족한 아들을 늘 지지하고 격려해 주시는 서울과 창원의 두 부모님께는 무한한 애정과 존경의 마음으로 이 책을 바치고자 합니다. 어떤 때는 제 미술관 기행의 동반자가 되어주고, 또 때로는 중세 유럽사를 전공한 사학도로서 꽉 막힌 글을 다시 풀어나갈 실마리를 제공해 주었으며, 전직 패션지 기자답게 새로운 안목에서 예술품 감상의 힌트를 선사해 준 영원한 나의 '단 한 사람' 아내 최유성과 '세상 무엇과도 바꿀 수 없는' 귀한 보물인 딸 신율교에게 제가 이룬 또 앞으로 이룰 모든 것을 바칩니다.

아직 문이 닫힌 어느 미술관 로비 카페에서
전시실 문이 열리기를 기다리며
원고의 마지막 페이지를 마치고 책의 첫 페이지를 적습니다.

차례

Prologue
최고의 인재들은
지난 주말 어디에 있었을까? ·· 004

Part 1. 세계 최고의 인재들은 무엇으로 일할까?　013
무슨 일을 해야 할지 고민이 될 때, 그들은 미술관에 간다

첫 번째 미술관 : **셜록 홈즈 박물관** ····························· 014
미술관은 만드는 사람의 마음대로 만들어진다
　　역사상 가장 유명한, 아무도 살지 않는 곳 / 스토리로 딴 주머니를 차고 있는 운동장 / 위기의
　　나이키를 살려낸 유명한 스토리

두 번째 미술관 : **프라도 미술관** ····························· 028
최고의 걸작도 결국은 연필 데상 한 줄로 시작되었다
　　싸구려 옷 장사가 불 지핀 스페인 패션의 부활 / 화끈하게 위대하게, 프라도와 사라 / 탄탄한
　　기본기가 만들어낸 서양판 호접지몽 / 〈시녀들〉이 진정 가치 있는 이유

세 번째 미술관 : **모리 미술관** ····························· 042
소장품 하나 없이도 최고의 미술관은 만들어진다
　　일본에서 만난 툭툭 또는 쎄움 / 우연히 마주친 신세계 / 모리, 빌림의 미학으로 최고가 되다 /
　　승자가 된 빌림의 대가들

네 번째 미술관 : **차트라파티 시바지 미술관** ····························· 055
더 많은 물감을 섞을수록 세상을 더 제대로 그려낼 수 있다
　　인도를 사랑한, 인도인이 사랑한 왕자 / 인도 역사상 최고의 라이벌 / 다양성에 대한 존중과 경
　　청으로 만들어진 영웅

Part 2. 세계 최고의 인재들은 누구와 일할까? 069
누구와 일해야 할지 고민이 될 때, 그들은 미술관에 간다

다섯 번째 미술관 : **피나코텍 삼형제** ···070
미술관의 가장 소중한 관람객은 우리 눈앞의 그분이 아닐 수도 있다

난형난제! 독일 예술의 보고, 피나코텍 삼형제 / 위대한 예술가를 만들어낸 더럽고 추한 손 /
사업의 성패는 누가 좌우하는가? / 이길 사람을 찾을 것인가? 이기게 해줄 사람을 찾을 것인가?

여섯 번째 미술관 : **두바이 박물관** ···084
직원이 사랑하지 않는 미술관을 사랑하는 관람객은 없다

두바이의 극적인 몰락과 부활 / 국민 없는 두바이, 박물관이 나서다 / 볼 것 없이 볼만한 박물
관을 만들어낸 사람들 / 사랑하면 보이는 것

일곱 번째 미술관 : **루브르 박물관** ···097
미술관에는 모나리자보다도 귀한 사람들이 있다

모나리자가 파업을 하다? / 오래된 숙제, 사람을 어떻게 볼 것인가? / 대한민국에서 가장 유명
한 지방 공무원 / 루브르, 역시 사람이 만들다

여덟 번째 미술관 : **간송 미술관** ···112
사람이 찾지 않는 미술관은 미술품도 찾지 않는다

경성을 떠들썩하게 만든 물병 하나 / 경성과 오사카를 오가며 벌어진 혈전 / 프랑스에서 온 장
작 장수에게서 사들인 집 / 조선에서 가장 잘 속아 넘어가는 수집가 / 빽빽한 나무에는 새들이
앉아 노래하지 못한다

Part 3. 세계 최고의 인재들은 어떻게 일할까? 129
어떤 방식으로 일해야 할지 고민이 될 때, 그들은 미술관에 간다

아홉 번째 미술관 : **대영 박물관** ···130
최고의 미술관에는 승자도 그렇다고 패자도 없다

악한들이 만들어낸 착한 박물관 / 영국이 없는 영국의 대영 박물관 / 타협과 협상의 정치학교
대영 박물관 / 유럽에서 가장 야만스러운 신사 / 미국인들의 혀를 내두르게 만든 영국인들 /
기업의 성공과 실패는 승패만으로 완성되지 않는다

열 번째 미술관 : **오르세 미술관** ··· 147
미술관에서 모두가 제대로 관람하려면 누구도 제대로 관람해서는 안 된다

다툼을 자주 불러일으키는 기차역 / 불순한 의도로 망쳐버린 리뉴얼 공사 / 세기의 천재도
풀지 못한 의견 대립 / 경영자의 숙명, 모순경영 / 모순경영이 만들어낸 근현대 미술의 보고 /
오른손이냐 왼손이냐의 문제가 아니다

열한 번째 미술관 : **브레라 미술관** ·· 162
멋진 미술관은 처음 관람객을 최후의 관람객인 것처럼 맞이한다

세상에서 가장 유명한 키스 / 찰나의 절박함이 가른 중요한 차이 / 경영자가 놓쳐서는 안 될,
진실의 순간 / 모든 삶에, 결정적 순간

열두 번째 미술관 : **무하 미술관** ·· 174
유명한 걸작들만 전시한 미술관은 망한다

사라진 화가들의 영화 / 모든 것을 그려낸 사나이, 모든 것을 다 만드는 회사 / 몰락한 문어들
vs. 성공한 문어들 / 정답은 없다

Part 4. 세계 최고의 인재들은 어디에서 일할까?   191
어디에서 일해야 할지 고민이 될 때, 그들은 미술관에 간다

열세 번째 미술관 : **말레이시아 해양 박물관** ································· 192
그림을 그리려면 화실에 가야하고 걸작을 만나려면 미술관에 가야한다

바다를 지배한 위대한 환관 / 진짜 왕이 되고 싶었던 해적왕 / 인도양을 호령한 한국인 경영자
/ 회의하는 곳이 회의실이고, 회장이 있는 곳이 회장실이다 / 현대 리더가 발휘해야 할 최고의
덕목, 어슬렁거림

열네 번째 미술관 : **루이지애나 근대 미술관** ································· 207
붓을 드는 곳이 작업실이 되고 곧 미술관이 된다

실망감으로 찾았다가 깜짝 놀라서 돌아오는 곳 / 덴마크 최고의 박애주의자였던 사냥꾼 / 공간
자체가 예술이 된, 공간 / 예술을 보거나, 혹은 예술이 되거나

열다섯 번째 미술관 : **우피치 미술관** ··· 221
나무 꼭대기에 열린 사과가 맛있는 걸 아는 사람만이 훌륭한 화가가 된다

들어서기 힘겨웠던 3개의 문 / 때로는, 열린 문보다 닫힌 문이 더 매력적이다 / 고객의 심리적
저항을 유발하라 / 세상에서 가장 매력적인 복도

열여섯 번째 미술관 : **국립 소피아 왕비 예술센터** ··· 235
낮은 곳에 걸어놓으면 더 멋져 보이는 작품이 있다

우리 임금님은 못 말려 / 불같은 왕을 사로잡은 여인 / 왕비에게 바쳐진 스페인 예술 최고의 헌
사 / 최고의 리더이자 팔로워였던 왕비와 미술가 / 리더십의 빈자리에 들어선 또 다른 리더십 /
머무르는 자리를 생각하지 않는다, 해야 할 일들을 생각한다

Part 5. 세계 최고의 인재들은 무엇을 위해 일할까? 　　253
앞으로 어떻게 일해야 할지 고민이 될 때, 그들은 미술관에 간다

열일곱 번째 미술관 : **미국 자연사 박물관** ··· 254
미술관은 망하지 않는다 다만 사라질 뿐이다

살아있는 박물관 / 시작은 미약했으나, 끝없이 성장하리라 / 사라진 기업들 / 여왕의 함정으로
부터 탈출하라 / 박물관이 진짜 살아있다

열여덟 번째 미술관 : **오쿠라슈고칸** ··· 268
공부하는 미술관만이 살아남는다

삼성을 만들어낸, 한 겨울날의 사색 / 대한민국 호텔의 롤모델이 되었던 호텔 / 남의 보물로 생
색낸 이의 말로 / 못 배워먹어서 망한 사람들 / 미술관도 기업도 배워야 산다

열아홉 번째 미술관 : **페기 구겐하임 컬렉션** ····································· 282
제값을 주고 그림을 사들인 미술관이 오래간다

강철의 부녀, 아버지의 고집 / 강철의 부녀, 딸의 고집 / 개인에 대한 욕망을 예술에 대한 욕구
로 승화시키다 / 목숨을 걸고 예술품을 긁어모은 엽기적인 컬렉터 / 세기의 명작이 그녀만을
찾는 이유 / 변하지 않는, 생존의 법칙

스무 번째 미술관 : **폴디 페촐리 미술관** ··· 301
한 번을 보여주더라도 폼나게 보여주는 미술관이 성공한다

억울한 선의 / 세계에서 가장 스타일리쉬한 자선사업가 / 전쟁 덕분에 오히려 기회를 잡은 미술
관 / 베풀고도 욕먹지 않으려면 고민해야 하는 것 / 정승처럼 벌어서 정승같이 써야 하는 세상

도움을 주신 분들 319

Part 1.

세계 최고의 인재들은
무엇으로 일할까?

무슨 일을 해야 할지 고민이 될 때,
그들은 미술관에 간다

나는 그림 그리는 일을 결코 직업처럼 하지 않았다.

그것은 항상 흥미나 재미, 무언가를 시도하려는 욕망에서였다.

- 게르하르트 리히터[1]

---

1 사진과 회화, 추상과 구상의 경계를 넘나드는 작품 세계를 구축한 독일을 대표하는 현대미술가.

미술관은
만드는 사람의
마음대로 만들어진다

역사상 가장 유명한, 아무도 살지 않는 곳

런던 베이커가 221b번지.

세계에서 가장 유명한 번지수 가운데 하나입니다. 영국사람 중에 총리 관저가 있어 '영국에서 가장 유명한 주소'로 불리는 다우닝가 10번지를 모르는 사람은 있어도 베이커가 221b번지를 모르는 사람은 거의 없다고 봐도 무방합니다. 그렇다면 베이커가 221b번지에는 누가 살고 있길래 그토록 유명한 것일까요?

결론부터 이야기하자면, '아무도 살고 있지 않습니다. 현재는…'. 그렇다면 과거에는 누가 살았기에 이렇게 유명세를 떨치게 되었을까요? 조금 김이샌 이야기지만, '예전에도 별달리 유명한 사람이 살진 않았습니다.' 다만, 스

추리소설 속 셜록 홈즈의 집 주소인 런던 베이커가 221b번지에 셜록 홈즈 박물관이 자리하고 있다.

코틀랜드 출신의 의사이자 작가였던 아서 코난 도일 경이 지은 수많은 추리소설 속 주인공인 셜록 홈즈가 살았다고 소설 속에 묘사되었을 뿐입니다.

그럼에도 불구하고 영국인들은 물론, 전 세계 수많은 추리소설 애독자들은 베이커가 221b번지라고 하면 관심이나 애정을 넘어 마치 종교의 성지를 바라볼 때와 같은 묘한 경외감마저 느끼곤 하는 것 같습니다. 하지만 여러분이 실제 베이커가 221b번지를 방문하게 된다면 그간 들었던 경외감은 다 부질없는 기대이자 허상이었음을 알고 실망에 빠질 것이 분명합니다.

그도 그럴 것이 베이커가 221b번지에 들어서 있는 셜록 홈즈 박물관The Sherlock Holmes Museum은 런던 시내의 다른 박물관이나 미술관과 달리 평범한 가정집을 개조한 것 같은 건물에(그나마 1층은 전체가 기념품샵이어서 대부분의 관람객이 전시실인 줄 알고 들어갔다가 되돌아 나오곤 합니다.) 각 층의 넓이도 여느 평범한 런던의 가정집과 다를 바가 없어 매우 좁은 전시공간을 갖추고 있기 때문입니다.

이쯤 되면 셜록 홈즈의 팬들은 "그야 당연한 거 아냐? 그곳은 평범한 박물관이 아니라 추리소설의 무대가 되었던 홈즈의 집을 재연해 놓은 곳이라고" 하며 항의할지도 모르겠습니다.

맞는 이야기입니다. 실제로 가보면 전시된 모든 것들은 홈즈가 주인공으로 활약했던 소설을 재연해 놓은 밀랍인형과 각종 소품뿐 굳이 박물관이라는 이름을 붙일만한 값어치 있는 물건들은 거의-아니 전혀 없다고 보면 맞을 것입니다. 그럼에도 불구하고 매년 수십만 명의 관람객들이 베이커가 221b번지에 있는 셜록 홈즈의 집을 성지순례하듯 방문하고 있습니다.

대체 어떤 이유로 전 세계의 수많은 이들이 허구의 사람, 허구의 주소, 허구의 거주지에 이토록 열광하는 것일까요? 그것은 바로 스토리의 힘입니다. 사람들은 그 장소가 허구의 주소지이고, 홈즈와 그의 조수 왓슨 박사가 살기는커녕 소설의 작가인 코난 도일마저 단 한 번도 들르지 않았던 장소라는 것을 뻔히 알면서도 이 박물관이 풀어놓는 '명탐정 홈즈'라는 스토리와 그 분위기를 즐기며 스스로가 기꺼이 그 스토리의 일원이 되는 것을 주저하지 않으며 방문하는 것입니다.

그런데 스토리에 대한 영국인들의 관심과 애정을 이곳에서만 만나볼 수 있는 것은 아닙니다. 이곳 박물관에서 차로 30분 거리에 위치한 축구 경기

장 에미레이트 스타디움에서도 베이커가 221b번지에 모여든 이들과 비슷한
사람들을 만나 볼 수 있습니다.

스토리로 딴 주머니를 차고 있는 운동장

1837년 도서관과 박물관 등을 갖춘 고급 사교클럽으로 건립된 이래 1983년
대대적인 리빌딩 작업을 거쳐 런던을 대표하는 오페라 및 뮤지컬 극장으로
다시 문을 연 알메이다 극장, 런던 사람들에게 국립 발레 극장의 대접을 받
는 새들러즈 웰스 시어터, 그리고 SF 문학의 산파 역할을 한 인물로 추앙받
는 조지 오웰이 《1984》를 집필한 자택 등이 모여 있는 런던 중북부 이즐링
턴구는 예로부터 문화예술인들의 아지트로 유명했던 지역입니다.

그 지역의 한 가운데는-런던의 다른 경기장과 마찬가지로 '이런 곳에 축
구 경기장이?'라는 의아함이 들 정도로 뜬금없이 시야를 압도하는 거대한
스타디움이 짠! 하고 위치하고 있습니다. 영국 프리미어 리그에서 Big 4로
불리는 강호 아스날의 홈구장인 에미레이트 스타디움입니다.

1886년 12월, 런던 남부 울리치 지역에 위치한 왕립 조병창Royal Arsenal
에서 해군 등에 납품할 대표, 탄환 등을 만들던 노동자 14명이 '다이얼 스퀘
어'라는 이름의 아마추어 축구팀을 창단했습니다. 당시만 해도 그저 같은 공
장 사람들끼리 퇴근 후 재미 삼아 공을 차는 조기축구회 수준의 팀이었죠.
그러나 로열 아스날, 울리치 아스날 그리고 현재의 아스날 FC로 구단명을
바꾸며 본격적인 성장이 시작됐습니다. 아스날은 1920년대 중반 이래 100
여 년간 단 한 번도 강등당하지 않고 잉글랜드 최상위 리그 소속으로 시합을

펼치고 있는데, 이는 역대 최장기간 무강등 기록입니다.

　1996년, 교수라는 별명으로 유명한 아르센 벵거 감독이 부임한 이래, '벵거의 아이들'이라고 불리는 앙리, 반 페르시, 파브레가스 등의 맹활약 속에 프리미어 리그 우승 3회, FA컵 우승 7회, 챔피언스 리그 20회 연속 진출 등 어마어마한 성적을 거두며 완벽하게 명문 구단 반열에 올라섭니다. 특히, 2003-2004 시즌에 기록한 무패 우승은 프리미어 리그 출범 이래 최초였을 뿐만 아니라, 지금까지도 깨질 기미를 보이지 않는 엄청난 기록입니다. 박주영 선수가 한때 몸담았던 팀이기도 하고 대한민국이 자랑하는 축구 스타 손흥민 선수가 소속된 토트넘과 함께 매번 북런던 더비를 치열하게 치르는 상대이기에 한국인에게도 익숙한 팀입니다.

　아스날은 원래 1913년 이래 하이버리 스타디움을 홈구장으로 사용했는데, 제2차 세계대전 당시 런던 대공습으로 투하된 포탄의 흔적이 그대로 남아있을 정도로 낙후된 시설로 유명했습니다. 결국, 새롭게 통과된 도시개발계획에 따라 하이버리 스타디움을 철거해 대규모 주택부지로 재개발하고, 서남쪽으로 조금 떨어진 곳에 새로운 경기장을 건립하기 위한 프로젝트를 추진하기로 합니다.

　하지만 4억 3천만 파운드(당시 환율로 약 7,500억 원)라는 엄청난 공사비를 감당할 수 없었던 구단은 '경기장 네이밍 스폰서'라는 당시에는 다소 생소한 개념의 파트너십을 구상했고, 당시 유럽으로 가는 항공노선을 대폭 늘리며 공격적인 마케팅을 펼치던 에미레이트 항공이 경기장 이름에 자신들의 브랜드를 붙이는 조건으로 약 1억 파운드를 지불하기로 했습니다. 이렇게 에미레이트 항공의 동참으로 2006년 7월, 6만 704석을 자랑하는 거대한 축구전용 구장인 에미레이트 스타디움이 문을 열었습니다.

이제는 다른 구단들도 많이 시행하고 있지만, 아스날 구단은 에미레이트 스타디움이 문을 연 초창기부터 축구 경기가 없는 날이면 사전예약제로 투어 프로그램을 운영하고 있습니다. 구단 직원의 안내에 따라 2시간가량 스타디움 이곳저곳을 둘러볼 수 있는 프로그램으로, 함께 참여하다 보면 재미있는 현상을 볼 수 있습니다.

평범하기 이를 데 없는 로비를 지나치다 더더욱 평범한 의자 하나를 가리키며 가이드가 "앙리 선수가 미국으로 이적을 발표할 때 앉았던 의자입니다"라고 한마디만 하면 그때부터 투어 참가자들은 서로 의자를 두고 기념사진을 찍으려고 난리를 칩니다. 동네 헬스장에 있을법한 평범한 락커 하나의 문을 열고 "메수트 외질 선수가 아스날로 이적 후 처음으로 쓴 락커입니다"라고만 하면 서로 텅 빈 락커의 사진을 찍느라 난리를 칩니다. 심지어 경기장에 몇만 개쯤 있는(정말 어찌나 그냥 의자인지, 지금 찾으라 하면 다시 찾을 수 없는) 빨간색 프라스틱 의자를 가리키면서 "몇 년 전, 우리 아스날의 아르센 벵거 감독이 퇴장을 당하고 이곳에서 북런던 더비를 지켜봐야 했습니다"라고 말하면 사람들은 또 그 프라스틱 의자가 무슨 옥좌라도 되는 것처럼 둘러싸서 기념사진을 찍어댔습니다.

이렇게 에미레이트 스타디움 투어 프로그램은 그런 '이야기거리Story'를 이동 동선 곳곳에 숨겨놓았고, 그러다 보니 2시간이 지날 무렵 참가자들은 단순히 경기장이 아니라 '아스날의 성지'에 온 듯한 느낌과 함께 묘한 정서적 동질감을 느끼게 됩니다.

투어 프로그램의 마지막 단계는 기념품을 파는 대형 샵인데, 이미 아스날의 스토리에 푹 빠진 투어 참가자들은 굳이 권하지 않아도 양손 가득 기념품을 사게 되죠. 그들은 자기 자신보다 자신들에 얽힌 스토리를 활용해서 어필하는데 실로 대단한 능력을 발휘하고 있었습니다.

과거, 이러한 스토리를 만들어내고 활용해서 경제적 이득을 영위하는 것은 소설가나 시인 등과 같은 순수한 이야기꾼의 영역이었습니다. 그들은 광장에 사람들을 불러 모아 흥미를 끌 만한 이야기들을 들려주었고, 그 이야기는 한 푼 두 푼의 돈이 되어 그들의 생계를 이어가게 해주었습니다. 딱 정확히 그 수준이었죠.

물론 이야기꾼의 이야기가 활자와 인쇄술을 만나게 되면서 광장에서만 '들을 수' 있었던 이야기는 먼바다를 건너서도 '읽을 수' 있게 되었습니다. 한 푼 두 푼이었던 대가도 그 액수가 기하급수적으로 커졌지만 그래 봐야 스토리, 스토리텔링이라는 것은 자신의 영역에서 단 한 발자국도 벗어나지 못한 채 수천 년을 지나쳐왔습니다. 그러던 스토리, 스토리텔링이 갑작스럽게 경영의 영역으로 파급되기 시작한 것은 20세기부터였습니다.

위기의 나이키를 살려낸 유명한 스토리

세계적인 스포츠 브랜드 나이키의 경영진들은 아마도 1996년을 절대 잊지 못할 것 같습니다. 그해 6월, 뉴욕에서 발간되는 세계적인 잡지 〈라이프〉는 지저분한 공방 한구석에 쪼그리고 앉아서 메마르고 갈라진 손으로 축구공

나이키 로고가 선명한 축구공을 꿰매고 있는 열두 살짜리 아이의 모습은 〈라이프〉를 통해 전 세계에 퍼졌고 나이키 불매운동으로 이어졌다.

을 꿰매고 있는 어린아이의 사진 한 장을 게재했습니다.

또래 미국 어린이라면 상상도 할 수 없는, 마치 '세상에 희망이라고는 하나도 없다'는 듯 무심한 표정으로 어른들 사이에서 바느질을 하고 있는 아이의 사진입니다. 나이키 경영진들에게 잊을 수 없는 한 해를 선사한 것은 사진 속의 아이가 꿰매고 있는 축구공 표면에 선명하게 찍혀 있는 나이키의 트레이드 마크인 스우시 때문이었습니다.

채 열 살도 되지 않아 보이는 저개발국가의 아이들이 고사리손으로 나이키의 로고가 찍힌 축구공을 만들고 있는 사진은 삽시간에 전 세계로 퍼져 나갔습니다. 그와 함께 나이키는-이런 류의 사안들이 늘 그렇듯이, 사실 여부와 상관없이 저개발국가의 아동 노동력을 싼값에 착취하는 악덕 기업으로 낙인찍혀 버렸습니다.

사진 속 아이가 살고 있던 파키스탄에서는 (그들로서는 엄청나게 고가일) 나이키 운동화를 불태우는 시위가 벌어졌고, 유럽 선진국들은 또 그들대로 '시대착오적인 아동 노동을 방관하는 반문명, 반인권적인 나이키 제품을 구입하지 않겠다'라는 불매운동이 시작되었습니다. 특히, 중동, 북아프리카 등의 아랍문화권에서는 이 문제가 종교문제로 비화될 조짐이 보였습니다. 각종 비리, 음모, 사회 부조리에 관한 고발성 논픽션 영화로 유명한 영화감독 마이클 무어는 자신의 영화 〈빅 원Big One〉을 통해 나이키의 창립자 필립 나이트 회장을 아동 노동력 착취를 옹호하는 악덕 사업가로 묘사하기도 했습니다.

당황한 나이키는 발 빠르게 대처하기 시작했습니다. 우선 국제노동기구ILO에서 '아동 노동 근절을 위한 프로그램'을 책임지고 있던 아만다 터커를 수석 부장으로 영입했죠. 그리고 그녀를 통해 "나이키는 절대로 아동 노동력을 착취하지 않으며, 아동을 고용해 문제가 된 일부 국가의 주문자상표부착방식OEM 기업들과는 즉시 거래를 중단하겠다"라는 발표를 했습니다.

하지만 한 번 불붙은 소비자들의 분노는 쉽게 가라앉지 않고, 창사 이래 최대의 위기에 처한 나이키는 결국 스토리텔링의 세계적인 권위자인 데이빗 보제 박사에게 도움을 청했습니다.

나이키 본사에서 열린 비상대책회의에 참석한 보제 박사는 지금까지도 스토리 또는 스토리텔링과 관련된 연구에서 회자되는 유명한 이야기로 회의의 시작을 알렸습니다.

"기업은 여러 서사(敍事)가 가로지르는 서사 조직입니다."
"… 그리고 상호 대립적이거나 보완적인 서사 간의
끊임없는 대화의 장입니다."

이전까지 기업 또는 기업활동을 단순히 '제품이나 서비스를 만들어 소비자에게 판매하는 주체' 또는 '그들이 하는 일련의 생산 및 판매 행위'로만 보던 관점에서 벗어나, '자신들의 제품과 서비스, 때론 임직원과 조직문화, 브랜드 등을 포함한 거의 모든 요소를 활용해 고객과 함께 이야기를 만들어내는 주체' 또는 '그렇게 이야기를 만드는 모든 활동'까지 확대해서 해석한 보제 박사의 발표를 통해 나이키는 단순히 제품(스포츠용품)을 잘 만들어내는 회사에서 벗어나, 그 제품을 사용하는 소비자와 함께 스토리를 잘 만들어내는 회사로 변모하게 됩니다.

물론 그전에도 기업에서 스토리텔링이라는 말을 사용하지 않았던 것은 아닙니다. 다만 그 의미가 보다 분명해지고, 탄탄한 학문적 뒷받침이 구축되어 기업활동 전반에 걸쳐 활용되기 시작한 것은 데이빗 보제 박사의 연구로부터였습니다. 그의 이론에 따르면 사람들의 관심과 소비 욕구는 '호기심을 충족시킬 수 있는 구경거리들'이나 '현재의 모습과 반대되는 모습들' 그리고 '지금의 나에게 부족한 부분을 보완해줄 수 있는 것들'에 대한 강렬한 욕망에 의해 영향을 받는다고 합니다.

소비자들이 그러한 '강력한 욕망'의 결핍을 인지하게 되면, 그를 충족시켜줄 수 있는 것들을 찾게 되고, 자신의 노력에 의해 욕망의 결핍이 해결되면, 그 일련의 과정들을 '이야기가 되는' 하나의 '서사적인 과정'으로 인식하게 된다고 하죠. 그 서사적인 과정에 대한 전반적인 만족감이 소비자가 재화나 서비스를 구매하는데 가장 큰 영향을 미치는 요소로 떠올랐다는 것입니다. 특히 현대 사회로 오면서 그러한 경향은 더 커졌고, 앞으로도 계속해서 커질 것이라고 합니다.

이러한 사회에서 단순히 최고의 기술력을 갖췄다거나 최저가를 실현했다는 것만으로는 소비자의 지속적인 관심을 끄는 것이 사실상 불가능에 가깝습니다. 대신 "이 제품을 구매하면 당신은 어떠한 만족감을 얻을 것이고, 그러한 만족감은 당신의 삶을 이렇게 바꿔줄 거야"라는 하나의 일관된 서사(스토리 또는 내러티브)를 함께 제공할 수 있어야 소비자들을 사로잡을 수 있다는 것이 보제 박사의 주장이었습니다.

따라서 기업이 생산하는 제품들은 소비자와 만나면서 하나의 매력적인 이야기를 만들어갈 수 있도록 '열린 구조'여야 하고, 그러기 위해서는 기업 조직과 구성원들도 역시 제품과 마찬가지로 '열린 마음'을 갖춰 내외부의 고객들과 소통할 수 있도록 변해가야 한다고 합니다.

이 시기 이전까지 나이키(를 비롯한 대부분의 기업)가 간과했던 점이 바로 이것이었습니다. 그들은 단순히 최고 수준의 제품에 역시 최고로 평가받는 브랜드를 붙여서 (열악한 환경이든, 아동 노동력을 착취하든) 최저 혹은 최적의 가격으로 공급만 한다면 소비자는 만족할 것이라고 생각했습니다.

하지만 변화하는 세상에서 소비자들은 제품을 구매할 때마다 단순히 물건을 구매하는 것뿐만 아니라, 그 제품과 함께 만들어가는 이야기를 구매하고 소비하고 있었던 것입니다. 그들이 구매한 것은 나이키 로고가 새겨진 축구공이었지만, 그와 동시에 축구공을 꿰맨 파키스탄 어린이가 말해주는 이야기(당신이 구매한 축구공은 멋지기는 하지만, 나이스한 방법으로 만들어지지는 않았습니다)까지였습니다.

보제 박사는 나이키의 경영진에게 우선 '나이키는 아동 노동력을 착취하는 기업이다'라는 스토리를 대체할 새로운 매력적인 스토리를 만들도록 독려했습니다. 그의 표현대로 기업에 불리한 서사를 다른 서사로 대체 혹은 밀어내는 작업이었습니다. 그를 통해 태어난 것이 지금까지도 전 세계인들의 머릿속에 나이키와 함께 자연스럽게 떠오르는 '이야기들'입니다.

이전까지 나이키는 '에어air'라고 하는 신개념의 쿠션과 '에어 조단'으로 대표되는 스타 플레이어 광고모델을 앞세워 마케팅을 했습니다. 하지만 이때 이후로 나이키는 다양한 이야기를 만들어내기 시작합니다. 가장 대표적인 것이 상대적으로 운동에 적극적인 않은 여성을 운동장으로 끌어내기 위해 전 세계 도시에서 펼쳐지는 '나이키 우먼 레이스' 대회입니다. 또한 엄청난 몸값의 슈퍼스타들이 나이키 축구화를 신고 묘기에 가까운 플레이를 하는 광고를 대신해, 슈퍼스타들이 자신의 이름을 단 '나이키 축구 교실'을 개설하면 나이키가 후원하여 저개발 국가에서 행사를 개최했습니다.

이러한 행사에 참여한 여성과 아이들의 밝은 표정이 자연스럽게 나이키 로고와 함께 노출되면서 사람들의 입에 오르내렸고, 그것이 하나의 긍정적인 스토리를 만들어가도록 했습니다.

이런 노력의 결과, 나이키로 시작되어, 나이키와 연관된, 혹은 나이키를 활용한 호감 가는 스토리가 엄청나게 많이 만들어졌고, 그 스토리들은 보제 교수의 예상처럼 아동 노동력 착취 등과 관련한 나이키의 나쁜 이야기를 사람들의 기억 저만치로 밀어내고 그 자리를 대체하게 되었습니다.

이처럼 이제는 스토리가 곧 상품이요, 실력이며, 경영의 성패를 가르는 강력한 무기인 시대가 되었습니다. 그리고 이러한 스토리의 힘을 가장 빨리 깨닫고 활용해온 곳들 중에 대표적인 곳이 미술관과 박물관입니다. 그 자체가 스토리인 셜록 홈즈 박물관이 대표적이겠지만, 전 세계 곳곳에 산재한 수많은 미술관과 박물관은 각자 그들만의 스토리를 전략적으로 활용해 가치를 높여온 모습을 어렵지 않게 발견할 수 있습니다.

세계 최고의 인재들이 새로운 사업을 준비하거나 경영상의 어려움을 겪을 때 혹은 또 다른 도약을 모색할 때, 미술관을 찾는 것은 미술관과 소장품들이 품고 있는 이야기에서 새로운 아이디어를 찾기 위함이 아닐까 생각합니다.

최고의 인재들이 주말을 보내는 곳 01

셜록 홈즈 박물관

주소 221b Baker St, London NW1 6XE, United Kingdom

홈페이지 www.sherlock-holmes.co.uk

관람시간 09:30~18:00

휴관일 연중무휴

입장권 가격 €20 (청소년 및 65세 이상은 €15)

관람 안내

· 본문 내용처럼 이 박물관에 진품이라고 할 것이 거의 전무합니다. 심지어 입구조차 가짜로 실제 입구는 엉뚱한 곳에 있고, 정문처럼 생긴 곳을 지나면 기념품샵으로 들어가게 되어있을 정도죠. 때문에 다른 미술관이나 박물관을 볼 때보다는 좀 힘을 빼고 테마파크에 들렀다는 생각으로 유쾌하게 즐기면서 관람하면 의외로 빠져드는 구석이 있습니다.

· 입구로 나오면 마치 셜록 홈즈 소설에서 뛰쳐나온 것처럼 바비(bobby)라는 애칭으로 불리는 영국경찰의 제복을 입은 노인이 경비를 서고 있습니다. 실제 경찰은 아니고 소설 속 등장인물을 흉내낸 박물관 직원입니다. 무척 친절하고 인근에선 제법 유명한 인사이니 시간이 되면 함께 기념사진을 찍고 이야기를 나눠보도록 합시다.

※ 상기 내용은 24년 9월말 기준이며, 세부사항은 시기에 따라 일부 변경될 수 있습니다. 보다 자세한 사항은 공식 홈페이지를 참조하시기 바랍니다.

최고의 걸작도
결국은
연필 데상 한 줄로
시작되었다

싸구려 옷 장사가 불 지핀 스페인 패션의 부활

'때로는 격렬한 투우를 즐기고, 때로는 상그릴라를 마시며
플라맹고를 즐기는 사람들.'
'위대한 예술가 피카소, 가우디, 달리가 태어나거나 그들을 키워낸 나라!'
'1년 내내 축제가 끊이지 않고,
전 세계에서 가장 많은 관광객이 모여드는 관광 대국!'

스페인이라는 이름을 들으면 많은 이들이 공통적으로 떠올리는 이야기
들입니다. 그런데 스페인의 화려하고 다채로운 이미지 그리고 스페인이 배

출한 수많은 예술가에 비해 의외로 세계 패션산업에서 차지하는 비중은 그다지 크지 않은 나라였습니다. 물론 프랑스로 넘어가 자신의 이름을 딴 브랜드를 성공시킨 파코 라반이나 스페인 국민 디자이너라고 불리는 아돌포 도밍게즈와 같은 실력파들도 여럿 배출하긴 했죠. 하지만 이웃한 프랑스나 이탈리아와 비교하면 양적으로나 질적으로나 모두 존재감이 많이 떨어지는 것이 사실입니다.

하지만 프랑스나 이탈리아 심지어 독일과 영국에 비해서도 한참 뒤처진다는 평가를 받던 스페인 패션산업에 대한 평가는 최근 들어 과거형으로 바뀌고 있습니다. 여전히 세계 4대 패션쇼는 전통의 강국인 프랑스(파리)와 이탈리아(밀라노) 그리고 신흥 강국인 일본(도쿄)과 미국(뉴욕)이 주도하고 있고, 전 세계 명품 디자이너 브랜드의 75% 이상을 이들 4개 국가가 차지하고 있지만, 스페인의 패션산업은 분명 놀라운 속도로 전 세계를 공략하고 있습니다. 그 시작은 놀랍게도 스타 디자이너가 주도하는 명품 브랜드에 의해서가 아닙니다. 주인공은 바로 자라ZARA입니다.

자라는 소위 패스트 패션이라고 일컫는 스파SPA 브랜드입니다. 스파 브랜드는 그때그때의 유행에 맞춰 한 벌당 15유로에서 비싸야 100유로를 넘기지 않는 중저가 옷을 대량 생산해 자체 매장에서 판매하는 형태의 패션기업입니다. 자라 이외에도 스웨덴 브랜드인 H&M, 일본 브랜드인 유니클로가 대표적인 스파 브랜드죠.

스페인어에서 모음 Z는 시옷으로 발음됩니다. 마드리드 근교의 유명 관광도시도 스페인어로 'Zaragoza'라 적지만 읽을 때는 '자라고자'가 아닌 '사

029

라고사'로 읽습니다. 때문에 한국 사람이 현지 자라 매장에 방문하면 여기저기서 들리는 "사라" 소리 탓에 구매욕에 강한 자극을 받게 된다는 우스갯소리가 있을 정도죠.

자라는 1975년 스페인 북서부의 작은 도시 라 코루냐에서 시작되었습니다. 창업자 아만시오 오르떼가는 가난한 철도 노동자의 아들로 태어나 12살 이후로는 학교에 다닌 적이 없는 사람이었습니다. 13살이 되던 해에 동네 양복점에 취직해 미싱 보조로 일하던 중 의류용 천 유통업에 눈을 떠서 1963년 자신의 이름을 내건 가게를 열었고, 1972년부터는 의류 제작을 겸하게 되었습니다.

어렸을 때부터 몸에 익힌 천을 다루는 기술과 유통업을 하며 쌓은 좋은 원단을 값싸게 구입하는 노하우를 바탕으로, 그는 남보다 좋은 옷을 더 싸게 만드는데 발군의 능력을 발휘했습니다. 만드는 옷마다 시장의 호평을 받은 그는 1975년에 자신이 나고 자란 라 코루냐에 자라 1호점의 문을 열었습니다. 이후 오르떼가는 1985년 자라를 포함하여 풀 앤 베어, 마시모 두띠 등 굵직한 브랜드들을 거느린 거대 패션그룹 인디텍스를 출범시켰습니다.

현재 그의 딸이 이끄는 인디텍스는 2023년 기준 213개국에 5,700여 개의 매장을 보유하고 있으며, 직원 수는 16만 명에 매출 359억 유로, 영업이익 54억 유로를 거둬들이는 거대 패션그룹으로 성장했습니다. 2011년 현직에서 은퇴했지만 창업주 오르떼가의 자산규모는 약 810억 달러(약 1,064조 원)로 스페인에서 최고는 물론, 전 유럽을 통틀어서도 3위 안에 드는 수준이라고 합니다.

이처럼 저렴한 대중 패션 브랜드 자라가 지핀 불은 로에베, 캠퍼, 데시구알 등 다른 스페인 패션기업으로 옮겨붙으며 동반 상승작용을 가져왔습니다. 덕분에 스페인 패션은 가히 극적으로 부활했다고 해도 과언이 아닐 정도로 승승장구하고 있습니다.

그렇다면 과연 자라는 어떻게 이렇게 단기간에 급성장할 수 있었을까요? 많은 이들은 자라가 성공한 이유를 '괜찮은 품질의 제품을 저렴하고 신속하게 만들어 판매하는 스파 브랜드 특유의 사업모델'을 자라가 가장 성공적으로 수행한 데서 찾습니다. 하지만 그 정도만으로 자라가 세계 패션계에 강력한 영향력을 미치는 거대 패션그룹으로 성장할 수 있었을까요?

그 성장비결에 많은 궁금증이 들던 차에, 자라와 스페인 패션, 그들이 급속도로 성장한 진짜 비결을 발견한 것은 자라의 매장이나 인디텍스의 사무실이 아니라, 뜻밖에도 세계 3대 미술관 중 하나로 스페인 국민의 사랑을 듬뿍 받고 있는 마드리드의 프라도 미술관Museo Nacional del Prado에서였습니다.

화끈하게 위대하게, 프라도와 사라

프라도 미술관은 마드리드 시민은 물론, 스페인 국민이라면 누구나 자랑스럽게 여기는 미술관입니다. 고야와 벨라스케스 등 스페인이 낳은 세계적인 화가들이 남긴 불후의 명작들을 말 그대로 무지막지하게 소장하고 있죠. 그러다 보니 프라도 미술관에 대한 전설 같은 우스갯소리가 전해지

프라도 미술관 1층에는 3개의 문이 있는데, 화가들의 이름을 따서 중앙에는 벨라스케스 문, 건물 양쪽에는 고야 문과 무리요 문이 위치해 있다.

기도 합니다.

스페인 여행을 온 한국인 대학원생이 어느 날 게스트하우스 매니저로부터 "프라도 미술관은 소장품이 너무 많아서 전체를 다 구경한 사람이 이제까지 한 명도 없었다고 하더라"라는 이야기를 듣게 되었다고 합니다. 평상시에도 오기와 객기로 점철된 삶을 살아온 그 대학원생은

"그렇다면 내가 프라도 미술관의 모든 작품을 감상하고 말겠다!"

라는 목표를 세우고 계획했던 마드리드 일정을 모두 취소했다고 합니다. 그리고 일주일 내내 프라도 미술관에 출근 도장을 찍고 모든 전시실을 순서대로 감상해 나갔다고 합니다.

마침내 마지막 전시실의 마지막 작품까지 감상을 마친 대학원생은 게스트하우스 매니저에게 자랑할 생각에 들떠 있었는데, 갑자기 안내 방송이 들려오더랍니다. 그 내용은, 그간 전시되었던 작품 중 일부 작품을 수장고에 보관 중이던 다른 작품과 교체하기 위한 작업이 진행될 예정이니 서둘러 퇴장에 협조해달라는 내용이었습니다.

이런 이야기가 전설인 듯 진실인 것처럼 내려올 정도로 프라도 미술관이 소장한 예술품의 숫자는 실로 대단하다는 말밖에 나오지 않습니다. 실제로 전시 중인 작품은 전체 소장품에 10분의 1 정도밖에 안 된다고 합니다. 즉, 산술적으로 열 번은 방문해야 소장품을 한 번쯤 다 볼 수 있다는 거지요. 그런데 몇 번 방문하지 않았음에도 불구하고, 저는 그곳에서 만난 작품들을 통해 지난 30여 년간 자라가 거둔 성공의 비결을 찾아낼 수 있었습니다.

자라는 앞서 말했듯이 스파 브랜드입니다. 스파 브랜드의 미덕이자 성공 혹은 생존을 위한 필수요건은 시장에서 유행할 만한 옷을 빠르게 생산해서 싸게 공급하는 것입니다. 실제로 자라가 신상품을 디자인해서 매장에 진열할 때까지 걸리는 시간은 단 2주라고 합니다. 한번 매장에 진열되었다고 하더라도 고객들의 반응이 좋지 않으면 하위 70%의 제품은 2주 내에 매장에서 사라지고, 아무리 인기 있는 제품이라도 한 달 이상 매장에서 판매되지 않습니다.

그런데 여기까지만 보면, 대단히 우수한 순발력과 업무 스피드이기는 하지만, 다른 스파 브랜드에 비해 독보적으로 탁월하다고만은 할 수 없는 모습입니다. 중요한 것은 자라가 그 과정에서 정말로 차별적인 것 하나를 더

해냈다는 것입니다. 그것은 바로 그들이 만들어낸 옷이 여느 명품 브랜드의 제품에 견주어도 뒤지지 않는 품질을 보여준다는 것입니다. 특히 그 품질이라는 것이 적절한 원단과 재봉 정도에 그친 경쟁 스파 브랜드와 달리, 자라는 패션산업에서 가격수준을 결정하는 가장 주된 요소이자 베끼기는 쉬워도 소비자로부터 인정받기는 어려운 '디자인' 부분에서 차별화된 품질을 보여줬다는 것입니다.

스페인 사람들은 스페인 내전이라는 불행한 현대사 탓에 세계무대에서 존재감을 발휘할 기회를 잃었고, 그만큼 경쟁에서도 뒤처졌지만 그들은 원래 시간과 공간 감각, 색채를 뽑아내고 다루는 분야에서 가장 앞선 사람들이었습니다.

다른 유럽국가와 달리 스페인은 자신들이 자리 잡은 이베리아 반도가 과거 550여 년간 아랍계 무어인의 지배를 받은 경험이 있습니다. 무어인들의 앞선 숫자 감각, 기초과학 지식, 시간 관념 등이 유럽 특유의 합리성과 만나면서 그들은 엄청난 문화적 성과를 거뒀습니다. 또한 빛나는 태양과 풍요로운 자연환경 덕분에 인간이 구현할 수 있는 가장 화사하고 다채로운 색채를 어린 시절부터 접해온 사람들이기도 했던 스페인 사람들은 안료를 만들고 염색을 하는 데에서도 발군의 기량을 발휘했습니다.

그런 조상들이 지금도 그림의 구도와 공간배치에 얽힌 비밀을 완전히 풀어내지 못했다고 평가받는 〈시녀들〉과 같은 그림을 그려냈고, 검은색 하나로 다른 화가들이 평생 사용하는 모든 색을 표현해냈다는 평가를 받는

〈옷 입은 마야〉, 〈옷 벗은 마야〉 같은 그림을 그려냈던 것입니다.

그렇기에 시작은 늦었지만 그들은 세계 수준의 명품 브랜드들이나 다룰 수 있는 색채 감각과 패턴 등을 자신들의 옷에 접목시킬 수 있었습니다. 살아가고 있는 자연환경과 역사 속의 조상들로부터 보고 배운 것이 풍부했고, 선과 공간에 대한 감각이 살아있는 기본기가 탄탄한 기술자들이 있었기에, 자라를 위시한 스페인 패션기업들은 오랜 암흑기를 신속하게 극복하고 세계인들의 구미에 맞는 세련된 옷을 만들어 낼 수 있었습니다.

탄탄한 기본기가 만들어낸 서양판 호접지몽

프라도 미술관은 수많은 소장품을 보유하고 있지만, 사람들은 대부분 〈시녀들〉을 감상하기 위해 프라도 미술관을 찾습니다. 미술관에 도착해서 〈시녀들〉을 처음 접한 사람들은 세 번을 놀란다고 합니다.

우선 높이와 너비 모두 3미터에 달하는 그림의 거대함과 그 앞에 몰려 있는 어마어마한 숫자의 관람객들에 한번 놀라고, 명성에 비해 그림의 구도가 조금은 생소하고 어색함에 또다시 놀라고, 그럼에도 불구하고 그림 앞에 서서 몇 분만 집중해서 바라보면 가슴 깊이 느껴지는 아름다움과 그로 인한 감동에 마지막으로 놀란다고 하죠.

실제로 이 그림은 구도가 조금은 특이합니다. 화면의 중심이 주인공인 어린 왕녀가 아니라 엉뚱하게도 배경의 큰 거울 속에 흐릿하게 보이는 두 남녀에게 맞춰져 있습니다. 그림을 처음으로 마주하는 관람객의 시선 역시 자연스럽게 두 남녀에게 옮겨가게 되죠. 마치 사람인 듯 유령인 듯…. 그 형체

이 작품의 복잡하고 수수께끼 같은 화풍과 사물과 사물 사이의 복잡함으로
인해 가장 많이 연구된 서양화 작품들 중 하나로 여겨진다.

와 색상조차 불분명한 거울 속의 남녀는 도대체 누구일까요?

정확한 기록은 없지만, 그림에서 가장 화사하게 표현된 어린 왕녀의 부
모인 펠리페 왕과 마리아나 왕비라는 것이 정설입니다. 당시에는 흔한 일이
었다지만, 놀랍게도 펠리페와 마리아나는 부부 이전에 외삼촌과 조카 사이
였습니다. 아무튼 펠리페와 마리아나 사이에서 태어난 첫 딸 마르가리타에
대한 두 사람의 애정은 대단했습니다. 좋은 혼처를 찾기 위해 유럽 여러 왕
실의 신랑감들을 직접 찾아 나섰고, 마리아나 왕비는 연회 등 마르가리타를
선보일 일이 있으면 오랜 시간 공을 들여 치장하도록 했습니다.

그렇기 때문에 이 그림 역시 최초에는 마르가리타 왕녀를 치장하는 시녀들과 시종인 난장이들을 그린 그림이라고 설명되어 왔습니다. 그랬던 것이 오랜 연구를 통해, 실제로는 거울 속에 비친 펠리페 왕 부부를 그리는 벨라스케스 자신이 그림의 주인공이고 왕녀와 시녀들은 오히려 그림(그리고자 하는 대상)의 바깥에 서 있는 타자이자 어찌 되었든 간에 그림에서는 주인공 아닌 주인공이 되어버린 상황을 기가 막히게 묘사한 그림이라는 것이 밝혀졌습니다.

이 설명대로라면 화폭에 그려진 모습은 '그림 속 좌측 이젤 앞에 서서 붓을 잡고 있는 화가(벨라스케스)의 머릿속에 있거나', '그림이 묘사하는 그림이 그려지는 당시 실제 그림의 대상이 된 펠리페 왕 부부의 머릿속에 있거나' 한 모습이라는 것이고, 실제 이 상황을 통해 그려진 그림은 펠리페 왕 부부의 초상화였다는 것입니다.

말장난 같기도 하고, 철학문답 같기도 한 이 그림을 둘러싼 여러 가지 해석들 때문에 영국의 미술평론가였던 토마스 로렌스 경은 벨라스케스의 이 그림을 일컬어,

"시녀들이야말로 '예술의 철학' 그 자체이다."

라고 평했습니다. 하지만 이 그림에 대해 지금까지 읽고 들은 어느 누구의 평보다 더 기억에 남는 것은 제 학창시절 미술 선생님의 말이었습니다. 개인전을 여러 차례 연 화가이기도 했던 선생님께서는 〈시녀들〉을 보며 고

개를 갸웃거리고 있는 제자에게

"이 그림이야말로 '호접지몽'의 경지를 그대로 보여주는 그림이지."

라는 기가 막힌 평을 들려주셨습니다. 〈시녀들〉은 '내가 그리는지?' 아니면 '내가 그려지는지?', '누가 화가인지?', '누구를 그리려는 건지?'의 경계가 불분명한 작품이고, 그래서 더 아름답고 위대한 걸작이라는 설명을 덧붙여주셨습니다. 그때는 선생님의 말씀을 완벽하게 이해하기 힘들었지만, 시간이 흘러 공부가 늘고, 실제로 눈앞에서 그림을 볼 수 있게 되었을 때, 절로 무릎을 칠 수밖에 없었습니다.

〈시녀들〉이 진정 가치 있는 이유

어찌 보면 무척이나 혼란스럽고 복잡한 구도와 난해한 주제의 그림임에도 불구하고 〈시녀들〉이 오랜 기간 걸작으로 인정받고, 지금도 많은 이들에게 감동을 줄 수 있는 이유는 무엇일까요? 그 이유는 아마도 벨라스케스 개인의 인생역정에서 찾을 수 있을 것 같습니다.

1599년 6월 스페인 남부 안달루시아 지방의 대표적인 도시 세비야에서 태어난 벨라스케스는 유대계 변호사였던 아버지로부터 종교와 철학에 대해 배웠습니다. 미술에 재능을 보이게 되면서부터는 세비야 예술학교를 설립한 프란치스코 에레라의 밑에 들어가 그림을 배웠죠. 당대 유럽회화의 주류로 여겨졌던 이탈리아 회화기법과 화풍을 거부하고 과감한 표현과 색의 사용 등 독자적인 그림 그리기를 강조했던 스승의 가르침 덕분에 어린 벨라스케스는 틀에 얽매이지 않고 풍성한 표현력을 갖추게 되었습니다.

12살이 되던 해 첫 스승을 떠나 프란치스코 파체코의 문하생이 된 그는 《회화교본》이라는 책의 저자이기도 했던 학구파 미술선생 파체코의 가르침을 받아 스케치, 색의 활용 등에 대해 체계적인 학습을 하게 됩니다.

그와 더불어 800년 가까운 아랍 왕조의 지배를 겪으며 아랍과 유럽의 문화가 한데 섞여 발전해 온 안달루시아 지방 특유의 문화적 풍토에서 자라난 그는 아랍의 발전된 기하학, 원근법을 자연스럽게 받아들였고, 그러한 다양한 학문적, 미술적 기초들은 그대로 그의 미술적 자원이 되었습니다. 때문에 〈시녀들〉을 비롯한 그의 수많은 작품은 위태로운 듯하면서도 안정적인 구도를 갖추게 되었고, 과격한 듯하면서도 왠지 사람의 마음을 부드럽게 보다듬는 색감을 갖게 된 것입니다.

이렇듯 보이지는 않지만 조직 구성원들의 내면에 잠재되어있는 기술적 노하우나 문화적 감수성 그리고 그러한 것들에 대한 공감대를 기업에서는 기술적 측면에서는 '원천기술'이라 하고, 인사·조직적 측면에서는 '고유의 조직문화'라고 표현합니다. 외적으로 드러나거나 눈에 띄지는 않지만, 기업 또는 기업이 만드는 제품과 서비스에 절대적인 영향을 미치는 것들이 바로 이런 것들입니다. 그런 기본이 탄탄한 기업은 한때 조금 어렵거나 약세를 보이더라도 제대로 된 기회를 맞으면 이제껏 움츠렸던 것보다 훨씬 더 높이, 멀리, 오래 도약할 수 있습니다.

프라도 미술관은 물론이고 스페인, 더 나아가 서양 회화 역사상 손에 꼽히는 대표작 중 하나로 인정받고 있는 벨라스케스의 〈시녀들〉이 단순한 눈속임이나 몇몇 회화적 기교만으로 만들어진 것이 아닌 것처럼. 다시금 스페인을 세계 패션의 중심지로 급부상시키고 있는 자라와 그 모기업 인디텍스 역시 단순히 아만시오 오르떼가 회장 개인의 능력이나 사업수완만으로 지금의 성공을 거두게 된 것은 아닙니다.

한 기업의 성공 역시 한두 가지 특출한 기술이나 몇몇 잘 나가는 리더만으로 이룰 수는 없습니다. 세계적인 경영컨설턴트이자 우리에게는 《사막을 건너는 여섯 가지 방법》이라는 베스트셀러의 저자로 알려진 스티브 도냐휴 같은 이들은 그의 책에서 성공으로 가는 방법의 첫 단계로 "지도 대신 나침반을 따라가라"라고 말하고 있습니다. 즉, '거창한 미래계획'이나 '앞으로 어떻게 할 것인지?' 등을 생각하기 전에 자기가 보유하고 있는 기본기, 핵심역량, 원천기술 등에 대해 면밀하게 살피고 그를 활용할 방법을 먼저 찾아야 한다는 것입니다.

세계 최고의 인재들이 마음의 중심을 다잡고 싶을 때, 기본기의 중요성을 다시금 깨닫고 싶을 때, 문제 상황에 대한 근원적인 해결책을 찾고 싶을 때마다 미술관을 자주 찾는 이유가 여기에 있습니다.

최고의 인재들이 주말을 보내는 곳 02

프라도 미술관

주소 Calle de Ruiz de Alarcón, 23, Retiro, 28014 Madrid, Spain

홈페이지 www.museodelprado.es

관람시간 10:00~20:00 (월~토) / 09:00~19:00 (일, 공휴일)

휴관일 1월 1일, 5월 1일, 12월 25일

단축운영 10:00~14:00 1월 5일, 12월 24일, 12월 31일

입장권 가격 €15 (청소년 및 65세 이상은 €7.5)

관람 안내

· 유럽의 다른 미술관과 마찬가지로 프라도 역시 엄청난 규모와 방대한 소장품을 보유하고 있어 짧은 시간 안에 관람하기란 거의 불가능합니다. 미리 계획을 세워 특정 시대의 작품 또는 유력 작가의 작품 위주로 관람하겠다는 생각을 갖고 그에 따라 동선을 맞춰 관람하는 것이 후회가 없습니다.

· 오후 특정 시간(대략 4시) 이후에는 관람 티켓을 50% 할인된 가격에 판매하니, 가능하면 하루에 다 관람하기보다는 다른 관광지를 구경한 뒤 오후 4시에 방문해 하루 일과를 마무리하는 형식으로 며칠에 걸쳐 관람하는 것도 좋습니다.

※ 상기 내용은 24년 9월말 기준이며, 세부사항은 시기에 따라 일부 변경될 수 있습니다. 보다 자세한 사항은 공식 홈페이지를 참조하시기 바랍니다.

소장품 하나 없이도
최고의 미술관은
만들어진다

일본에서 만난 툭툭 또는 쎄옴

일본인 택시기사의 호객행위 덕분에 우연히 방문했던 모리 미술관森美術館.
하지만 이곳은 이후 제가 도쿄 여행이나 출장을 갈 때마다 빼먹지 않고 들르
는 곳이 되었습니다. 당시 저와 일행은 롯본기에 위치한 미드타운이라는 복
합문화공간에 잠시 들러 구경을 하고 저녁 식사를 할 예정이었습니다.

롯본기는 원래 2차대전이 끝나고 승전국이었던 미군이 주둔하던 곳입
니다. 북쪽으로는 일왕이 머물던 황거가, 서쪽으로는 막부시대부터 일본을
다스리던 유력가문의 종가집들이 위치한 롯본기야말로 전후처리를 해야 하
는 미군에게 최적의 주둔지였죠.

태평양 전쟁의 패배 이후 일본은 사회적으로 경제적으로 활력을 완벽하게 잃어버리고 말았습니다. 그런 그들에게, 역설적으로 자신들을 철저하게 무릎 꿇린 미국은 선망의 대상을 넘어 구세주에 가까운 존재로 인식되었습니다. 명문가의 저택들이 모여 있던 고즈넉한 주택가 롯본기는 '푸른 눈의 쇼군' 맥아더 장군과 그가 이끄는 미군들에게 필요한 제품이나 서비스를 제공하는 상인들로 북적였죠. 그렇게 미군이 주둔하기 시작하면서 롯본기는 새로운 기회를 얻게 되었습니다.

롯본기는 밤이 되면 더 농밀한 유흥을 제공하는 업소들이 하나둘 불을 밝히며, 말 그대로 불야성을 이뤘습니다. 이후 수십 년이 지나도록 그 등불은 꺼지지 않았고, 심지어 80년대 버블경제의 몰락과 곧바로 이어진 잃어버린 30년을 거쳤어도 롯본기만큼은 그 명맥을 꿋꿋이 이어왔습니다.

우리 일행은 그 역사와 유래가 깊은 불야성 속으로 들어가기 위해 택시를 잡아탔습니다. 이름 그대로 롯본기는 물론 도쿄 관광의 중심이 된 미드타운과 미드타운 대각선 맞은편에 있는 롯본기힐스라는 주상복합 쇼핑몰을 둘러볼 예정이었습니다. 두 곳 모두를 방문할 시간이 부족했던 우리는 제각각의 취향에 따라 어디를 먼저 들를 것인지 이야기하고 있었습니다.

그때였습니다. 미드타운이 있는 거리로 접어들기 위해 택시가 좌회전할 무렵이었습니다. 조용히 운전에만 집중하던 택시기사가 말을 걸어왔습니다.

"혹시… 일본어를 할 줄 아십니까?"

일본인의 국민성을 보자면 매우 조심스럽습니다. 모르는 상대에게 갑작스럽게 말을 건다거나, 무언가를 물어보는 것이 무례한 행동이기 때문에 해서는 안 되는 행동이라고 생각하는 사람이 대부분입니다. 더군다나 일본에서 택시를 타본 사람들은 경험했겠지만, 일본 택시기사들이 손님을 대하는 태도는 조금 부담스러울 정도로 예의를 갖춰 손님을 응내합니다.

그런데 그런 택시기사가 갑작스럽게 먼저 말을 걸어오는 겁니다. 필리핀식 택시인 툭툭이나, 베트남식 택시인 쎄움을 탔다면 별로 특별한 것이 없었겠지만, 일본에서 일본인이 운전하는 일본 택시를 타고 있었기에 무척이나 생소한 경험이었습니다.

일본어가 그리 익숙하지 않아서 택시기사님의 모든 이야기를 다 이해할 순 없었지만, 대략 "미드타운이 최근에 오픈해서 인기를 끌고 있지만 대부분 볼거리가 상점이라서 낮에 가는 것이 좋다. 반면, 대각선 맞은편의 모리타워 52층과 53층에는 일본에서 가장 높고 비싼 곳에 자리 잡은 모리 미술관이 있는데, 분위기도 좋고 지금 방문하면 환상적인 도쿄의 야경을 볼 수 있을 것이다" 정도의 내용이었습니다. 그 말에 "미술관이라면, 지금 문을 닫지 않았을까요?"라고 물었더니, 택시기사는 기다렸다는 듯이 "모리 미술관은 직장인 등을 위해 밤 10시까지 개관을 합니다"라고 답했습니다.

마치 동남아 여행을 가면, 자신과 계약을 맺은 업소로 외국인 관광객을 데려다주고 소개비를 받기 위해 득달같이 달려들어 온갖 감언이설로 꼬드기는 툭툭이나 쎄움 기사 같았습니다. 하지만 일본에서는 처음 맞이한 광경이었기에, 택시기사의 호객행위에 이끌려 원래의 계획과는 많이 다르게 롯본기힐스에 위치한 모리 미술관을 방문하게 되었습니다.

우연히 마주친 신세계

반신반의하며 모리 미술관에 발을 들이는 순간, 곧바로 '아! 이곳에 오길 정말 잘했다!'라는 벅찬 감동이 마구 샘솟았습니다. 일단 저녁 7시라는 미술관을 관람하기엔 상당히 늦은 시간이었음에도 1층 출입구는 환하게 불이 밝혀져 있었고, 그 앞으로 미술관에 입장하려는 인파가 만들어낸 줄이 길게 이어져 있었습니다.

잘 다린 흰색 와이셔츠에 단정하게 맨 넥타이 그리고 검은색 재킷을 걸쳐 입은 전형적인 회사원으로 보이는 남성들 뒤로 교복을 입은 남녀 고등학생들이 재잘거리면 순서를 기다리고 있었습니다. 그 뒤로는 어린아이를 안고 있는 젊은 부부도, 밤거리 마실을 나오신 듯한 노부부의 모습도 보였습니다. 모두 미술관에서 쉽게 마주치기 힘든 모습들이었습니다.

입장은 1층으로 했지만, 정작 미술관은 빌딩의 거의 맨 꼭대기인 52층과 53층에 있었습니다. 안내 팸플릿에는 최첨단 초고속 엘리베이터라고 자랑스레 적혀 있었지만, 그 엘리베이터로도 한참이나 걸릴 만큼 미술관은 높은 곳에 있었죠. 미술관이 도쿄타워 전망대보다 약간 낮은 높이라고 하니 언제라도 밤에 오르면 롯본기를 비롯한 도쿄 중심지의 멋진 야경을 내려다볼 수 있고, 날씨가 좋을 때면 후지산과 도쿄 앞바다가 훤히 내다보일 정도라고 합니다.

53층에는 미술관 메인 갤러리가 있었고, 52층에는 '도쿄 시티뷰'라는 전

모리 미술관에서 바라보는 도쿄 시내의 야경은 미술관이라는 공간의 특성과 맞물려 특별한 경험을 제공해
준다.

망대와 '모리아트센터 갤러리'라는 별도의 갤러리가 있었습니다. 도쿄의 야
경을 바라다보며 유명한 미술 작품을 관람할 수 있다는 것은 분명히 커다란
매력이 있었습니다.

　나중에 들은 이야기지만, 미술관에 대해 좀 안다는 사람의 입장에서 보
면 모리 미술관은 '도저히 잘 될 수 없는' 미술관이라고 합니다. 아니, 그 정도
를 넘어 '존재할 수 없는' 미술관이라는 이야기를 하는 이들도 있었습니다.
　그 이유를 살펴보면 가장 먼저 문제가 되는 것은 미술관의 입지입니다.
미술관은 값비싼 작품을 보존하고 전시하는 시설을 운영하고, 그에 필요한
전문인력을 고용하기 때문에 운영비용이 많이 필요합니다. 그렇기 때문에
거의 모든 미술관들은 후원금을 받아 빠듯하게 운영되고 있습니다. 그러자

면 운영비용을 줄이는 것이 반드시 필요한데, 모리 미술관은 일본은 물론 세계에서도 땅값 비싸기로 유명한 롯본기, 그중에서도 가장 노른자 위에 들어선 초고층빌딩의 최상위층에 떡하니 자리 잡고 있는 것입니다.

입지 조건에서 비롯된 문제는 여기서 끝이 아닙니다. 당연한 이야기겠지만, 전시를 준비하다 보면 미술품이 맨손으로 옮길 수 있는 4호(엽서 4장 정도의 크기), 10호짜리만 있는 것이 아닙니다. 100호, 200호짜리도 수두룩하고 500호 이상 되는 작품도 어렵지 않게 만나볼 수 있습니다. 이런 작품들을 53층 메인 갤러리까지 올려보내려면 운반비는 물론 그에 따른 보험료 상승분도 일반인은 상상하기 어려울 정도의 거금이라는 것입니다.

게다가 모리 미술관은 다른 세계적인 미술관에 비해 관람객을 불러모으는데 치명적인 한계가 있습니다. 바로 '상설 전시관'이 없다는 점이죠. 상설 전시관이 있는 대부분의 미술관에는 방문만 하면 늘 만나볼 수 있는 프랜차이즈 스타 미술품이 있습니다. 예를 들어, 루브르의 〈모나리자〉, 대영 박물관의 〈로제타석〉, 오르세의 〈밀레의 만종〉과 같은 식으로 말이죠. 하지만 모리 미술관에는 그런 상설 전시품이나 프랜차이즈 작품이 없기에 미술관 홍보와 관람객 유치에 상당한 어려움이 있습니다.

그럼에도 모리 미술관은 2003년 10월 개관한 이래 여러 차례 연간 최다 관람객 수를 갱신하며 전무후무한 인기몰이를 하고 있습니다. 또한 수익면에서도 단순히 미술관만 놓고 보면 큰 적자가 나는 구조이지만, 미술관이 건물 전체에 사람들의 관심과 돈을 위에서 뿌려주는 '폭포수 효과'를 발휘하기에 미술관의 소유주이자 미술관이 입주한 모리타워의 소유주이기도 한 모리 가문으로서는 절대로 손해 보지 않는 장사라고 합니다.

그렇다면 모리 미술관은 어떻게 이러한 제약사항들을 극복하고 큰 성공을 거둘 수 있었을까요? 여러 가지 이유가 있겠지만, 가장 큰 이유 중 첫 번째 손가락으로 꼽을 만한 것은 역시 '필요한 것을 잘 빌려서'였습니다.

모리, 빌림의 미학으로 최고가 되다

모리 미술관은 시작부터 '빌림'의 역사였습니다. 처음 개관을 준비하며 영입하기도 쉽고 말도 잘 통하는 일본인을 영입하기보다는 미술관 선진국의 노하우를 들여오기 위해 과감하게 옥스퍼드 현대미술관과 스톡홀름 현대미술관에서 큐레이터와 디렉터로 활동했던 영국인 미술행정가 데이빗 엘리엇을 초대 관장으로 영입했습니다.

파격적인 대우를 받으며 관장이 된 그는 자신이 가지고 있는 유럽 미술관 운영의 노하우를 모리 미술관에 그대로 전수했고, 수십 년간 굴지의 미술관에서 활동하며 쌓아온 미술계 인적 네트워크를 활용하여, 신생 미술관인 모리 미술관으로서는 쉽게 유치하기 힘든 현대미술계 거장들의 전시회를 열 수 있게 했죠. 그의 활약 덕분에 모리 미술관은 원활하게 개관 준비를 할 수 있었고, 개관 이래 놀랍도록 빠른 시간 내에 굴지의 미술관으로 자리 잡을 수 있었습니다.

그에 더해 입주하고 있는 모리타워의 야경을 '빌려' 자신들 미술관만의 것으로 만들었습니다. 그렇게 빌린 야경을 활용하여 자신들의 명성을 더욱

9미터가 넘는 대형 조형물 〈마망〉은 모리 미술관을 상징하는 작품이자 미술관의 공간적 확장을 해주는 역할을 하고 있다.

널리 알릴 수가 있었죠. 그뿐만이 아니었습니다. 다른 유명 미술관에 비해 모리 미술관은 고층 빌딩의 상층부에 위치하다 보니 관람객들이 바람을 쐬며 휴식을 취할만한 야외 공간이 없다는 단점이 있었습니다. 모리 미술관은 그러한 단점 역시 '빌림'을 통해 해결했습니다.

　모리타워의 지상층 일부 공간을 빌려, 그곳에 자신들의 미술품 중 일부를 전시했습니다. 누구나 오갈 수 있는 공간에 미술품을 설치하는 것은 위험천만한 일이었지만, 그들은 과감하게 시도했습니다. 그중 대표적인 것이 프랑스 여류 조각가인 루이즈 브루주아의 청동 조형물인 〈마망〉입니다. 높이만 9미터가 넘는 거대한 거미 모양 조형물은 설치와 동시에 사람들의 시선을 사로잡았습니다. 일본 언론들은 앞다퉈 〈마망〉을 방송을 내보냈고, 자연스럽게 모리 미술관도 노출되었습니다. 그렇게 그곳을 지나쳐서 미술관을 방문하는 관람객들은 모두 그곳을 모리 미술관의 야외 전시공간으로 인식하게 되었죠.

그들의 '빌림' 본능은 거기서 멈추지 않았습니다. 모리 미술관이 발휘한 '빌림'의 절정이 바로 미술관을 방문한 날 경험한 택시기사의 구전 마케팅 능력이었습니다. 모리 미술관의 2대 관장이었던 난조우 후미오는 새롭게 개최하는 기획전을 홍보하기 위해 한 택시회사에 제안하여, 베테랑 기사들 위주로 41명을 선발하여 큐레이터의 상세한 설명과 함께 모리 미술관의 미술품들을 관람하는 기획 행사를 개최했습니다.

난생처음 방문한 미술관에서 VIP 대접을 받으며 미술품들을 관람한 이들은 말 그대로 '모리 미술관 구전 마케팅의 전사'가 되었습니다. 택시기사들은 자신의 차량에 탑승한 승객들에게 모리 미술관에 대해 입에 침이 마르도록 칭찬을 늘어놓았습니다.

거기서 끝이 아니었습니다. 주도면밀한 모리 미술관은 이 같은 행사를 방송국에 제공하는 것 역시 잊지 않았습니다. 방송국은 '40명이 넘는 택시기사를 초청한 특이한 미술관 관람 행사'를 장기간에 걸쳐 내보냈습니다.

우리 일행을 태운 택시기사는 41명 중 한 명은 아니었지만, 동료로부터 모리 미술관에 대한 자랑을 귀에 못이 박히도록 듣고 너무 궁금해서 휴일날 자비를 들여 태어나서 처음으로 미술관을 관람하고 큰 감명을 받은 분이었습니다. 이와 같은 적극적인 '빌림'을 통해 모리 미술관은 일본은 물론, 세계적으로도 유명세를 떨치는 미술관으로 성장할 수 있었습니다.

승자가 된 빌림의 대가들

사업도 마찬가지입니다. 경영하면서 다른 경쟁자들이 흉내 내지 못할 차별화된 핵심기술, 핵심역량을 갖는 것은 다른 모든 것을 떠나서 기업의 사활을 걸어야 할 만큼 중요한 활동입니다. 하지만 그것만으로는 부족합니다. 왜냐하면 세상이 변했기 때문입니다.

과거에는 시장 구도도, 소비자의 요구도 단순했습니다. 기업은 자체적으로 보유한 내부의 기술, 내부의 역량만으로 충분히 소비자의 요구를 충족시킬 수 있었고, 시장을 지배할 수 있었습니다. 하지만 이제는 복잡해진 소비자의 요구를 충족시키기 위해 외부의 기술, 외부의 역량을 적극적으로 빌리는 시대가 되었습니다.

지금이야 차 안에서 라디오는 물론이고 TV와 인터넷까지 이용하는 것이 자연스러운 일이지만, 불과 1세기 전만 하더라도 차 안에서 음악을 듣는 것은 불가능한 일이었습니다. 축음기는 무거웠고, 라디오는 이동하는 차에서 전파를 잡아내지 못했기 때문입니다. 그래서 당시 자동차 기업들은 '자동차는 이동수단이고 기계장치니 보다 빠른 엔진에 아름다운 차체를 만들 수 있는 역량만 갖추면 된다'라고 생각했습니다.

하지만 1910년대 중반, 군에서 제대한 윌리엄 리어라는 전기기술자가 전장에서 활용되는 이동 무선 기술을 활용해서 '이동하는 차 안에서도 라디오를 들을 수 있는' 장비를 개발했습니다. 윌리엄 리어는 시제품 제작을 폴 갤빈이라는 사람에게 맡겼는데, 이 제품의 상품성과 잠재력을 한눈에 간파한 폴 갤빈은 윌리엄 리어에게 특허를 자신에게 넘기라고 집요하게 권유했습니다. 때마침 항공 사업의 매력에 푹 빠져있던 윌리엄 리어는 새로운 사업을 위해 특허를 넘겼고, 폴 갤빈은 '이동하는 자동차Motors에서 들을 수 있는 유명 축음기 회사 빅터의 고급 축음기 빅트롤라Victrola'라는 뜻으로 제품의 이름과 회사의 이름을 바꿔 달았습니다. 세계적인 통신기기 기업으로 유명한 모토로라Motorola의 탄생에 얽힌 이야기입니다.

그런데 여기서 끝이 아니었습니다. 기계공학의 영역이던 자동차에 라디오라는 전기, 전자, 전파공학을 끌어들인 자동차 산업은 이후 엄청난 속도로 다른 기술들을 끌어모으기 시작했습니다. 야간 운행을 위한 조명 기술, 안전한 운전을 도와주는 다양한 차량제어 기술(ABS, ESC, HCU 등), 빠르고 정확한 길찾기를 도와주는 네비게이션 시스템, 그리고 수소자동차, 전기자동차 등의 구동을 위해 필요한 화학, 축전지 기술 등.

거기에 자동차의 디자인이 강조되면서 유체학, 운동역학 등의 기술이 도입되었고, 고객이 원하는 인테리어를 만들기 위해 미술심리학과 피부과, 이비인후과 같은 의학 분야까지 속속 자동차 산업에 접목되고 있습니다. 이제는 누구도 자동차를 기계공학만의 산물이라고 말하기 어렵다는 것을 우리는 잘 알고 있습니다.

이러한 '빌림'은 단순히 일부 기술 분야를 떠나서 한 기업의 핵심이라고 할 수 있는 R&D 운영시스템 전반의 변화까지 불러일으키고 있습니다. 세계적인 생활용품 기업인 P&G의 경우, 방대한 생산품목과 사업분야에 비하면 연구인력 규모가 생각보다 적은 편입니다. 그럼에도 그들은 세계에서 가장 신속하고 창의적으로 소비자들에게 필요한 제품들을 개발하여 제공하고 있죠. 그럴 수 있었던 것은 그들의 '개방형 연구제도' 덕분이었습니다.

P&G는 2000년대 초반부터 연구Research와 개발Development을 뜻하는 R&D를 대체할 단어로 'C&D'라는 단어를 들고 나왔습니다. 연결Connect과 개발Development의 약자인 C&D는 내부에서 모든 제품을 처음부터 끝까지 개발하던 종전의 방식을 탈피하여, 필요한 기술이 있다면 외부에 의뢰하거나 외부에서 개발한 기술을 도입하여 내부의 기술과 융합하는 방식을 통해 기존의 R&D와 같은 역할을 하도록 하겠다는 것이었습니다. 이러한 전략은 현재까지 크게 성공을 거두고 있습니다. 신제품의 35% 이상이 C&D로 개발되었으며, 비용대비 R&D 생산성은 60%나 개선되었습니다. 반면, 전체 매출액 중 R&D 비중은 약 1.2% 가량 줄어들었다고 합니다.

이처럼 이제 세상은 '잘 만드는 사람들의 시대'를 벗어나서 '잘 빌리는 사람들의 시대'로 접어들고 있습니다. 앞으로는 제대로 빌리지 않고는 생존할 수 없습니다. 핵심기술, 핵심역량을 보유하기 위한 노력과 투자는 계속하되, 조직에 필요한 것 중 보유하지 못하거나, 직접 개발하기보다는 외부에서 '빌릴 수 있는' 것들은 적극적으로 도입할 수 있도록 기업조직을 보다 열려 있는 형태로 운영해야 하는 이유가 여기에 있습니다.

모리 미술관이 그러했듯이…일본의 최고경영자와 유망한 인재들이 퇴근 이후 지친 몸을 이끌고 도쿄 하늘 높이 솟아 있는 모리 미술관을 자주 들르는 이유입니다.

모리 미술관

주소 日本國 東京都 港区 六本木 6-10-1 六本木ヒルズ 森タワー 53F

홈페이지 www.mori.art.museum/jp/

관람시간 10:00~22:00 (화요일제외) / 10:00~17:00 (화)

휴관일 연중무휴

입장권 가격 ¥1,800~2,200 (학생은 ¥1,300~1,500)

관람 안내

· 이 책에서 소개하는 다른 미술관과 달리 모리 미술관은 상설 전시가 없는 100% 기획 전시만으로 운영됩니다. 언제 가더라도 늘 새로운 전시를 만날 수 있다는 장점도 있지만, 반면 시기가 맞지 않으면 원하는 미술품을 관람할 수 없다는 단점도 있습니다. 따라서 방문하기 전에 어떤 전시가 열리고 있는지 먼저 확인하고 방문하는 것이 좋습니다.(전시 내용에 따라 개관시간, 관람료 등도 함께 바뀝니다.)

· 모리 미술관에서는 2007년에 개관한 국립 신미술관, 같은 해에 개관한 산토리 미술관을 함께 묶어 '롯본기 아트 트라이앵글'이라는 티켓을 발매하고 있습니다. 할인폭이 크기 때문에 도쿄의 미술을 폭넓게 경험하고 싶다면 꼭 기억해두는 것이 좋습니다.

※ 상기 내용은 24년 9월말 기준이며, 세부사항은 시기에 따라 일부 변경될 수 있습니다. 보다 자세한 사항은 공식 홈페이지를 참조하시기 바랍니다.

세계 최고의 인재들은 무엇으로 일할까?

네 번째 미술관

차트라파티 시바지 미술관 : 인도 뭄바이

더 많은 물감을
섞을수록
세상을 더 제대로
그려낼 수 있다

인도를 사랑한, 인도인이 사랑한 왕자

1904년 어느 날, 인도를 이끄는 정계, 관계, 재계 사람들이 한곳에 모였습니다. 내년에 방문하기로 한 영국 왕세자 웨일즈 공을 어떻게 하면 더 융숭히 대접할지에 대해 논의하기 위한 자리였습니다. 여러 가지 의견이 나왔고 다양한 계획들이 마련됐지만, 그중 가장 중요한 결정 사항은 뭄바이에 웨일즈 공의 이름을 딴 기념물 혹은 기념시설을 건립하자는 것이었습니다.

하지만 어떤 시설을, 어떤 규모로, 어떻게 지을지에 대해서는 갑론을박만 하다가 결론을 내지 못했습니다. 이듬해 11월, 영국 왕세자 웨일즈 공은 왕세자비와 함께 인도를 방문했지만, 두 사람을 맞이하기 위한 기념물은 결국 아무것도 세워지지 않은 채였습니다.

이후 조지 5세가 되는 왕세자 시절의 웨일즈 공은 따스한 가슴을 가진 사람이었습니다. 식민지에서 백인들에 의해 벌어지는 원주민 탄압 행위를 역겨운 일이라 비난하며 혐오했습니다. 인도에 만연한 계급의식인 카스트 또한 몹시 경멸했습니다. 그래서 환영식에 몰려든 하층민들에게 온화한 미소로 답했으며, 식민지 행정관에게 지시를 내려 인도인의 참정권 확대와 카스트 폐지 방안을 논의하기 위한 회의를 소집하기도 했습니다.

이런 그의 행보에 인도인들은 열광했습니다. 처음에는 단순히, 영국에서 온 왕족을 구경하기 위해 몰려들었던 인도인들은 어느새 "웨일즈 공, 우리의 왕!"을 연호하며 진심 어린 존경과 지지를 표했습니다.

이 같은 인기에 힘입어 답보상태에 있던 기념시설 건립 논의는 다시금 급물살을 타기 시작했습니다. 인도 대륙의 부호들이 앞다퉈 건축성금을 냈고, 수많은 하층민도 푼돈이지만 그들에게는 거금인 돈을 쾌척했습니다. 인도 식민지 정부 차원에서도 상당액을 건축예산 명목으로 배정했습니다.

그 결과 1915년, (이때는 이미 조지 5세로 등극한 후였지만) 왕세자의 이름을 딴 웨일즈 왕자 박물관이 건립되었습니다. 박물관은 초기에 원래 건립 목적과 전혀 다른 용도로 사용됐습니다. 비슷한 무렵 발발한 1차대전으로 인해 부상당했거나 고아가 된 어린이를 위한 수용시설로 활용되었죠. 그러나 전쟁이 끝난 뒤로부터는 인도 전통미술, 특히 무굴제국에서 제작된 세밀화의 보고로 명성을 드높이게 됩니다.

뭄바이 중심지인 웰링턴 광장 인근에 있는 박물관은 비잔틴 양식에 페

1915년 웨일즈 왕자 박물관으로 건립된 이곳은 비잔틴 양식에 페르시아 건축기법을 더해 동서양이 융합된 웅장한 모습을 보여준다.

르시아 건축기법을 더한 사라센 양식으로 지어진 웅장한 건물입니다. 인도 사라센 양식의 정수를 볼 수 있어 박물관 건물 그 자체만으로도 건축사적 가치가 대단한 건물입니다. 박물관은 미술관, 고고학실, 자연박물관의 3개 구역으로 나뉘어 있는데, 한 구역이 웬만한 미술관 혹은 박물관 하나 이상의 규모를 자랑합니다.

예로부터 동물보호론자들이 활발하게 활동했던 서구 국가에 비해 인도는 사냥이나 동물 포획에 대한 제재가 비교적 덜한 편이었습니다. 수많은 영국인이 위험을 무릅쓰고 사냥을 하러 인도로 몰려든 이유이기도 했죠. 때문에 웨일즈 왕자 박물관 내 자연박물관에는 서구 선진국 박물관에서는 좀처럼 만나보기 힘든 여러 희귀 동물의 박제를 접할 수 있습니다. 특히 인도와 방글라데시 접경지역이 주서식지인 벵골호랑이 박제는 이곳 자연박물관의 백미입니다. 그러나 뭐니 뭐니해도 최고의 볼거리는 미술관에 전시된 무굴 제국 세밀화와 고고학실에 전시된 간다라시대 불상입니다.

그런데 이 박물관에 찾아가려면 한 가지 유의해야 할 것이 있습니다. 뭄바이 시내에서 "웨일즈 왕자 박물관이 어디에 있죠?"라고 물으면 대부분은 모른 체하거나, 실제로 모를 것이기 때문입니다. 왜냐하면 박물관의 현재 이름은 웨일즈 왕자 박물관이 아니고, 조지 5세 박물관도 아니며, 그와 조금이라도 비슷한 이름조차도 아니기 때문입니다.

현재 미술관의 이름은 우리에게는 생소한 차트라파티 시바지 미술관 Chhatrapati Shivaj Maharaj Vastu Sangrahalaya입니다. 그런데 비슷한 시기에 갑작스럽게 이름이 바뀐 곳은 박물관뿐만이 아닙니다. 과거 사하르 국제공항으로 불리던 공항도 1998년부터 차트라파티 시바지 국제공항으로 바뀌었고, 뭄바이로 들어오는 열차의 종착역이자 과거 아시아에서 가장 아름다운 열차역으로 불렸던 빅토리아 터미누스 역시 차트라파티 시바지역으로 불리고 있습니다. 이외에도 수많은 지명, 도로명, 건물명에 '차트라파티 시바지' 혹은 '차트라파티 시바지 보슬'이라는 이름으로 붙여지고 있습니다.

인도 역사상 최고의 라이벌

차트라파티 시바지의 본명은 시바지 본슬레로 17세기 무렵 뭄바이 인근 지역을 다스리던 파텔 가문에서 태어났습니다. 그의 아버지 샤하지 본슬레는 아들을 잘 가르치기 위해 람다스라는 명망 높은 힌두교 학자를 스승으로 붙여줬습니다. 람다스는 힌두교에서 장 칼뱅쯤 되는 인물이었습니다. 경전을 중시하고 기독교의 본질에 천착했던 칼뱅처럼 람다스 또한 불필요한 제례 의식으로 오염되고 기복신앙적 성격이 지나치게 강조되던 당시 힌두교를 비판적으로 바라봤습니다.

신에 대한 헌신을 강조했고, 신 앞에 모든 인간이 평등하다고 주장하며 힌두교의 본래 모습으로 돌아가자고 주장했습니다. 더 나아가 신 앞에서 평등한 인간은 계급으로 차별받아서는 안 된다며 카스트 철폐, 신분과 핏줄이 아닌 실력과 공식 조직(국가 등)에 의한 정치의 필요성을 부르짖었습니다. 람다스로부터 많은 영향을 받은 시바지 본슬레는 독실한 힌두교 신자로 성장했고, 어려서부터 부족이 아닌 국가의 필요성을 절감했습니다.

하지만 대다수의 영웅 서사시가 그러하듯, 주인공 시바지 본슬레에게는 강력한 경쟁자가 있었습니다. 경쟁자 정도가 아니라 도저히 넘볼 수 없는 수준의 대단한 인물(솔직히 말해서는 악당)이 바로 이웃에 있었죠.

우리나라 장년층에게는 '아우랑가브'라는 발음이 더 익숙할 무굴제국 6대 황제 아우랑제브Auranzeb였습니다. 그의 어머니는 현재까지도 인도 최고의 건축물이자 관광명소이며 인도를 상징하는 아이콘으로 여겨지는 타지마할 탄생의 주인공 뭄타즈 마할 왕비입니다.

그녀가 서른여덟 살의 나이로 눈을 감자, 금술이 대단히 좋았던 무굴제국 5대 황제 샤 자한은 큰 슬픔에 빠졌습니다. 며칠간 식음을 전폐한 채 울부짖던 그는 아내 뭄타즈 마할의 영묘이자 자신이 죽고 난 뒤 영원을 함께할 안식처를 무굴제국의 수도인 아그라 동북쪽 야무나 강변에 짓기 시작했습니다. 공사를 위해 인도, 페르시아는 물론 이탈리아에서까지 석공들을 데려왔고, 이집트와 중국에서 건축자재를 싣고 왔습니다.

　그러다 보니 무굴제국의 재정은 엉망이 되어버렸고, 백성들은 원망이 자자했으며, 변방 부족들은 호시탐탐 쳐들어올 시기만을 재고 있었습니다. 무굴제국에게 가장 큰 위협은 신하들이었습니다. 몇 차례나 "규모를 축소해 달라", "건축을 잠시 멈추고 재정을 확충한 다음 다시 짓자" 등의 건의를 했으나 묵살당하자, 지역 기반이 튼튼한 몇몇 원로급 신하를 중심으로 묘한 기류가 형성되기 시작했습니다. 결국, 1653년 타지마할이 완공되었으나 나라 형편은 말이 아니었습니다.

　그때 등장한 것이 아우랑제브였죠. 그는 전광석화 같은 작전을 펼쳐 아버지 샤 자한을 폐위시키고 아그라 요새에 있는 탑에 가둬버렸습니다. 사실, 이 무렵 샤 자한은 장남 다라 시코를 후계자로 점찍어두고 왕권 이양 시기를 저울질하고 있었습니다.

　셋째 아들이었던 아우랑제브로서는 가만히 있으면 그저 황제의 동생으로 평생을 살아야 할 운명이었던 것입니다. 때문에 샤 자한이 잠시 병석에 누운 때를 틈타 아그라로 진격했습니다. "타지마할 건축이라는 대역사를 추진하느라 엉망이 된 국정을 바로 잡겠다"라는 명분을 내걸긴 했지만, 정권을 잡기 위한 일종의 '왕자의 난'인 셈이었습니다.

　하지만 왕위를 위협받는 신세에 처한 샤 자한도 할 말이 없는 것이, 그 또한 황세자 시절 아버지 자한기르를 상대로 반란을 일으킨 적이 있기 때문입니다. 하지만 불과 며칠 만에 반란은 진압되었고 자한기르 황제는 차마 아들을 죽이거나 폐위시킬 수 없었기에 손자였던 다라 시코와 아우랑제브를 인질로 데려가 버렸습니다.

샤 자한이 왕권을 잡은 뒤 풀려날 수 있었지만, 이후 두 왕자의 운명은 크게 달라졌습니다. 황세자로 극진한 대접을 받았던 다라 시코에 비해, 아우랑제브는 변방으로 떠돌며 아버지를 대신해 숱한 전투를 치르며 지방 군주들의 반란을 잠재워야 했습니다. 허나 그에 대한 아버지 샤 자한의 감정은 뜻밖에도 고마움이나 신뢰가 아닌 미움과 두려움이었습니다. 여기에는 여러 가지 사연이 있지만, 워낙 복잡한 이야기니 넘어가도록 하겠습니다.

어찌됐든 아버지를 끌어내리고, 형과 공성전을 치른 뒤 몰려든 다른 두 형제와도 혈투를 벌이면서까지 권력을 차지한 아우랑제브는, 1658년 공식적인 대관식을 치르며 꿈에 그리던 무굴제국 6대 황제의 자리에 오르게 됩니다. 왕위에 오르기 전부터 자신의 장기를 십분 발휘해 정복전쟁에 나섰던 그는, 우선 북쪽으로는 현재의 펀잡, 카슈미르 지방을, 서쪽으로는 카불 인근을, 동쪽으로는 뱅골에 대한 지배력을 공고히 다졌습니다. 더 이상 산맥들(힌두쿠시, 쿤룬, 히말라야)로 가로막혀 사람이 살만한 땅이 안 보이자 이제는 본격적으로 남진정책을 펼쳤죠.

그때 아우랑제브가 복속시킨 지역 중 한 곳이 마하라슈트라 지방이었습니다. 현재의 뭄바이와 주변 지역이죠. 마하라슈트라 지방은 대대로 마라타족이 거주해 온 곳이자 힌두교 교세가 무척 강한 지역이었습니다. 몽골-튀르크족의 후손이자 무슬림 국가를 꿈꿔온 아우랑제브와는 당연히 물과 기름

17세기 인도에 세워진 마라타국의 초대 차트라파티, 무굴제국 황제 아우랑제브의 탄압에 맞선 마라타족의 영웅이다. '인도 해군의 아버지'로도 불린다.

처럼 섞일 수 없었습니다. 결국, 마라타족은 자신들의 지도자를 중심으로 동맹을 구축해 아우랑제브와 무굴제국에 대한 반란을 모의하기 시작했고, 그때 등장한 지도자가 바로 시바지 본슬레, 이후 차트라파티 시바지로 불리게 된 인물입니다.

다양성에 대한 존중과 경청으로 만들어진 영웅

일개 귀족가문의 후손이었던 그가 마라타 동맹을 이끄는 지도자로 천거될 무렵만 하더라도 동맹의 사정은 형편없었습니다. 마라타족은 인구수는 많았지만 소규모 국가의 군주와 귀족들을 중심으로 뿔뿔이 갈라져 정치적으로 서로 다투기 일쑤였습니다. 군사 역시 수만 많았지 제대로 된 훈련도 받지 못하고 무장도 부실하기 이를데가 없었습니다.

하지만 시바지 본슬레는 그런 세력들을 통합시켜 단단한 동맹체를 구축했고, 마라타 동맹은 강성했던 무굴제국의 정예병과 맞서 연전연승을 거뒀습니다. 결국, 마라타 동맹은 강성했던 무굴제국과 대등하게 맞서며 인도 중서부를 중심으로 한 마라타국을 건국할 수 있었고, 지도자 시바지 본슬레는 마라타어로 황제를 뜻하는 '차트라파티'로 불리게 되었습니다. 웨일즈 왕자 박물관을 비롯해 뭄바이 시내 거의 모든 주요 시설물의 이름으로 쓰이는 '차트라파티 시바지'가 탄생하는 순간이었습니다.

그가 무굴제국 최대 전성기를 이끌었던 아우랑제브 황제와 경쟁하며 마라타 왕국을 강성한 나라로 키워낼 수 있었던 것은 그만의 남다른 능력이 있었기 때문입니다. 차크라파티 시바지는 자신의 조직을 '힌디바 스와라즈야'라 이름 붙였습니다. 우리말로 번역하면 '인도인 스스로에 의한 다스림 혹은 규범' 정도가 될 텐데, 이름만 그렇게 지은 것이 아니라 실제 병력 운용과 국가 경영에 있어서도 그 이름 그대로 따랐습니다.

시바지가 이끄는 군대의 규율은 엄하기로 유명했습니다. 당시 군대는 평소 의복과 식품 정도를 지급받다가 전쟁이 나면 참전해 큰 공을 쌓으면 전리품을 하사받고, 그렇지 못하면 노획물을 빼앗아 계급과 전공에 따라 나눠가지는 것이 수입의 대부분을 차지했습니다. 말만 군인이지 시정잡배나 도적 떼보다 더 못한 군대도 허다했죠. 하지만 차크라파티 시바지는 자신의 군대가 그런 군대와 다르기를 바랐습니다. 군기를 위반한 병사는 가혹하리만큼 엄격하게 처벌받았습니다. 대신 대부분이 농민이었던 병사들의 생계가 위협받지 않도록 적정 수준의 급여를 고정적으로 지급했죠.

그뿐만이 아니었습니다. 그는 제대로 된 인간 취급조차 받지 못했던 하위 카스트 사람들이 인간답게 살 수 있도록 다양한 정책을 도입했습니다. 지나치게 가혹한 세금제도를 정비하고, 카스트 상위 계층인 성직자나 관료들이 불법적으로 탄압하거나 학대하지 못하도록 하위 계층 사람들을 법으로 보호했습니다.

그가 그럴 수 있었던 데에는 앞서 이야기한 스승 람다스와 어머니 지자우의 힘이 컸습니다. 힌두교 본질에 집중해 신분 등으로 차별하는 행위를 금기해야 한다고 가르친 스승 덕분에 차크라파티 시바지는 인재를 등용함에 있어 출신 가문, 타고난 신분보다는 본인의 능력과 마음가짐을 더 중시했습니다. 다양한 계층을 중용하고 하층민들을 진심으로 보살폈던 그의 마음 씀씀이 덕분에 비자푸르국과의 전투에서 가장 선두에 나서 적들을 물리친 하층민 부대가 존재할 수 있었습니다. 당대 인도 최고의 싸움꾼으로 칭송받던 무굴제국 장군 샤이스타 칸의 공격에 맞서 자신의 목숨을 바쳐 차크라파티 시바지를 지켜낸 것도 하층민 출신 장군들이었습니다.

변방을 지키느라 자리를 자주 비웠던 아버지 대신 어린 시바지를 돌본 것은 늘 어머니였습니다. 현명했던 어머니는 매일 밤 인도대륙의 다양한 역사, 종교, 문화는 물론, 지도자에게 필요한 덕목, 마음가짐 등에 대해 들려줬습니다. 그중에서도 가장 강조했던 것은 다양한 사람의 마음을 모으는 것이었습니다.

인도 중남부 대부분 지방이 그러하듯 마하라슈트라 지방 역시 대대로 소규모 부족들이 모여 살았습니다. 여러 부족 지도자들은 서로 자기가 최고라며 으스대기 바빴고 협력은 이뤄지지 않았습니다. 그렇기 때문에 마라타 족은 하나로 힘을 모으지 못하고 늘 이민족의 지배를 받아야만 했습니다. 이런 현실 속에서 "한 국가를 다스리는 진정한 왕이 되려면 다양한 사람들의 목소리에 귀를 기울이고, 그들의 사정을 진심으로 살펴야 한다"라는 가르침을 어머니 지자우는 아들에게 강조했습니다.

카리스마와 단호한 웅변만이 지도자의 덕목으로 중시되고 다양성에 대한 배려와 경청은 그 개념조차 생소했던 시기에 조금은 색달랐던 어머니의 교육은 어린 시바지에게 큰 감흥을 줬습니다.

어른이 돼 더 높은 직위에 올라섰음에도 불구하고 다른 이의 사정을 진심으로 살피고, (직위가 아래거나, 나이가 어린 사람이라 하더라도) 타인의 말을 경청하는 습관은 이후로도 변함이 없었죠. 그런 그의 성품과 태도는 주위에 많은 인재를 모여들게 했습니다. 그렇게 모인 이들이 '인도인 스스로에 의한 규칙으로 다스려지는' 나라를 만들겠다는 비전으로 하나가 되자 놀라운 힘을 발휘한 것이었습니다.

마라타족의 후예들은 이런 위대한 리더 차트라파티 시바지를 잊지 않았습니다. 수 세기가 지나는 동안 인도 대륙의 주인이 여러 차례 바뀌었고, 근래에는 영국의 지배를 받으며 언어는 물론 정치, 사회, 문화적으로 거의 모든 것들의 변화를 겪었음에도 언제라도 자신들이 자랑스러워할 순간에는 '위대한 그 이름'을 불러올 준비를 하고 있습니다.

그리고 현재 시바지의 이름은 다시 인도 사회 전면에 화려하게 등장하고 있습니다. 비록 모디 총리를 필두로 한 힌두민족주의 세력이 정치적인 목적으로 주도하고 있다는 평을 듣고 있지만 인도에 부는 차크라파티 시바지 열풍은 무서울 정도입니다.

다양성에 대한 이해를 바탕으로 경청과 포용을 발휘했던 차크라파티 시바지의 이름을 따서일까요? 아니면 그 이전 이름의 주인공이었던 웨일즈 왕자가 리즈 시절에 보여줬던 배려와 존중의 모습에 영향을 받아서일까요? 차크라파티 시바지 미술관은 인도 대륙에서 명멸했던 다양한 시기의 여러 문화예술 유산들을 살펴볼 수 있는 가장 포용적인 미술관으로 명성을 이어가고 있습니다.

비록 그 후손 중 일부가 '관람객의 카메라에 대해 세계에서 가장 인색한 미술관'으로 운영 중이긴 하지만 말입니다.

최고의 인재들이 주말을 보내는 곳 04

차트라파티 시바지 미술관

주소 159-161 Mahatma Gandhi Road, Fort, Mumbai, India

홈페이지 www.csmvs.in

관람시간 10:15~18:00

휴관일 1월 26일, 5월 1일, 8월 15일, 10월 2일

입장권 가격 INR 700(5세~15세 청소년은 INR 200) ※외국인 이중가격제

관람 안내

· 미술관 내부와 소장된 작품들에 대한 카메라 촬영은 가능하지만, 미리 안내데스크
에 신고한 뒤 비용을 지불하고 촬영해야 합니다. 그렇지 않을 경우 카메라를 뺏기거
나 애써 찍은 사진들을 다 삭제당하는 경우가 있으니 주의해야 합니다.

· 내부 소장품들도 볼 만한 것들이 많지만, 그 작품들을 담고 있는 미술관 건물 자체도
인도 사라센 양식을 대표하는 세계적인 건축물입니다. 산책하듯 외부를 둘러보다보
면 이국적이면서도 섬세한 아름다운 건축물의 아름다움을 만끽할 수 있습니다.

· 소장품 중 특히 무굴제국 세밀화는 전 세계에서도 손꼽힐 정도로 다양하고 풍성한
컬렉션을 자랑합니다. 국내에서는 쉽게 접하기 힘든 작품들이 많으니 꼼꼼하게 시
간을 들여 감상하고, 조금 더 관심이 있으면 미술관 내부에 있는 서점에서 관련 서적
을 몇 권 구입해 오는 것이 좋습니다.

※ 상기 내용은 24년 9월말 기준이며, 세부사항은 시기에 따라 일부 변경될 수 있습니다. 보다 자세한 사
항은 공식 홈페이지를 참조하시기 바랍니다.

세계 최고의
인재들은
왜 미술관에 갈까?

Part 2.

세계 최고의 인재들은
누구와 일할까?

누구와 일해야 할지 고민이 될 때,
그들은 미술관에 간다

혼자 꿈을 꾸면 한낱 꿈일 뿐이지만

함께 꿈을 꾸면 그것은 새로운 현실의 시작이 된다.

- 프리덴슈라이히 훈데르트바서[2]

---

2 20세기 오스트리아를 대표하는 화가이자 건축가이자 미술사상가.

미술관의 가장 소중한 관람객은 우리 눈앞의 그분이 아닐 수도 있다

난형난제! 독일 예술의 보고. 피나코텍 삼형제

대학 시절 독일로 유학을 가서 아예 현지에 정착한 선배가 들려준 이야기가 있습니다. 선배는 90년대 초반, 독일 최고의 명문대학 중 하나인 뮌헨공대 석사과정에 입학하면서 유학 생활을 시작해 졸업한 이후로는 뮌헨에 본사를 둔 세계적인 전자계측기 생산업체인 로데 슈바르즈에 근무하시며 재독 한인회에서도 헌신적으로 활동했습니다.

특히 선배가 가장 많이 신경을 쓴 것은 갓 유학 생활이나 이민 생활을 시작한 새내기 재독교포들을 챙기고 정착을 돕는 일이었습니다.

그런 선배를 특히 잘 따르던 젊은 유학생이 있었다고 합니다. 선배가 주도해 개최한 환영회에서 처음 안면을 트고, 이후 한인회 행사에서 몇 차례 더 인사를 나누게 되었는데, 통성명을 하고 친분이 생기자 30살 가까운 나이 차에도 불구하고 "선배님, 선배님" 하며 싹싹하게 굴었던 터라 챙길 수밖에 없었다고 합니다. 게다가 그 유학생과 선배 사이는 한국에서 핏줄보다 더 끈끈한 사이라고 하는 3대 연줄(호남향우회, 고대교우회, 해병전우회)이 동 앗줄보다 더 굵고 단단하게 엮여 있었습니다.

아무튼 전라남도가 고향인, 고려대를 나온, 해병 병 OOOO기 출신의 새내기 유학생에게 선배는 "뮌헨에 살게 됐으면" 그리고 "독일의 속살을 속속들이 알고 싶으면" 뮌헨을 넘어 전 독일 국민이 자랑하는 대단한 미술관 "피나코텍Pinakothek을 가봐야 한다"라고 조언을 해줬고, 가겠다면 주말에 데려가 주겠다고 했답니다.

당연히 새내기 유학생은 가보고 싶다고 했고 토요일 오후 2시에 피나코텍 앞에서 만나기로 약속했습니다. 하지만 당일 오후 2시 반이 넘어가도록 새내기 유학생은 오지 않았고, 공교롭게도 서로 휴대전화 통화도 되지 않으면서 두 사람은 만나지 못하고 말았습니다.

그런데 재미있는 것은 두 사람 모두 집에 가기 전에 "에잇! 그래 여기까지 나온 김에 나 혼자라도 피나코텍을 보고 가야지" 하며 각자 자신의 피나코텍을 관람하고 귀가했다는 것입니다. 어찌된 일일까요?

우리가 영화에서 종종 접하는 평행우주 또는 멀티 유니버스가 두 사람 사이에 펼쳐진 것일까요? 그건 아니고, 하나의 피나코텍 관람을 마치고 두

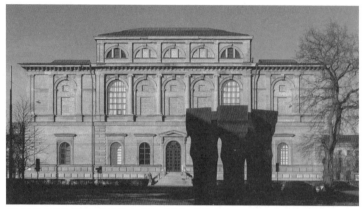

피나코텍 삼형제의 맞형 격인 알테 피나코텍은 '오래된'이라는 수식어답게 14세기~18세기 독일 미술과 관련된 세계 최고의 소장품을 자랑한다.

번째 피나코텍으로 걸음을 옮기던 순간 선배는 자신의 뒤통수를 칠 수밖에 없었습니다.

사실 두 사람은 모두 약속을 지켰고, 같은 시간대에 피나코텍에 있었던 것입니다. 다만, 한 명은 알테 피나코텍Alte Pinakothek에서 다른 한 명은 노이에 피나코텍Neue Pinakothek에서 상대방을 기다린 것이죠. 실제로 가보면, 이들이 헷갈린 것이 당연할 정도로 두 피나코텍은 가까운 거리에 위치하고 있습니다.

피나코텍 삼형제의 맞형격인 알테 피나코텍은 '오래된Alte 미술관Pinakothek'이라는 이름에 걸맞게 14세기부터 18세기 중엽까지의 유럽미술과 15세기 이후의 독일 미술품들을 전시하고 있는 미술관입니다. 다만 내부로 들어가보면 절대로 '오래된'이라는 수식어가 어울리지 않게 미술관의 관리 상태가 최신식이고 미래지향적이어서 놀라게 되죠.

그 옆, 노이에 피나코텍은 '새로운Neue 미술관Pinakothek'이라는 이름에 걸맞게 18세기 중엽 이후 근현대미술 작품, 특히 19세기 인상주의 대표작들을 전시하고 있는 미술관입니다. 여기에 모던 피나코텍Pinakothek der Moderne 은 이름에서 떠오르는 느낌 그대로 독일의 대표적인 현대미술 작품들을 위주로 전시하고 있는 공간으로 이들 세 미술관을 순서대로 보면 14세기 이후 독일은 물론, 유럽 전체 회화의 흐름을 한눈에 볼 수가 있습니다.

이들 미술관은 어느 곳이 가장 인기가 있다거나, 어떤 곳이 메인이라고 할 수 없을 정도로 세 곳 모두 뮌헨 시민은 물론 전 세계에서 몰려든 관광객들의 사랑을 받고 있습니다. 또한 세 미술관 모두 미술사적으로 커다란 영향력을 발휘하고 있지만, 아무래도 가장 많은 이들의 관심을 받는 곳은 알테 피나코텍입니다.

가장 맏형 격인 데다가 이름이 널리 알려진 거장들의 작품을 가장 많이 보유하고 있어서입니다. 그중에서도 독일의 미술관답게 '북유럽 르네상스 회화의 완성자'라는 칭호가 붙은 독일 화가 알브레히트 뒤러의 그림을 다수 보유하고 있는 것으로도 유명합니다.

위대한 예술가를 만들어낸 더럽고 추한 손

뒤러는 독일 뉘른베르크의 금세공 기술자의 아들로 태어나, 어린 시절부터 공방에서 일해야 했습니다. 물론, 미술사학자에 따라서는 "이때 아버지 밑에서 익힌 세밀한 금속 세공기술 덕분에 뒤러가 이후 탁월한 판화작품을 조각해 낼 수 있었다"라고 평가하는 견해도 있지만, 뒤러는 제대로 된 미술교육

은커녕 혹독한 성장과정을 거쳤다는 것이 사실입니다.

세월이 흘러 아버지의 뜻을 어느 정도 거역할 수 있을 나이가 됐을 때, 뒤러는 드디어 꿈을 찾아 회화학교에 진학했습니다. 그리고 그곳에서 평생의 벗이자 은인이 될 '한스'를 만나게 됩니다. 두 사람은 모두 가난한 집안 출신으로 '돈을 벌어 살림이나 보태라'는 부모의 뜻을 거역하고 그림에 대한 열정 하나만으로 회화학교에 진학했다는 공통점이 있었습니다.

그러다 보니 두 사람은 함께 어울려 늦은 시간까지 그림 연습을 하다가 새벽녘 어슴푸레 동이 터올 무렵이 되면 앞으로의 미래에 대해 서로의 고민을 털어놓는 것이 반복된 일상이었습니다. 그러던 어느 날, 그날 역시 등을 마주하고 밤새 그림을 그리고 있는 참이었는데 한스가 먼저 입을 열었습니다.

"이봐, 뒤러. 우리 형편에 앞으로 얼마나 더 이 공부를 계속할 수 있을까?"

평소에도 자주 하던 푸념이었기에 뒤러는 별 대꾸를 하지 않았습니다. 그러자 한스가 또다시 이야기를 이어갔습니다.

"차라리 이렇게 하는 건 어때? 일단 지금은 내가 취직해서
자네 학비와 그림 재료를 댈게. 지금처럼 학비 걱정, 생활비 걱정하느라
정신 팔린 상태가 아니라면 틀림없이 넌 성공할 테니,
그때는 네가 그림을 그려서 내 회화학교 뒷바라지를 하면 되지 않을까?"

듣고 보니 일리가 있는 얘기였습니다. 이후 두 사람은 몇 차례 진지하게 고민하고 논의한 끝에 뒤러가 먼저 회화학교에서 계속 공부를 하고, 이후에는 역할을 바꿔서 하기로 했죠.

친구 한스의 지원으로 뒤러의 그림 실력은 하루가 다르게 향상되었습니다. 그의 그림(특히, 판화)은 독일의 귀족들 사이에서 비싼 값에 팔리기 시작했고, 명성을 얻게 된 그는 뉘른베르크의 세도가 집안인 프라이 가문의 딸과 결혼까지 하게 되었죠.

여유가 생긴 그는 약속한 대로 이번에는 친구 한스를 회화학교에 재입학시켜 미뤄왔던 공부를 하도록 지원해 줄 요량으로 그가 일하고 있다는 식당을 수소문해 찾아갔습니다. 하지만 영업을 마치고 불이 모두 꺼진 식당 어느 곳에서도 한스의 모습은 보이지 않았습니다. 더듬더듬 어두운 식당 안을 뒤지며 한스를 찾았지만 그는 어디에도 없었습니다. 순간, 식당 가장 안쪽의 주방 문틈으로 희미한 불빛이 새어나오는 것이 보였습니다. 뒤러가 살며시 문을 열고 보니 친구 한스가 자그마한 촛불 하나를 켜놓고 무릎을 꿇은 채 기도를 하고 있었습니다.

"주여, 제 손은 고된 일로 망가져서 제 친구 뒤러가 저를 찾아와
학비를 대 준다해도 더 이상 붓을 잡고 그림을 그릴 수가 없습니다.
화가로서 제가 해야 할 몫의 일이 있고, 신께서 저에게 주신
화가로서의 능력이 있다면 그를 제 친구 뒤러에게 주시고,
그가 주를 위해 진실된 그림을 그릴 수 있도록 도와주소서!"

'세상에서 가장 성스러운 손'이라고도 불리는 〈아름다운
손〉의 주인공에 대해서는 다양한 설이 존재한다.

뒤러는 그의 기도하는 모습을 보고 그 자리에 주저앉아 고마움과 미안
함의 눈물을 줄줄 흘렸습니다. 눈물을 흘리는 것 외에는 아무런 일도 할 수
없었습니다. 잠시 후 마음을 추스린 그는 작업실로 돌아와 미친 듯이 그림을
그리기 시작했습니다.

그렇게 탄생한 것이 뒤러의 대표작이자, 미술평론가들 사이에서 "가장
추하면서도 성스러운 손을 그린 그림"이라는 평가를 받는 걸작 〈기도하는
손〉입니다. '한 거장과 헌신적인 친구 사이의 우정'이라는 사연이 담겨있는
뒤러의 대표작 〈기도하는 손〉은 이후 알테 피나코텍에 전시되어 전 세계인
들의 심금을 울렸습니다.

사업의 성패는 누가 좌우하는가?

비단 화가뿐만이 아니라 역사상 큰 성공을 거둔 이들의 곁에는 함께 일하며 헌신적인 지원을 아끼지 않았던 동료들이 있었습니다.

한 고조 유방 옆에는 소하가 있었고, 오귀스트 로댕 곁에는 카미유 클로델이, 윈스턴 처칠의 주변을 살펴보면 늘 앨런 브룩 장군이 있었습니다. 스티브 잡스에게는 팀 쿡이 있었고, 워렌 버핏에게는 찰리 멍거가 있었으며, 빌 게이츠의 곁에는 스티브 발머가 함께 했습니다.

기업에 있어서도 마찬가지입니다. 특정 기업의 성공담을 살펴보면 탁월한 한두 명의 천재나 천부적인 사업가들이 조직의 명운을 뒤바꾼 사례도 많지만, 실제 대부분의 성공 스토리에는 우수한 인재와 함께 일하며 그의 부족한 부분을 보완해줘 눈부신 성과를 만들어냈던 파트너, 팀원들이 거의 같은 비중으로 등장하고 있습니다. 그럼에도 불구하고 과거 기업들의 관심은 주로 '고객'과 그를 두고 경쟁하는 '경쟁자'에 대한 것들이었습니다. 기업들이 전략을 수립할 때 산업을 분석하는 방법 자체도 그러한 관심을 반영한 것들이 대부분이었습니다.

경영전략의 선구자로 알려진 마이클 포터 교수의 5가지 경쟁요인 모델 5 Forces Model, 그보다 조금 앞서 등장해서 현재까지도 여전히 영향력을 발휘하고 있는 SWOT 분석 등은 모두 나, 내 조직, 내 회사를 제외한 나머지 부분, 분야들에 대한 분석을 바탕으로 하고 있습니다. 많은 기업들 역시 산업의 수익성, 사업의 성공가능성, 기회요소 등을 분석할 때는 '나 밖에 있는 환경들'에 대한 분석을 기본으로 했죠. 하지만 최근 들어 그러한 분석만으로 더 이상 사업적, 조직적 성공을 담보할 수 없다는 것을 깨닫게 되면서 기업들은 새로운 '한 요인', '한 부분'에 대해 관심을 갖기 시작했습니다. 그는 바로 '동료'입니다.

동료는 '한가지 동同'에 '동료 료僚'로 이뤄진 한자입니다. 동기, 동창 등과 비슷하게 구성된 글자로 벗이나 친구 같은 단어와 종종 혼용되기도 합니다.

하지만 자세히 살피면 그 뜻이 미묘하게 차이가 나는데, '료僚'라는 글자 자체가 사람 인人 변에 횃불 료寮가 더해진 형성자로 '횃불을 들고 앞서 나가는 사람', 즉 지도자 또는 벼슬아치를 의미하죠. 국무회의에 참석하는 장관급 공무원을 일컫는 각료나 일제 강점기 군대의 참모를 일컫는 단어였던 막료 등에 이 한자가 사용된 이유입니다. 따라서 동료는 동기, 동창, 벗, 친구보다는 조금은 공식적인 관계 또는 공통의 목적의식이나 이권으로 맺어진 관계를 뜻합니다.

우리가 관심을 가져야 할 동료는 크게 세 가지로 구분이 됩니다.

첫 번째 동료는 실제 우리와 같은 조직에 몸담고, 곁에서 비슷한 일을 하는 이들을 말합니다. 가장 일반적으로 인식되는 동료이지요. '그들을 얼마나 나와 같은 뜻, 같은 꿈을 갖게 할 수 있는가?'가 일(조직운영, 사업, 경쟁자와의 경쟁 등)의 성패를 좌우하는데 크게 영향을 미친다는 것을 깨닫게 되면서 기업과 같은 조직들은 과거에는 크게 관심을 두지 않았던 동료애에 대해 관심을 갖기 시작했습니다.

두 번째 동료는 과거에는 동료로 인식하지 않았던 존재입니다. 그들은 바로 우리가 생산한 물건이나 서비스를 구매하여 사용하는 소비자입니다. 그들을 단순히 소비자의 영역에 머물게 하지 않고 '얼마나 우리 곁으로 가까이 끌어들여, 우리를 아끼고, 필요할 때는 적극적으로 우리 편이 되어줄 수도 있는 동료로 만들 수 있는가?'가 회사의 성공 여부를 좌우하는 주요한 요소가 되고 있습니다. 실제로 소비자를 동료로 만들어 큰 성공을 거둔 사례는 우리 주변에서 심심치 않게 찾아볼 수 있습니다.

이길 사람을 찾을 것인가? 이기게 해줄 사람을 찾을 것인가?

마지막 세 번째 동료는 조금 뜬금없고 이해가 잘 안 될 이야기일 수도 있는데, 우리와 경쟁하는 경쟁자들을 말합니다.

물론 기업을 경영하는 데 있어서 당연히 그들과 치열하게 경쟁해야겠지만, 그 경쟁 구도를 단순히 '너 죽고 나 죽자'라는 식으로 서로 공멸하는 모습으로 만들어 가느냐 아니면 치열한 경쟁 속에서도 '각자가 원하는 것을 얻고 상호 발전'하는 모습으로 만들어 가느냐에 따라 기업의 성과는 크게 달라지게 됩니다.

최근 들어 '적Enermy'으로 단정 짓던 경쟁자를 '친구Friend' 또는 '동료'로 만드는 것이 유행처럼 번지고 있고, 그러한 활동을 잘하는 기업들이 탁월한 성과를 만들어내고 있습니다. 심지어 적과 동료 두 글자를 합친 '프레너미 Frenemy'라는 단어가 수시로 입에 오르내릴 정도입니다.

세계적인 광고회사 WPP그룹을 2018년까지 이끌었던 마틴 소렐이 처음으로 만들어낸 이 단어는 과거 미국과 소련이 냉전체제를 구축하고 팽팽하게 경쟁하던 무렵 소련을 견재하기 위해 미국이 중국과 핑퐁외교를 시도하는 등 친밀한 관계를 이어가다가, 소련이 붕괴되고 중국이 급부상하자 이번에는 중국을 견제하기 위해 소련의 후예인 러시아와의 관계를 발전시키는 모습을 보도하며 언론 매체들이 앞다퉈 사용해 유행하게 되었습니다.

애플과 LG는 노트북 시장에서 경쟁하고 있지만, 사실 애플은 LG 계열사인 LG이노텍과 LG디스플레이에서 수많은 부품을 수입하고 기술적인 협력도 아끼지 않는 동료이기도 합니다. 반대로 삼성전자의 휴대전화에는 퀄컴의 칩과 여러 가지 핵심기술이 탑재되어 있지만, 이들은 수시로 기술에 대한 특허권을 가지고 전 세계의 법정에서 피 튀기는 소송전을 벌이고 있습니다. 구글은 자신들의 모바일 운영체제인 안드로이드를 애플을 제외한 전 세계 상당수 브랜드의 휴대전화에 탑재시키고 있지만, 2011년에는 모토로라의 휴대전화 사업 부문을 사들여 자사 브랜드의 폰을 만들어 안드로이드 진영의 휴대전화들과 직접 경쟁하기도 했습니다.

이외에도 산업구조가 고도화되고 기술개발 속도가 빨라지면서 기업간 경쟁구도 역시 과거와 비교할 수 없을 정도로 복잡해져서 더 이상 예전처럼 적과 동료라는 이분법적 틀로 재단할 수 없는 관계가 많아졌습니다. 이럴 때, '경쟁자들과 얼마나 잘 동반자적 협력관계를 이끌어낼 수 있느냐?'가 사업 전체의 성패를 좌우하기도 합니다.

서양 경영자들 사이의 격언 중에 이런 이야기가 있습니다.

"성공하고 싶으면 '내가 이기고 싶은 사람'을
'나를 이기게 해줄 사람'으로 만들어라!"

'내가 이기고 싶은 사람'이야 말 안 해도 나의 경쟁자가 될 것이고, '나를 이기게 해줄 사람'은 동료 또는 파트너, 조력자가 될 것입니다. 경쟁자마저도 나의 좋은 동료로 만들 수 있어야 성공할 수 있다는 이야기일 것입니다.

지금은 사라졌지만 한때 재계 순위 2위까지 차지했던 대우그룹의 창업주 김우중 회장은 고등학교 시절부터 한주먹 하기로 유명했습니다. 화통한 성격인지라 하루가 멀다 하고 싸움에 휘말렸지만, 그만큼 주위에 따르는 친구도 많았습니다.

반면 같은 반이었던 이우복이란 학생은 그와 전혀 달랐습니다. 세심하고 꼼꼼한 성격이었던 그는 매사에 분석적으로 사고하고 치밀하게 챙기는 것으로 유명했습니다. 당연히 두 사람 사이에 케미가 맞을 리가 없었습니다. 하지만 김우중은 이우복에게 손을 내밀었습니다. 저돌적인 추진력과 사람을 사로잡는 친화력을 갖추고 있던 자신에게 부족한 부분을 채워줄 수 있는 사람이라 느꼈기 때문입니다.

이후 1967년, 만 서른 살의 김우중이 500만 원의 자본금으로 대우실업을 창업했을 때, 그가 가장 먼저 찾아간 이도 이우복이었습니다. 착실한 회사원으로 살고 있던 친구에게 김우중은 함께 일하자며 손을 내밀었습니다. 진심 어린 그의 영입 제의에 탄탄한 기업의 최고 엘리트 사원이자 촉망받는 인재였던 이우복은 흔쾌히 자리를 박차고 나와 대우실업으로 자리를 옮겼습니다.

월급조차 제대로 받을 수 있을지 알 수 없는 상황에서 저돌적인 사업가 김우중이 챙기지 못했던 회사 내부 단속, 자금의 안정적인 관리 등을 도맡았고, 대우실업은 금방 본 궤도에 올라섰습니다. 그리고 그 이후의 스토리는 아시다시피 대우그룹의 전성기로 이어지게 됩니다.

알테 피나코텍, 노이에 피나코텍, 모던 피나코텍. 이 세 곳 역시 하나하나가 훌륭한 미술관이라는 점은 틀림없지만, 따로 떼어놓고 보면 왠지 다른 유명 미술관에 비해 무게감이 떨어지는 느낌이 들기도 합니다. 그러나 이들 피나코텍이 '세 곳의 피나코텍 중 어느 곳에서 출발하던지 다른 두 곳 모두를 도보로 둘러볼 수 있는 거리에 있고', '세 곳을 모두 관람할 수 있는 패키지 상품 있다'라는 사실과 결합되면 엄청난 시너지 효과를 발휘하며 전 세계 어디에 내놔도 전혀 밀리지 않는 미술관으로 거듭나게 됩니다.

알브레히트 뒤러가 친구 한스를 만나 자신의 재능을 꽃피운 것처럼…. 세계 최고의 인재들, 특히 작지만 강한, 그래서 세계무대에 나서기 위해서는 서로가 서로를 돕고, 경쟁과 협력을 능수능란하게 해야 하는 강소기업을 뜻하는 히든 챔피언이 많기로 유명한 독일의 인재들이 틈만 나면 피나코텍 삼형제를 찾아가는 이유입니다.

피나코텍 삼형제

주소 Barer Straße 27(29, 40), 80333(80799) München, Deutschland

홈페이지 www.pinakothek.de

Alte Pinakothek

- **관람시간** : 10:00~18:00 / 10:00~20:00 (화, 수요일)
- **휴관일** : 매주 월요일 / 1월 1일, 5월 1일, 성탄절(24일 포함), 12월 31일
- **관람료** : € 10.00 (일요일은 € 1.00) ※ 세곳 모두 동일

Neue Pinakothek

- **관람시간** : 10:00~18:00 / 10:00~20:00 (화요일)
- **휴관일** : 매주 화요일 / 1월 1일, 5월 1일, 성탄절(24일 포함), 12월 31일

    ※ 단, Neue Pinakothek은 리뉴얼 공사 중으로 2029년 재개관 예정

Pinakothek Der Moderne

- **관람시간** : 10:00~18:00 / 10:00~20:00 (목요일)
- **휴관일** : 매주 월요일 / 1월 1일, 5월 1일, 성탄절(24일 포함), 12월 31일

관람 안내

- 독일에 방문해보신 분들은 익히 아시겠지만, 독일은 일요일에 문을 여는 곳이 거의 없기 때문에 일요일에 갈 곳이 없다고 느껴질 때가 있습니다. 하지만 피나코텍 삼형제만은 일요일에도 문을 열고, 심지어 관람료를 할인해주기까지 합니다.
- 뒤러의 대표작 〈기도하는 손〉은 현재 알테 피나코텍에서는 만나볼 수 없습니다. 오스트리아 빈에 있는 알베르티나 미술관에서 만나볼 수 있죠. 대신 알테 피나코텍을 방문하면 뒤러의 또 다른 대표작 〈모피코트를 입은 자화상〉을 감상할 수 있습니다.
- 피나코텍 삼형제를 포함하여, 여러 미술관과 박물관 등과 연계한 투어 프로그램과 할인티켓 등이 많이 있습니다. 미리 알아보고 적극 활용하면 좋습니다.

※ 상기 내용은 24년 9월말 기준이며, 세부사항은 시기에 따라 일부 변경될 수 있습니다. 보다 자세한 사항은 공식 홈페이지를 참조하시기 바랍니다.

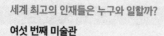

여섯 번째 미술관

두바이 박물관 : 아랍에미레이트 두바이

직원이 사랑하지 않는
미술관을
사랑하는 관람객은 없다

두바이의 극적인 몰락과 부활

아랍에미레이트(이하 UAE)를 이루고 있는 7개의 토후국 중 하나인 두바이
는 한때 변화와 발전의 상징으로 전 세계에 명성을 떨쳤습니다. 다른 중동
국가들이 수중에 들어온 막대한 오일머니를 흥청망청 써대기만 할 때, 두바
이는 아라비아반도를 대표하는 무역항구 중 하나라는 지리적 이점을 활용
해, 중계무역, 금융, 컨벤션 및 리조트 사업 등을 발전시키며 엄청난 속도로
발전을 거듭했습니다.

　이는 두바이가 중동 지역에 위치하고 있으면서도 다른 주변 국가에 비
해 석유 매장량이 터무니없이 적었던 탓에 생존을 위한 어쩔 수 없는 선택이
었지만, 두바이의 왕이자 UAE 부통령인 셰이크 모하메드 빈 라시드 알 막

툼의 인사이트와 리더십이 없었더라면 불가능했을 일이었습니다.

그는 변해가는 중동의 정세와 세계 시장의 흐름을 꿰뚫어 보고, 오일머니가 영원할 수 없으리라 생각했습니다. 이제까지와는 다른 기회가 올 것임을 직감한 그는 절대 왕권에 기반한 강력한 리더십으로 그간 준비했던 계획을 저돌적으로 밀어붙였습니다.

산유국에서 중계무역 기지로, 중계무역 기지에서 다시 금융국가 및 MICE 산업국가로, 1990년대 중후반부터 시작된 두바이의 변신은 놀라운 성과를 이뤘습니다. 당시 세계 최대, 세계 최고의 것들은 모두 두바이에 있거나, 두바이에 만들어지고 있다는 말이 과장이 아니었습니다.

마케팅적인 수사였지만, 어찌 되었든 세계 최초의 7성급 호텔로 불린 '부르즈 알 아랍 호텔'을 시작으로, 세계지도를 형상화한 섬들을 리조트로 분양한 '더 월드', 야자수를 모티브로 건축한 인공섬 '팜 아일랜드', 초대형 스키장이 위치한 '에미레이트 몰', 코엑스보다 무려 일곱 배나 넓은 세계 최대 규모의 쇼핑몰 '두바이 몰' 등이 삽시간에 두바이 전역에 들어섰습니다.

그런 변화의 절정에 등장한 것이 당시는 물론 지금까지도 세계 최고층 빌딩의 지위를 차지한 '부르즈 할리파'였습니다. 이처럼 세계 최고층 빌딩도, 가장 비싼 객실의 호텔도, 한 끼에 가장 많은 돈을 지불해야 하는 화려한 최고급 레스토랑도 모두 두바이에 있었습니다.

하지만 아랍어로 '메뚜기'를 뜻하는 '두바이'라는 이름 때문이었을까요?

'메뚜기도 한철'이라는 말처럼 두바이의 고속질주 성공신화는 2008년 전 세계에 불어 닥친 서브프라임 모기지 사태의 직격탄을 맞고 휘청거리더니, 2010년 무렵에는 거의 몰락 수준으로 무너져 버리고 말았습니다. 부동산 경기가 급락하면서 해외자본들이 속속 빠져나가 버렸고, 돈줄이 말라버리자 두바이 정부는 채무상환을 일방적으로 유예하겠다는, 일명 모라토리엄을 선언하는 지경까지 이르렀습니다.

다행히도 같은 아랍 형제국이자 UAE의 가장 맏형 격인 아부다비가 긴급자금을 지원해준 덕분에 파국은 피하고 다시 회복세에 접어들었지만, 과거와 같은 영광을 되찾기는 쉽지 않아 보입니다. 이제는 어느 정도 위기에서 회복해 다시금 도약을 노리고 있는 두바이에서 이러한 위기 극복의 노력과 회복의 중심에 있는 곳이 바로 지금부터 이야기할 '두바이 박물관Dubai Museum'입니다.

국민 없는 두바이, 박물관이 나서다

한때 두바이는,

"Dubai is on birthday."

라는 말이 유행할 정도로 하루가 다르게 새롭게 거듭나는 도시였습니다. 도시 전역에 걸쳐 새로운 빌딩을 짓는 타워 크레인들이 즐비했고, 날마다 두바이 어딘가에서는 새로운 사업이 시도되고 있었습니다. 실제로 날마다 새롭게 태어나는 도시, 그 자체였습니다.

하지만 어느 때부터인가 그런 힘찬 변화, 밝은 미래에 대한 전망에 의구심을 갖는 목소리들이 들려오기 시작했습니다. 한 서양 언론인이 "두바이에 가면 전 세계에서 몰려든 수많은 나라의 국민을 만나볼 수 있지만, 만날 수 없는 국민이 딱 하나 있다. 그것은 바로 두바이 국민이다"라는 내용의 칼럼을 써서 우려를 표했을 정도로, 두바이는 경제적으로는 성장하고 있었지만 국가 정체성, 국민의 소속감, 자국 문화에 대한 이해와 애정 등은 형편없는 수준이었습니다.

계속해서 국가가 성장하고, 외부로부터 돈과 인력이 몰려들 때는 그러한 부분이 별문제로 드러나지 않았지만, 2008년 위기 상황이 닥치고 외국인과 외국자본이 철수하기 시작하자 엄청나게 큰 문제로 대두되기 시작했습니다.

뒤늦게 문제를 인식한 두바이의 지도자들은 해결책을 찾기 위해 동분서주하기 시작했고, 그러한 노력 중 하나가 두바이 전통문화의 복원을 통한 국민적 자긍심 회복 활동이었습니다. 일명 '두바이를 제대로 알자', '두바이를 사랑하자'라는 운동이었죠. 특히, 정부가 눈길을 돌린 것은 두바이 박물관이었습니다. 수많은 개발 프로젝트에 밀려 1995년 리뉴얼 이후 거의 방치되었던 박물관에 다시 대규모 투자를 시작했습니다.

그런 배경에서 새롭게 부각하기 시작한 두바이 박물관은 두바이 구시가 중심부에 있습니다. 1700년대 말에 축조했던 알 파히디 요새를 활용한 박물관 건물은 전형적인 박물관 또는 미술관의 형태와 다르게, 적을 감시하기 위

두바이 박물관은 외부의 침략을 막는 알 파히디 요새를 1971년 개조하여 다른 박물관과는 다른 독특한 모습을 보여주고 있다.

한 망루나 방어를 위해 만든 것으로 보이는 미로 같은 통행로 등을 건물 곳곳에서 만날 수 있습니다. 내부는 전형적인 박물관의 모습이지만 외부는 흡사 중세의 성곽 같은 독특한 모습이지요.

하지만 실제로 방문해서 보면 두바이 정부의 노력에도 불구하고 아직까지 국립 박물관, 그것도-왕년에는 한 끗발 날리던-두바이 정부가 야심차게 운영하는 박물관이라고 하기에는 뭔가 조금은 부족하다는 생각이 드는 것을 피할 수가 없습니다.

두바이 동쪽 데이라 지역의 부족마을에서 발견된 고분에서 출토되었다고 하는 몇몇 유명한 유물 정도를 제외하고는, 낡은 무기와 농기구 또는 사막에 사는 유목민들의 생활도구 등이 전시되어 있을 뿐입니다. 그나마도 혹독한 사막기후 탓에 원형 그대로 잘 보존된 유물은 드물어서 대부분 복원품이거나 조잡한 밀랍인형으로 비슷한 분위기만 재연해 놓은 전시물들이 대부분이죠.

그런데 놀라운 것은 두바이 정부의 노력이 점점 효과를 발휘하는 것 같다는 것입니다. 자신들이 과거 사용해왔고 현재도 사용하고 있는 물건들을 전시해 놓은 공간에 지나지 않는 이곳에 수많은 두바이 국민이 몰려들기 시작한 것입니다. 게다가 최근 제가 두바이 박물관을 다시 방문했을 때, 그곳을 찾은 현지인 관람객들의 모습은 제 느낌을 확신으로 굳혀주었습니다.

볼 것 없이 볼만한 박물관을 만들어낸 사람들

다른 국제도시들과 달리 두바이 박물관의 관람객은 거의 100%라고 해도 과언이 아닐 정도로 두바이 내국인들로 구성되어 있습니다.

여기서 놀라운 것은 전시를 관람하는 두바이 국민의 모습이었습니다. 외국에서 온 우리의 눈에도 조금은 뻔하다고 여겨질 정도로 진부한 전시물들이 대부분임에도 불구하고 관람하는 그들의 태도는 진지하기 이를 데가 없었습니다. 혹여라도 몇 안 되는 외국인이 전시물에 관심을 표하기라도 할라치면, 환한 얼굴로 다가와 아는 체를 하고 아는 지식 모르는 지식 가리지 않고 어떻게든 무언가 더 설명해주려고 안달이 난 모습이었습니다.

전시물을 관리하는 직원들 역시 마찬가지로, 그들은 단순히 도난이나 파손을 막기 위해 관람객을 통제하는 역할에 그치지 않고, 틈이 날 때마다 전시된 유물들을 닦고 손질하고 관람객들의 사소한 질문에도 기꺼이 진심

두바이 박물관의 전시물은 과거 두바이 지역의 생활상들을 재현한 밀납인형 등으로 특별히 볼 것은 없지만, 중동지역의 모습을 살펴보는 재미가 있다.

으로 설명했습니다. 자신이 잘 모르는 내용을 질문하면 그 답을 아는 사람을 찾기 위해 동분서주하며 박물관 내를 뛰어다니는 모습이 무척이나 우스꽝스러우면서도 인상적이었습니다.

저 역시 전통가옥을 재연해 놓은 곳 천장에 설치된, 천이 달린 바람개비의 용도가 궁금해 곁에 있던 경비직원에게 물었는데 '하싼'이라는 이름의 직원은 20여 분 가까이 제 손을 붙잡고 다니며 해답을 말해줄 사람을 찾아다녀 주었습니다. 결국 두바이 박물관의 학예사이자 UAE의 명문 자예드대학교에서 교편을 잡고 있는 아흐메드 박사를 찾아서 소개하고는 곁에 서서 흐뭇해하던 모습을 잊을 수 없습니다.

아흐메드 박사는 제가 궁금해한 천장의 바람개비에 대해 설명하는 것에 그치지 않고 저를 이끌고 박물관 이곳저곳을 안내하며 전시품에 대한 설명과 함께 관련한 두바이의 역사에 대해 자세히 이야기해줬습니다. 덕분에 박물관 건물로 사용되고 있는 알 파히디 요새의 자세한 축조 배경과 그를 주도한 알 막툼 왕조에 대해 알 수 있었고, 요새를 둘러싸고 벌어진 주요 전투와 분쟁에 대해서도 생동감 있는 설명을 들을 수 있었습니다.

거기서 끝이 아니었습니다. 두바이 박물관의 재정과 운영방식에 대해 질문을 한 것이 화근이 되었습니다. 학예사이기에 해당 내용에 대해 잘 모를 수밖에 없었던 아흐메드 박사는 이곳저곳에 전화를 걸어 결국, 박물관 행정을 맡고 있는 무하신 이사를 데려왔습니다. 나중에 알고 보니 두바이 관광청에서도 꽤 고위직에 있는 두바이 투어리즘의 거물이 저에게 시간을 할애하여 두바이 박물관의 운영방침과 향후 발전계획 등에 대해 상세히 설명해주었습니다.

이렇게 박물관을 관람하며 그들의 이런 모습을 반복적으로 접하게 되자, 뻔하던 전시물들이 저에게도 조금씩 다르게 보이기 시작했습니다. 두바이 박물관 안쪽 마당에는 우리나라 아파트 옥상에서도 쉽게 볼 수 있는 커다란 물탱크가 하나 있습니다. 소재가 플라스틱이 아니라 나무를 짜서 맞춘 것이 조금 특이하지만, 그래봐야 위스키 양조장에서 흔하게 볼 수 있는 오크통을 조금 크게 만들어 놓은 것에 지나지 않았죠.

그런데 경비직원인 하싼이 틈이 날 때마다 허리춤에 고이 차고 있던 흰 수건을 꺼내서 애지중지 닦거나, 관람객들이 함부로 만지지 않도록 호들갑을 떨며 경고하는 모습을 보다 보면 '그냥 물탱크'가 아니라 대영 박물관이 소장한 고대 그리스 유물과 같은 레벨로 느껴지기 시작한 것입니다.

사랑하면 보이는 것

두바이 박물관에서 만난 사람들이, 아니 상당수의 두바이 국민이 이처럼 변화하게 된 이유가 뭘까요?

1993년 첫 책이 출간된 이래 매권이 수만에서 수백만 부 이상 팔렸고, 단순한 베스트셀러가 아닌 일종의 사회 현상이 되었던 책으로 평가받고 있는 유홍준 교수의 《나의 문화유산 답사기》를 보면 이런 글귀가 나옵니다.

> "사랑하면 알게 되고 알면 보이나니
> 그때 보이는 것은 전과 같지 않더라."

이 책을 읽은 많은 이들에게 감명을 줬던 이 글귀는 조선 정조 시대의 유명한 문인이었던 유한준이 오랜 벗이자 당대 최고의 수집가였던 김광국의 화첩에 써준 발문에서 유래합니다.

한마디로 너무나 익숙해서 우리가 쉽게 보아 넘겼던 것들이라도 진심을 다해 아끼고 사랑하는 마음을 갖고 보면 보지 못했던 면들이나 가치를 볼 수 있게 되고, 그때 그 모습이나 가치는 이전에 보았던 것과는 판이하게 다르다는 뜻입니다.

아마도 두바이 국민도 마찬가지였지 않을까요? 비록 크게 내세울 것은 없지만, 그래도 꿋꿋이 역사를 이어오고 전통을 지켜온 자국 선조들의 모습을 재인식하고, 나름 독특한 문화와 전통 등에 대해 애정을 갖고 지켜보게 되자, 몰랐던 것을 알게 되었고, 그를 바탕으로 새로운 가치를 발견할 수 있었을 것입니다.

그리고 그때 보이는 두바이는 이전에 보았던 두바이와는 전혀 다른 모습이었겠죠. 그런 과정에서 그들은 잃었던 자부심과 자신감을 다시 찾게 되었고, 이제는 새로운 두바이가 되어 미래를 향해 다시 뛰기 시작했습니다.

기업 또한 역시 매번 고객들을 향해 '아껴달라', '관심을 가져달라', '자주 찾아달라' 애원하지만, 그전에 그 기업 안에서 근무하는 구성원 스스로가 자신이 몸담고 있는 기업에 대해 얼마나 잘 알고 있는지, 얼마나 스스로 아끼고 자부심을 느끼고 있는지에 대해 먼저 생각해봐야 하지 않을까요?

자신들이 갖고 있는 가치에 대해 스스로 자부심을 느끼지 못하면서 그를 고객에게 선보이고 애정과 관심을 가져달라고 한다면 과연 그것이 얼마나 먹힐까요? 설혹 몇 번은 가능할지 모르지만 그게 오래도록 지속될 수 있을까요? 그렇기 때문에 고객으로부터 사랑받는 기업이 되는 기본은 먼저 그 기업에 근무하는 구성원들이 자신이 일하는 기업에 대해 관심과 애정을 갖고 살펴서 자신들이 보유한 가치에 대해 인식하는 것부터 시작되는 것입니다.

우리나라 굴지의 패션기업 중 한 곳인 L패션은 시장에서 사랑받는 다양한 브랜드 라인업을 갖춘 것으로 유명합니다. 그러나 유독 중장년층을 대상으로 한 D브랜드 만큼은 고전을 면치 못하고 있었습니다.

영국풍, 체크 무늬를 내세운 브랜드 정체성이 다른 명품 패션기업인 B사와 겹치면서 그 아류 취급을 받았습니다. 다소 올드해 보이는 디자인 역시 문제였습니다. '영포티Young 40', 'YOLDYoung Old'와 같은 단어가 유행어가 될 정도로 젊은 감각으로 옷을 입고 싶어하는 중장년층이 늘어나면서 D브랜드의 인기는 좀처럼 회복될 줄 몰랐습니다.

그때 등장한 것이 L사의 임직원들이었습니다. 그들은 자발적으로 유튜브 채널에 자사 제품을 들고 나와 해당 제품이 얼마나 저평가되었는지, 다른 고가의 명품보다 훨씬 저렴하면서도 디자인이나 실용성 측면에서 손색이 없다는 것을 반복적으로 강조했습니다. 자신들이 해당 제품을 지인에게 선물하는 모습이나, 직접 착용하고 외출하는 장면 등을 촬영해서 반복적으로 방송했습니다.

유명 연예인이 등장한 감각적인 영상미의 광고물을 아무리 방영해도 꼼짝하지 않았던 D브랜드의 판매량이 꿈틀대기 시작했습니다. 영상 속에서 등장한 직원이 착용한 미니 크로스백은 영상 업로드 열흘 만에 1억 원 이상의 판매고를 올렸습니다. 이후 매장에 내놓자마자 품절 되는 이른바 품절 대란까지 일으켰고 D브랜드는 이제껏 어떤 광고모델, 세일 행사, PPL 등으로도 받아보지 못한 소비자들의 뜨거운 반응을 얻을 수 있었습니다.

이에 대해 한 경영컨설턴트는 "현대와 같은 정보의 홍수 시대에 사는 사람들은 과거처럼 '보다 많은 정보'보다는 '보다 신뢰할 수 있는 정보'를 구하는 데 혈안이 되어 있다. 그럴 때, 어떠한 기업에 대해 가장 신뢰할 수 있는 정보는 그 기업 내부에서 일하는 구성원들로부터 나오는 정보일 것입니다"라고 설명하기도 했습니다.

소비자와 투자자 입장에서는 임직원들이 자기 회사에 애착을 갖고, 자신의 임금과 자산을 재투자하는 행위는 그 기업에 대한 가장 긍정적인 시그널로 볼 수 있습니다. 그렇기에 승승장구하고 있는 우량기업들이나 성공적인 경영자들은 외부에 대한 기업공개, 언론홍보 등에 신경 쓰는 만큼이나 내부구성원들이 몸담고 있는 자신의 회사나 사업장, 부서 등에 대해 제대로 알고 자부심을 느낄 수 있도록 다양한 지원활동을 해오고 있습니다.

그런 의미에서 과거 다른 나라 사람이나 관광객, 투자자들에게 보여지는 모습만을 강조하던 두바이가 스스로에 대한 이해와 관심을 강조하며 두바이 박물관을 비롯한 자국의 문화에 대해 투자를 확대하고 있는 모습은 시사하는 바가 적지 않습니다.

그리고 그런 노력이 어느 정도 효과를 발휘해, 두바이의 일반 국민이 자국 문화유산에 대해 알려 하고, 아끼고 가꾸려 노력하는 모습을 만들어내고 있습니다. 그 모습에서 잠시 힘든 시기를 겪으며 허상, 거품이라는 비아냥까지 들어야 했던 두바이지만 분명 조만간에 과거의 화려한 모습을 되찾을 수 있으리라는 조금은 긍정적인 전망을 조심스레 해봅니다.

최고의 인재들이 주말을 보내는 곳 06

국립 두바이 박물관

주소 Opp. Grand Mosque - Al Fahidi Street, Dubai, UAE

홈페이지 www.dubai.ae

관람시간 08:30~20:30 / 14:30~20:30 (금요일)

휴관일 없음

입장권 가격 무료

관람 안내

· 국립 두바이 박물관은 두바이의 거의 유일한 국립 전시시설이어서 그런지 모르겠지 만 다른 두바이의 시설들에 비해 비교적 아침 일찍 문을 열어 저녁 늦게까지 운영하 므로 시간을 잘 맞추면(아침 오픈 직후 또는 이슬람 예배시간) 줄을 서지 않고 입장 할 수 있습니다. 자칫하면 50도가 넘나드는 두바이의 낮기온에 입장하기도 전에 진 이 빠질 수 있습니다.

· 알 구사이스 유물 정도를 제외하고는 특별히 꼭 관람해야 하는 미술품이나 두드러 지게 유명한 전시품은 거의 없습니다. 이국적인 아랍문화를 경험해본다는 생각으로 가볍게 관람하다보면 의외로 재미있는 것들을 많이 발견할 수 있습니다. 특히 장사 의 귀재였던 아랍상인들의 후예답게 과거 상업활동과 관련된 전시물들이 많으니 그 부분을 유심히 살펴보시면 좋습니다.

※ 상기 내용은 24년 9월말 기준이며, 세부사항은 시기에 따라 일부 변경될 수 있습니다. 보다 자세한 사 항은 공식 홈페이지를 참조하시기 바랍니다.

세계 최고의 인재들은 누구와 일할까?

일곱 번째 미술관

루브르 박물관 : 프랑스 파리

미술관에는
모나리자보다도
귀한 사람들이 있다

모나리자가 파업을 하다?

2007년도 무렵으로 기억합니다. 몇 가지 볼일을 보기 위해 프랑스 파리를 방문했을 때의 일입니다. 일정을 대부분 소화한 뒤, 마지막 볼일을 위해 파리 시청으로 향했습니다. 아직 우버 등이 없을 때라 택시를 이용했는데, 시청 근처에 다다라서 차가 꼼짝도 안 하는 것이었습니다. "뭔가 문제가 생긴 것 같은데, 목적지가 가까우니 걸어가는 것이 낫겠다"라는 택시기사의 말에 걸어가기로 했습니다.

100미터쯤 걸어가자 시청 앞 광장으로 연결되는 도로에 수많은 인파와 경찰들이 인산인해를 이룬 모습이 보였습니다. 그 뒤로 차량들이 뒤엉켜 있었고, 조금 더 다가가서 보니 무슨 집회가 열린 듯 했습니다. 나름 조직적으로 구호를 외치고 손에 든 자그마한 깃발을 흔들며 행진하는 모습이 영락없는 시위대의 모습이었습니다.

서구의 시위문화를 직접 경험해 본 적이 없었던지라 호기심이 생긴 저는 시위대와 약간의 거리를 유지한 채 뒤를 따라갔습니다. 다행히 시위대는 간간히 구호만 외칠 뿐 경찰과 무력충돌을 일으키거나 시설물을 부수는 등의 과격한 행동은 하지 않았습니다. 뭔가 혁명의 나라 프랑스답지 않게 그저 어디론가 하염없이 걸으며 구호를 외치고 박수를 치는 정도였죠. 그런데 놀랍게도 그 시위대를 그날 오후 루브르 박물관Musee du Louvre에서 다시 만날 수 있었습니다. 아니, 그들의 정체를 알면 놀랄 것도 없는 것이, 그들이 바로 루브르 박물관 직원들이었기 때문입니다.

루브르 박물관에는 약 1,800명의 정직원이 근무하고 있다고 합니다. 그 중 1,100명가량은 정부에서 파견된 공무원이고, 나머지 700명 정도가 일반적인 채용 절차를 통해 고용된 사람들인데, 바로 그 700명의 일반직 직원들이 파업을 겸한 시위를 펼친 것입니다.

다시금 호기심이 불타올랐습니다. 왜 박물관을 박차고 나와 시위를 벌이고 있는지가 궁금했습니다. '시위에 가장 덜 열성적인' 그래서 처음 보는 외국인의 질문에도 잘 대답해줄 것 같은 여성 시위참가자에게 조심스럽게 '시위를 하는 이유'에 대해 물었습니다. 그러자 그녀는 잠시도 머뭇거리지 않고 확신이 담긴 목소리로 답했습니다.

루브르 박물관 드농관 1층 771호에 가면 전 세계에서 몰려든 관람객들 사이에서 〈모나리자〉를 영접할 수 있다.

"이게 다 모나리자 때문이에요!"

그녀의 이런 대답에도 불구하고 전후 사정을 살펴보면, 이날 그들의 시위는 전적으로 〈모나리자〉 때문만은 아니었습니다. 하지만 가장 큰 이유 중의 하나가 〈모나리자〉로 인한 스트레스인 것만은 틀림없었고, 이후 모든 언론 매체에서 이날의 시위를 다룰 때 뽑아 쓴 타이틀 역시 "모나리자 스트레스 파업"이었습니다. 시위대는 자신들의 주장을 가장 효과적으로 대중들에게 어필하기 위해 파업의 모든 이유를 〈모나리자〉로부터 찾고 있었던 것입니다. 그렇다면 왜 이들은 파업을 하게 되었을까요? 그리고 왜 모든 탓을 〈모나리자〉에게 돌리고 있는 것일까요?

당시 시위대 대변인의 발표에 따르면 하루 약 6만 명 이상이 루브르 박물관을 찾는다고 합니다. (현재는 일일 관람객 제한 정책에 따라 3만 명으로 통제) 그리고 그들 대부분이 당연히 〈모나리자〉를 보기 위해 드농관 1층 771호로 몰려들죠. 전 세계에서 찾아온 다양한 인종의 남녀노소가 전시실로 실틈 없이 밀려 들어오는 모습은 경험해보지 못한 이들은 이해하기 힘든 엄청난 공포라고 합니다. 게다가 상당수가 프랑스어나 영어도 잘 통하지 않는 사람들인데다가 손에는 카메라와 휴대전화를 들고, 위험천만하게 서로 밀고 당기는 모습은 트라우마가 생길 지경이라고 합니다.

특히 제가 루브르 시위대와 마주쳤을 당시에는 댄 브라운의 베스트셀러 소설 《다빈치 코드》가 동명의 영화로 개봉한 직후였습니다. 영화의 첫 시작점이자 주요한 모티브 중 하나인 루브르 박물관과 레오나르도 다빈치의 대표작인 〈모나리자〉의 인기는 말 그대로 폭발적이었습니다. 시위를 벌인 이들의 고충이 단순히 엄살이 아니리란 건 쉽게 짐작할 수 있었죠.

오래된 숙제, 사람을 어떻게 볼 것인가?

문제는 실제 루브르 박물관에서 그들이 지켜야 하는 인류의 문화유산이 비단 〈모나리자〉만이 아니라는 데 있습니다. 루브르는 단순히 박물관 면적으로 보나, 소장품 숫자로 보나, 소장품들이 지닌 학문적, 문화적 가치로 보나 세계 최대, 최고의 미술관으로 선두를 다투는 존재입니다.

파리 중심부 리볼리가에 있는 루브르 박물관은 총 40만 점 이상의 소장품을 보유하고 있다고 합니다. 지중해 연안의 고대문명 유물부터 19세기 초반 회화 작품까지 광대한 시기를 대상으로 하는 전시 품목은 어느 하나 역사적, 문화적 가치가 부족한 것이 없습니다.

　대충 떠올려봐도 〈모나리자〉를 비롯해, 들라크루아의 〈민중을 이끄는 자유의 여신〉과 다비드의 〈나폴레옹 1세의 대관식〉이 있고, 조각상으로는 〈비너스〉, 〈니케〉 등이 대표작입니다. 이외에도 다른 미술관이나 박물관이었다면 당당히 그곳을 대표하는 걸작으로 귀한 대접을 받고도 남을 수많은 작품이 이곳 루브르 박물관에서는 마치 별 작품이 아니라는 듯 방 하나에 바글바글 몰아넣어 전시하고 있기도 합니다. 중앙복도 좌우로도 어마어마한 숫자의 귀한 작품들이 촘촘하게 도열하고 있고, 지하로 이어진 로비 역시 수많은 역사적 유물, 거장들의 작품들로 가득 차 있어 그 넓은 공간이 좁게 느껴질 정도입니다.

　이곳을 지키고, 작품을 보존해야 하는 직원들은 가히 '인류문화의 백과사전을 지키는 사람들'이었습니다. 하지만 스트레스 역시 이만저만이 아니었습니다. 그런 스트레스와 불만들이 〈모나리자〉라는 촉매제를 통해 분출된 것이 2007년의 시위였던 것입니다. 물론, 루브르 직원들의 그런 불만을 박물관의 고위층 인사나 문화재 관리부서의 고위 공직자들도 사전에 대충은 알고 있었다고 합니다. 하지만 그런 이야기가 들릴 때마다, 혹은 언론에 그와 관련된 보도가 나올 때마다 "노동계의 충동질에 놀아나는 몇몇 불순한 직원들의 책동이다", "루브르에 근무하는 것만으로 다른 사람보다 많은 혜택을 받는 것이라는 사실에 감사해야 한다"라며 애써 무시하고 외면했다고 합니다.

101

그런데 이처럼 조직의 대의를 앞세우다 보니 그를 위해 일하는 사람에 대한 관심과 배려는 오히려 줄어드는 현상을 우리는 주위에서 쉽게 발견합니다. 과거 오랜 기간 동안 우리는 토지, 노동, 자본을 '생산 3요소'라고 부르며 경영활동의 기본으로 생각해왔습니다. 시대가 바뀜에 따라 기술이 추가되어 '생산 4요소'가 되기도 했지만, 기술이라는 것도 어차피 사람에 의해 만들어지기도 없어지기도 하며 전수되거나 소멸되는 것이기에 사람이라는 요소에 포함시키는 것이 일반적입니다.

어찌됐든 이 생산 요소들을 경영활동의 가장 중요한 핵심으로 보는 견해는 여전히 변함이 없습니다. 그러나 요소간의 관계에 대한 시각은 조금씩 바뀌고 있습니다. 과거의 등식이

$$생산=토지+자본+노동$$

이었다고 한다면, 바뀐 견해는,

$$생산=(토지+자본)×노동$$

입니다. 아무리 토지와 자본이 풍부해도 보유한 인적자원이 앞서의 자원을 활용할 만한 수준이 못 된다면 제대로 된 생산력을 발휘할 수 없다는 것입니다. 즉, 노동 혹은 노동력의 수준이 전체 생산력을 좌우하는 시대를 우리는 살아가고 있다는 이야기죠. 실제로 그런 주장을 뒷받침할만한 사례들을 주변에서 흔하게 볼 수 있습니다.

대한민국에서 가장 유명한 지방 공무원

'대한민국에서 가장 유명한 공무원', '대통령을 제외하고 가장 자주 언론에 언급되는 공무원', '셀럽 공무원의 전형을 창조해 낸 인물' 등으로 인정받고 있는 공무원이 한 사람 있습니다. 첫 소개 문구만 듣고도 '아! 그 사람'이라고 생각하신 분들이 많을 것 같은데요. 그 주인공은 바로 충주시청에서 근무하고 있는 홍보담당자 김선태 주무관입니다.

충주시는 충청도라는 이름 자체가 충주와 청주에서 한 글자씩 따서 지었다고 알려질 정도로 과거에는 그 존재감이 대단한 도시였습니다. 하지만 지금은 그다지 존재감을 드러내지 못하는 곳으로 전락해버렸습니다. 충청 지역의 맹주 자리는 대전에게 빼앗겼고, '충북 최대 도시' 타이틀 역시 한 수 아래로 대했던 청주에게 빼앗겼습니다. 그와 함께 도시 브랜드 역시 급격히 쇠락해버렸습니다.

하지만 2016년 어느 날부터 상황이 확 달라졌습니다. 시작은 충주시 공식 페이스북이었습니다. 중학생이 수업 과제 때문에 억지로 만든 것 같은 조악한 수준의 그림 몇 컷이 페이스북에 게재되었습니다. 내용은 유치하기 이를 데가 없었고, 적힌 글귀 역시 말장난에 가까웠습니다. 그러나 공공기관의 공식 홍보물에 B급 감성을 입힌 파격에 대중들은 열광했습니다. 조남식 주무관의 아이디어로 시작된 이러한 콘셉트의 충주시 홍보는 후임자인 김선태 주무관의 부임과 함께 날개를 달기 시작합니다.

보통 지방자치단체의 홍보용 SNS는 천편일률적입니다. 단체장의 치적을 그럴듯하게 포장해 알리기 바쁘고, 뻔한 특산물이나 관광지를 온갖 호들 갑을 떨며 홍보하지만 내용이 너무 평면적이라 30초 이상 집중하게 힘듭니다. 하지만 김 주무관이 기획한 유튜브 영상들은 달랐습니다. 시대 흐름에 맞춰 다양한 아이템을 가져다가 영상을 제작했습니다. 충주시장의 치적을 홍보하기는커녕 묘하게 디스하거나 웃음의 대상으로 만들었습니다.

충주시에 대한 자랑과 홍보도 그 방식이 독특했습니다. 일방적으로 정보를 쏟아내기보다는 좋은 건 좋은 대로 부족한 것은 부족한 대로 솔직담백하게 전달했습니다. 충주시의 입장이 아니라 시청하는 구독자의 입장에서 즐겁고 유쾌하게 시청할 수 있도록 유행하는 영상을 패러디하거나 각종 인터넷 밈을 활용하기도 했습니다.

그렇다 보니 다른 지자체의 SNS보다 기획하고 섭외하는데 훨씬 더 많은 품이 들었지만, 김 주무관은 열정적으로 그 일에 매달렸습니다. 그러자 주위의 동료들이 그런 그를 거들고 나섰습니다.

시장부터 권위를 내려놓고 스스럼없이 웃음의 대상이 되어주었습니다. 동료 공무원들도 흔쾌히 영상에 함께 출연해주거나 보이지 않는 응원의 메시지를 전해왔습니다. 그렇게 충북 내륙의 정체된 지방도시였던 충주시는 적어도 인터넷 세상에서는 가장 핫한 지방자치단체로 거듭날 수 있었습니다.

반면, 이와 대비되는 사례도 있습니다. 비슷한 시기 서울의 한 구에서도 SNS를 활용한 홍보를 시작했습니다. 재선을 노리던 구청장이 자신의 홍보수단으로 활용하고자 구의 공식 유튜브 채널을 시작한 것입니다. 구청장의 지시로 유튜브 채널을 시작하게 된 담당 공무원들은 우선 다른 지방자치단체의 유튜브 채널에 대한 벤치마킹에 나섰습니다. 그중에는 물론 충주시 공식 유튜브 채널도 있었습니다.

해당 구는 충주시에 비해 인구도 많고 지역 내 관광명소, 쇼핑몰, 젊은 사람들이 좋아할 핫스팟, 유명 맛집 등도 풍부했습니다. 돈(자본)도 풍부했습니다. 재선을 간절히 원하는 구청장은 유튜브 채널을 자신의 홍보용 개인 채널로 여겨 풍부하게 예산을 배정해줬습니다. 게다가 해당 구는 몇 가지 이유로 지역에 연예인, 방송 관계자들이 많이 거주하는 것으로 유명했습니다. 그들만 섭외할 수 있으면 콘텐츠는 한층 풍성해지고 일반 대중의 관심 역시 쉽게 불러 모을 수 있을 것으로 예상됐습니다.

하지만 역시 문제는 '사람'이었습니다. 구청장과 그 측근 공무원을 제외하고는 '도대체 왜 이런 유튜브 채널을 운영해야 하는지?'에 대해 이해도, 공감도 하지 못했습니다. 외주업체 몇 곳과 계약을 맺고 판에 박힌 듯 뻔한 영상물들만 공장을 돌리듯이 찍어냈습니다. 영상을 시청한 일반 시민들의 반응에는 아랑곳하지 않고 구청장이 원하는 치적사업 홍보, 구청장 동정 등과 같은 영상물만 연속으로 업로드했습니다. 다들 공무원이고 조직에 몸담고 있었으니, 위에서 시키는 대로 움직이기는 했지만, 일반 대중이 유튜브 채널을 바라보는 냉담한 반응은 어쩔 수 없었습니다.

결국 채널을 오픈한 지 몇 해가 지나도록 1만 명이 넘을까 말까한 구독자 수는 여전하고, 영상의 업로드 주기는 조금씩 늦어지다 못해 들쑥날쑥 불규칙하게 되었고, 그나마 구청장이 재선에 실패한 뒤로는 거의 방치되고 있는 분위기입니다.

두 지역의 사례만 보더라도 토지, 자본은 생산에 있어 필요한 요소이기는 하지만, 경영의 성패를 좌우하는 요소로 보기는 다소 어려울 것 같습니다. 더군다나 현재와 같이 IT 기술을 기반으로, 손에 잡히지도 눈에 보이지도 않은 영역에서 사업이 이뤄지는 시대에는 더더욱 토지에 대한 의존도는 떨어질 수밖에 없습니다.

매력적인 아이디어만 있다면 전 세계에서 자본을 조달할 수 있는 시대이기에 자본이라는 요소도 그 의존도가 떨어질 수밖에 없을 것 같습니다. 반면, 노동(사람)은 그렇지 않습니다. 지금까지도 그 중요성이 점점 커져 왔지만, 앞으로는 더 빠른 속도로 커질 것입니다.

그렇기 때문에 신성장론자를 대표하는 인물이며, TED를 통해 세계적인 강연가로 이름을 날리고 있는 폴 로머 뉴욕대 교수는 "생산의 3요소가 과거와 같은 토지, 노동, 자본이 아니라, 원자재, 사람, 아이디어가 될 것이다"라고 예언한 바 있습니다.

과거에는 식당을 개업하려면 점포(토지), 요리사(노동), 개업비용(자본)이 필수적이었습니다. 하지만 현대에 와서는 좋은 재료(원자재) 또는 그런 재료를 안정적으로 구입할 수 있는 구매처, 유명세 또는 탁월한 실력을 보유한 요리사(사람), 검증된 혹은 이제까지 세상에 없던 레시피(아이디어)만 있다면, 점포나 개업비용은 어디서든 충분히 조달가능하게 되었다는 것입니다. 이미 몇몇 유명 요리사들이 공유주방과 배달앱을 활용해 점포 없는 식당을 성공적으로 런칭하기도 했습니다.

실리콘밸리의 수많은 기업 역시 제대로 된 토지 위에 연구소와 생산시설을 세우고 막대한 초기비용을 확보한 상태에서 시작한 기업은 거의 없습니다. 탁월한 두뇌와 열정을 보유한 몇 명의 사람이 쌈지돈을 털어 누군가의 창고에서 일단 먼저 일을 벌이면 이후 토지와 자본을 소유한 이들이 몰려들어 기업의 모양을 갖추게 된 경우가 대부분입니다.

그렇기에 사업을 하려면 '적합한 인재'의 확보를 다른 어느 업무보다도 더 우위에 두어야 하고, 그를 확보하기 위해 기업의 사활을 걸어야 한다는 주장이 계속해서 강조되고 있습니다. 그래서일까요? 근래에 각 기업에서 우량고객보다도 더 극진하게 우수직원을 모시려는 노력이 시도되고 있습니다. 과거 '손님이 왕이다'에서 '손님은 왕이다. 하지만, 직원은 신이다'라는 우스갯 소리가 호응을 얻고 있기도 하죠.

루브르, 역시 사람이 만들다

다시 루브르 박물관으로 돌아와서, 〈모나리자〉는 그 명성만큼이나 그동안 숱한 시련들을 겪어왔습니다. 작품을 훼손하거나 작품이 전시된 공간을 테러하겠다는 협박이 여러 차례 있었으며, 실제 도난을 당하기도 했습니다.

1910년 루브르 개축공사 때 유리벽 공사를 담당했던 직원 빈첸초 페루지아에 의해 발생한 1911년 8월의 도난사건이 대표적입니다. '발피에르노 후작'이라는 별명의 아르헨티나 사기꾼의 사주로 발생한 이 사건은 전 유럽

107

인의 화제를 불러 모았습니다. 약 2년간 그림의 행방이 묘연해진 바람에 책임자인 학예부장이 파면됐고, 화가 파블로 피카소와 시인 기욤 아폴리네르는 무고하게 옥살이를 해야 했습니다.

그런데 그런 수난의 역사를 살펴보면 모의의 중심에 늘 한두 명의 루브르 직원들이 끼어있었습니다. 박물관 자체나 프랑스 정부에 불만을 가진, 혹은 단순히 금전적인 이득을 노린 루브르 직원이 보안에 관한 각종 정보를 제공하거나, 도주로를 안내하거나, 심지어 직접 본인이 전시품을 훔치기까지 한 것입니다.

반면, 루브르 박물관이 그토록 넓은 공간에 엄청나게 많은 소장품을 보유한 채 수많은 관람객을 맞이하면서도 큰 사고 없이 잘 운영되고 있는 것 역시 루브르 직원들의 헌신적인 노력이 없었다면 불가능했을 것입니다. 실제로 이들은 파업을 할 때는 하더라도, 평상시에는 자신들이 하는 일에 대해 엄청난 애정을 갖고 있으며, 최선을 다해 루브르를 지키며 가꿔나가고 있습니다.

루브르 박물관에는 일반인들의 출입이 엄격하게 통제된 구역이 있습니다. 이곳은 루브르 직원조차도 허가를 받지 않으면 함부로 들어갈 수 없고, 심지어 경력이 길지 않은 직원들은 아예 그 위치조차 제대로 알지 못한다고 합니다. 일명 '루브르 박물관에서 가장 은밀하고 비밀스러운 공간'으로 불리는 이곳에는 C2RMF^{Centre de recherche et de restauration des musées de France}라는 이름의 기관이 상주하고 있습니다. 이곳의 직원들은 일 년 열두 달 내내

마치 공학 연구소와 같이 최첨단 기계를 활용하는 프랑스 국립 박물관 문화재 복원 및 연구센터, C2RMF의 모습.

루브르의 소장품들을 복원하거나 보존하는 작업을 하느라 구슬땀을 흘리고 있습니다.

그런데 미술품 복원에 대해 쾌적한 공간에서 멋진 작품을 눈앞에 두고 화가처럼 고상하게 작업하는 모습만을 생각했다면, C2RMF를 방문한 순간 '뭔가 잘못 생각했다'라는 것을 느끼게 될 것입니다. 엄청난 규모의 특수한 기계장비가 굉음을 내며 작동하는 모습은 흡사 공장과 비슷하고, 방사능 주의 마크가 붙은 엑스레이나 비파괴검사기 등이 설치되어 있는 모습은 마치 종합병원 같기도 합니다. 또 고가구나 그림을 둘러싸고 있는 나무 액자 등을 복원하는 곳은 톱밥과 연장 소리로 가득한 것이 시골 목공소 같은 느낌을 주기도 하죠.

하지만 그곳에서 일하는 사람들은 주위 환경에 아랑곳하지 않고 오로지 자신에게 주어진 미술품들을 제대로, 최대한 원래 만들어졌던 당시의 모습 그대로 복원하는 데에만 온 신경을 다 쏟아붓고 있습니다. 그 시절 작품을 만들었던 거장들의 감성, 손길을 되살리기 위해 혼신의 노력을 다하고 있죠.

때로는 붓질 하나를 하기 위해 몇 날 며칠을 고심하기도 하고, 원하는 정보를 얻기 위해 문서고에 틀어박혀 온종일 옛 문서를 뒤지거나, 다른 복원 전문가들과 끼니를 거르며 열띤 토론을 하는 모습을 보고 있노라면 왜 루브르가 세계 최고의 미술관이 될 수 있었는지가 자연스럽게 이해되기 시작합니다.

여러 차례 파업과 시위를 겪은 루브르 박물관은 이후 새로운 관장이 부임하면서 안정을 되찾았습니다. 그는 그간 〈모나리자〉를 포함해 루브르 박물관의 수많은 인류 문화유산을 지켜오고 복원해 낸 직원들의 노고에 진심으로 감사를 표했습니다. 우수직원에 대한 파격적인 승진과 인원이 부족한 부서에 대한 조속한 충원도 약속했습니다. 직원들 역시 자신들을 바라보는 시각의 긍정적인 변화에 호응해 루브르를 한층 더 관람하기 좋고, 다양한 프로그램이 운영되는 공간으로 만들기 위해 최선을 다하고 있습니다.

이쯤 되면 어느 가수가 불렀던 노래 가사처럼 사람이 꽃보다 아름답기도 하지만, 현대 기업경영의 현장에서는 그 가사마저 달리 불러야 할 것 같습니다. "사람이 땅, 돈보다 더 귀해"라고 말이죠.

최고의 인재들이 주말을 보내는 곳 07

루브르 박물관

주소 Musée du Louvre, 75058 Paris, France

홈페이지 www.louvre.fr

관람시간 09:00~18:00 (월,목,토,일) / 09:00~21:45 (수,금)

휴관일 매주 화요일 / 5월 1일, 12월 25일

단축운영(10:00~14:00) 1월 5일, 12월 24일, 12월 31일

입장권 가격 € 22.00 (18세 이하 및 유로국가 국민의 경우 26세 이하, 무료)

관람 안내

· 루브르 박물관은 미술품을 스쳐가듯 관람해도 하루 안에 전시물들을 다 관람하지 못할 정도로 면적도 넓고 소장품의 숫자도 어마어마합니다. 또 자칫 성수기나 주말에 방문하면 티켓을 구매하기 위해 줄을 선 사람들의 숫자에 입장하기도 전에 질려버릴지도 모릅니다. 욕심을 버리고 '이것만은 꼭 보고 가겠다'라는 관람타겟을 선정해서 그를 위주로 동선을 짜서 방문하는 것이 좋습니다.

· 2008년부터 국내 모 항공사의 후원으로 루브르 박물관에 한국어 오디오 가이드 서비스가 제공되고 있습니다. 신분증을 맡기고 6유로만 내면 대여가 가능합니다.

· 루브르 박물관은 시설 자체와 그 주변이 모두 훌륭한 관광지입니다. 박물관 관람을 마치고 앞으로 펼쳐진 튀를리 정원에서 잠시 망중한을 즐겨도 좋고, 곧바로 직진해 샹젤리제 거리 등에서 쇼핑을 즐겨도 좋습니다. 아니면 박물관이 인접한 거리에 위치한 까페에서 달콤한 케익과 차 한잔을 들며 걸작들이 준 감동을 곱씹어 보는 것도 좋을 듯합니다.

※ 상기 내용은 24년 9월말 기준이며, 세부사항은 시기에 따라 일부 변경될 수 있습니다. 보다 자세한 사항은 공식 홈페이지를 참조하시기 바랍니다.

사람이 찾지 않는 미술관은 미술품도 찾지 않는다

경성을 떠들썩하게 만든 물병 하나

경성미술구락부를 가득 메운 사람들 사이에서 가벼운 침묵이 흘렀습니다. "더 높은 가격을 부르실 분 없습니까?"라는 경매사의 물음에 아무도 답하는 사람이 없었습니다. 시작가 1천 원으로 시작해 방금 전까지 겨우 3천 원이었던 물건에 갑자기 5천 원으로 호가가 오른 것이었습니다. '겨우 5천 원'이라고 하지만, 당시 최고급 호텔이었던 조선호텔에서 가장 비싼 코스요리가 3원이었습니다. 월 50원이면 자녀를 동경에 유학 보낼 수 있었고, 작지 않은 기와집 한 채는 2천 원 남짓이면 구입할 수 있었던 시절이었습니다. 5천 원은 일반 서민들이 상상하기조차 힘든 엄청난 거금이었습니다. 그렇게 경매가 끝나나 싶었던 찰라,

"팔천 원이요!"

일본어 억양이 짙게 묻어있긴 하지만 또렷한 한국어로 8천 원을 호가하는 목소리가 어디선가 들려왔습니다. 당대 조선 최고 수집가의 경매대리인으로 나선 골동품상이었습니다.

이날 경매는 한 가지 특이한 점이 있었습니다. 보통 경매는 골동품상이나 수집가의 의뢰를 받은 대리인들끼리 진행하는 것이 일반적이었습니다. 수집가들은 자신의 신분 노출을 극도로 꺼리기 때문입니다. 그런데 이날 경매가 시작되기 전 풍채 좋은 조선인 사내가 등장하자 장내에는 호기심 어린 눈초리들이 가득했고, 이윽고 그 조선인 사내와 경매대리인이 수시로 대화를 나누며 경매에 나온 미술 작품들을 하나둘씩 낙찰받자 사람들의 호기심은 확신으로 변했습니다.

'간송 전형필'

그는 일본인들이 활개 치며 모든 것을 좌지우지하던 골동품 수집 시장에서 거의 유일하게 맞서 경쟁하던 조선 제일의 미술품 수집가였습니다. 이제 경매사가 "팔천 원 이상 부르실 분 없습니까?"를 세 번 묻고 누구도 답하지 않으면 해당 작품은 전형필에게 낙찰될 것이었습니다.

'청화백자양각진사철채난국초충문병'

113

한숨에 다 읽기조차 어려운 긴 이름의 백자 물병은 원래 경매 당시로부터 15년여 전까지만 하더라도 미술품이 아니라 참기름병에 불과했습니다. 참기름을 팔던 노파가 남편이 물고기를 낚는 팔당호 주변에서 나물을 캐며 버려진 백자들을 주워왔는데, 그것에 참기름을 담아 판 것이었죠. 이곳은 조선시대 왕실에서 사용되던 백자를 구워 진상하던 사옹원司饔院의 분원이 있던 곳이었습니다.

그렇게 참기름이 담겨 병값 1원을 더 받고 한 일본인 상인의 아내에게 팔린 백자는 걸작 중에 걸작이었습니다. 풍만한 듯하면서도 단아하고, 둥그스름한 듯하면서도 날카롭게 떨어지는 백색 몸체에 붉은 진사辰砂로 들국화를, 푸른 청화青華로 난초를, 검은 철사鐵砂로 줄기와 잎을 그려낸 문양은 그간 보기 힘든 백자였죠. 단돈 1원짜리 참기름병에서 '청화백자양각진사철재난국총충문병青華白磁陽刻辰砂鐵彩蘭菊草蟲文瓶'이라는 긴 이름을 갖게 된 백자 물병은 1천 원으로 시작해 현재 호가 8천 원으로 오르며 세간의 관심을 한 몸에 받는 귀하신 존재가 된 것입니다. 그리고 이제 막 15년여간 일본인들의 손에서 손으로 건네지던 여정을 마치고 조선 사람 전형필의 손에 들어오려는 찰나였습니다. 그때였습니다.

"규센(구천 원)!"

어디선가, 단숨에 천 원을 올려 부르는 호가가 들려왔습니다. 소리가 나는 곳을 바라본 전형필은 불쾌한 표정으로 입술을 꽉 깨물고 이름 하나를 내뱉었습니다.

어렵게 지켜낸 우리 문화재 '청화백자양각진사철채난국초충문병'을 관람객들이 관람하고 있다.

"야마나카…이놈들이…!"

경성과 오사카를 오가며 벌어진 혈전

9천 원을 부른 이는 '야마나카상회'의 대리인이었습니다. 야마나카상회는

오사카 고라이교高麗橋에 본점을 둔 대형 고미술상입니다. '고려'라는 다리

이름에서 연상되듯 이 지역은 과거부터 한반도와 밀접한 관련이 있던 곳이

었죠. 전형필이 곱씹은 이름 야마나카 사다지로가 바로 이 야마나카상회의

주인이었습니다.

우리와는 고약한 인연으로 엮인 야마나카의 꿈은 일본 제일의 고미술상

에 머물러 있지 않았습니다. 어린 시절부터 오사카 지역을 드나들던 엄청난

크기의 외국 상선들을 보며 자라온 그였기에 언젠가는 해외에 나가 큰 판을

벌여보고 싶다는 생각이 머릿속에 가득했습니다.

그는 일반인들에게는 다소 생소한 센차煎茶 도구를 알기 쉽게 그림으로 그려 판매했던 경험을 살려, 사진이 들어간 팸플릿을 만들어 동양 미술품에 생소할 수밖에 없는 서양인들을 공략했고, 그의 전략은 대박을 쳤습니다.

1894년, 최초의 해외지점인 뉴욕지점의 문을 연 이후 미국에만 세 곳의 지점을 운영하게 되었고, 영국 런던과 중국 베이징에도 지점을 열었습니다. 특히 영국에서의 성장은 눈이 부셨습니다. 세계 미술품 경매시장의 거의 대부분을 석권하고 있던 소더비와 크리스티로부터 주요 거래사로 인정받았고, 더 나아가 영국 왕실에 필요한 물품을 납품하는 자격인 로열 워런트Royal Warrant를 부여받았습니다.

엄청난 식욕으로 전 세계 미술계를 지배해나가던 야마나카의 눈에 주권을 잃고 일제의 손아귀에 쥐어진 신세로 전락한, 그러나 일본과 비교할 수 없는 긴 역사에 엄청난 문화유산을 보유하고 있던 한반도가 눈에 안 띄었을 리가 없습니다. 그는 경성에 지점을 내고 오사카와 경성을 오가며 직접 미술품들을 챙기고 거래를 주도했습니다.

당연히 한민족 문화유산을 지켜내기 위해 고미술품을 적극적으로 수집하던 전형필과는 수시로 맞부딪힐 수밖에 없었습니다. 숱한 마찰이 있었지만, 제대로 붙은 첫 번째 거래에서는 전형필이 막대한 손해를 봤습니다. 통일신라시대 때 만들어진 3층 석탑이라는 설명을 듣고 거금 6천 원을 지불했지만, 이후 고려시대 석탑으로 판명됐기 때문입니다. 두 배 이상 바가지를 쓴 셈이 됐습니다.

두 번째 거래 때는 유익한 결과를 만들어내기도 했습니다. 혜원 신윤복의 작품 30점이 담긴 화첩을 야마나카가 갖고 있다는 소식을 들은 전형필은 대리인을 앞세우고 오사카로 찾아갔습니다. 일전에 석탑 거래로 바가지를 쓴 악연이 있던 터라 감정이 좋을 리 없었지만 신윤복의 작품을 한반도로 되가져오겠다는 일념으로 직접 거래에 나섰습니다.

원하는 물건을 꼭 가져오고 싶다는 조급함 탓에 거래를 그르쳤던 과거 사례를 잊지 않은 그는 이번에는 팽팽한 심리전을 전개했습니다. 몇 차례나 자리를 박차고 일어나는 벼랑 끝 전술도 마다하지 않았습니다. 결국 야마나카가 최초로 제시한 금액의 절반 가격으로 화첩을 손에 넣을 수 있었습니다. 우리나라 교과서마다 빠짐없이 실려있는 〈단오풍정〉, 〈월하정인〉, 〈상춘야흥〉 등의 작품이 실려있는 화첩이자 국보 제135호로 지정된 우리 민족의 귀한 보물 〈신윤복필풍속도화첩〉이 다시 우리의 품으로 돌아오게 되는 순간이었습니다.

이후로도 전형필과 야마나카는 우리 고미술품을 두고 번번이 경쟁해야 했습니다. 때로는 서로를 원수로 여길 만큼 미워하기도 했지만, 상대의 실력과 고미술품에 대한 진심만큼은 높게 쳐주며 인정하던 사이였습니다.

그런 그들이 조선백자들 두고 또다시 경쟁하게 된 것입니다. 1천 원씩 더해가던 호가는 1만 원 이후로 5백 원 단위로 내려앉았고, 1만 4천 5백 원부터는 십 원 단위로 확 내려왔습니다. 통상 이런 경우, 1백 원을 채우기 전에 마무리가 되므로 앞으로 10번의 호가 내에 승부를 마무리하자는 신호였습니다. 그렇게 다시 호가 경쟁이 계속되었고, 야마나카상회 대리인이 떨리는 목소리로 1만 4천 5백 7십 원을 호가한 후 전형필을 쳐다봤습니다.

"1만 4천 5백 8십 원이요!"

전형필의 대리인이 전형필의 신호를 받고 호가를 부르자, 야마나카상회 대리인은 고개를 절래절래 흔들었습니다. 이미 계획한 응찰 금액을 훨씬 웃도는 금액을 호가한 터라 더 이상 경쟁할 여력이 없었습니다. 미술품을 사들여 더 비싼 가격에 팔아야 하는 장사꾼이었기에 시장가를 훨씬 상회하는 금액을 지불할 수 없었습니다. 하지만 전형필은 미술품을 되팔 생각이 없었기에 '원하는 미술품은 반드시 손에 넣겠다'라는 순수한 소유욕으로 경매에 임할 수 있었습니다. 결국 이날의 기나긴 승부는 전형필의 승리로 끝났습니다.

프랑스에서 온 장작 장수에게서 사들인 집

우리 미술품 수집에 본격적으로 나선 전형필은 소장품들을 체계적으로 보관하고 기회가 된다면 연구도 할 수 있는 공간을 마련하고 싶어 했습니다. 그는 이미 눈여겨본 곳이 있었습니다. 바로 성북동이었죠. 지금은 서울에서 전통적인 부촌의 대명사로 여겨지는 동네지만 일제까지만 하더라도 경기도 고양군 숭인면 성북리로 불리던 시골 동네였습니다. 한양도성 주변 10리 이내 지역을 뜻하는 성저십리城底十里에 속해있어 요즘으로 치면 그린벨트처럼 녹지가 잘 보존된 지역이었습니다.

당시 경성은 대부분의 가정이 나무로 아궁이에 불을 지펴 방을 데우고 밥을 지어먹을 때였습니다. 그런 경성에 장작을 대는 시장이 모두 여덟 군데가 있었는데, 그중 일곱 군데를 최순영이라는 사람이 손에 쥐고 있었습니다. 그의 별명이 '장작왕'일 정도였죠. 그런 그에게 엉뚱하게도 한 프랑스인이 도전장을 들고 나타났습니다.

마르세유가 고향인 '폴 앙투안 플레장'이였습니다. 1900년 파리에서 열린 만국박람회를 통해 조선이라는 나라를 알게 된 플레장은 조선의 아름다움에 매료되어 무작정 조선으로 향했습니다. 지중해를 접한 따뜻한 해양도시 마르세유 출신이던 플레장에게 경성의 겨울은 매서웠습니다. 혹독한 추위를 겪으며 크게 고생하던 그에게 한가지 생각이 떠올랐습니다. 프랑스인들이 난방에 사용하던 연탄을 만들어 팔면 큰돈을 벌 수 있을 거라 생각이었죠. 그러나 결과는 '쪽박을 찼다'라는 말이 어울릴 만큼 대실패였습니다.

가만히 살펴보니 경성 사람들은 아궁이에 불을 지펴 난방과 취사를 모두 해결하고 있었는데, 아궁이에는 연탄이 아닌 장작이 필요했습니다. 결국 플레장은 현재 서울 파이낸스 타워가 위치한 곳에 자신의 이름을 내건 장작 상점을 냈습니다. 사람들이 프랑스어 이름을 발음하기 어려워한다는 것을 깨닫고 자신의 이름을 한자식 이름인 '부래상富來祥'으로 바꿔 부르도록 했습니다. '부유함富이 들어오는來 상서로움祥'이라는 뜻풀이도 함께 퍼뜨렸죠. 자신의 본관이 고양이며, 고양 부씨의 시조가 자기라는 우스개도 잊지 않았습니다.

장작왕 최순영의 아성을 깨뜨리기 위해 플레장 아니 부래상이 준비한 비장의 무기는 커피였습니다. 부래상은 새벽이 되면 커다란 물통에 커피를 한가득 담아 나무꾼들이 경성으로 들어오는 서대문에 나가 기다렸습니다. 커피를 따라주며 "태평로의 부래상을 찾아가면 장작값을 잘 쳐준다"라는 소문을 퍼뜨렸습니다. 커피의 효과는 즉시 나타났습니다. 서양인이 따라주는 검고 쓴 음료 한 사발을 마시면 졸음이 싹 달아나고 없던 힘이 다시 솟아난다는 경험담이 나무꾼들 사이에서 삽시간에 퍼져나갔습니다. '서양인이 끓여낸 탕재'라는 뜻의 '양탕국'이라는 이름이 사용되던 무렵이라 부래상의 커피는 큰 인기를 끌었습니다.

이내 그는 경성에서 최순영과 겨룰 수 있는 유일한 장작상이 되었고, 여세를 몰아 실패했던 연탄사업도 다시 시작했습니다. 그 사이 서양식 가옥이 늘어났고, 연탄난로도 덩달아 늘어났기 때문에 전과 달리 사업은 순조롭게 성장했습니다. 곧이어 석유까지 들여와 팔았습니다. 그는 곧 경성에서 가장 성공한 서양인 사업가 중 한 사람으로 성장했습니다.

큰돈을 번 플레장은 당시 부유층들의 별장터로 큰 인기를 끌던 성북리 산기슭에 고향 프랑스풍 벽돌 건물을 짓고 살았습니다. '서양사람 플레장이 사는 집'이라는 뜻의 '부래상양관富來祥洋館'을 전형필이 거금 5만 원을 들여 사들인 것입니다.

땅이 마련되자 전형필은 조선인 최초의 근대 건축가로 평가받는 박길룡에게 미술관 건물 설계를 의뢰했습니다. 당시에도 박길룡은 스타 건축설계사였습니다. 관공서 본청이나 백화점처럼 크고 돈 되는 프로젝트들만 주로

조선 최초의 근대 건축가 박길룡이 설계했다고 알려진 간송 미술관 전경. 이곳에 우리 문화재를 지켜낸 전형필의 얼이 서려있다.

맡아서 했죠. 그런 '비싼' 설계사에게 '돈 안 되는' 미술관 건물 설계를 '돈 많이 주고' 맡긴 것이었습니다.

조선에서 가장 잘 속아 넘어가는 수집가

전형필은 늘 그랬습니다. 세간의 가격 이른바 시가와 상관없이 자신이 판단하는 가치대로 가격을 매기고 돈을 쓰는 것으로 유명했습니다. 다른 이들이라면 1백 원을 주고 구입했을 미술품을 1천 원을 주고 구입하기도 하고, 십원이면 끝낼 일을 '정성을 들여 제대로 하는' 조건으로 1백 원, 2백 원씩 들이기도 했습니다. 그중에서도 가장 유명한 일화는 현재는 '간송본'이라는 이름으로 더 유명한 《훈민정음해례본》을 수집할 때의 일화일 것입니다.

1940년대 초, 전형필은 유명한 서예가이자 명륜학원(현재의 성균관대학교) 조선문학 강사였던 지인 김태준을 만났습니다. 아직 일제의 서슬이 시퍼럴 때였습니다. 김태준은 조심스럽게 전형필에게 놀라운 이야기를 들려주었습니다. 몇 해 전, 신문을 통해 보도된 '원본 훈민정음의 발견'이라는 기사에 등장한 《훈민정음》 원본이 자신에게 있다는 이야기였습니다.

자신의 제자 중 안동에서 올라온 이용준이라는 사람이 있는데, 그가 가보로 내려오는 《훈민정음》 원본을 자신에게 맡겼고, '일본놈들이 무서워서 도저히 갖고 있지를 못하겠으니 혹시라도 제대로 값을 쳐주고 사가서 잘 보관해 줄 사람이 있으면 넘기고 싶다'라는 뜻을 전해왔다는 것입니다.

김태준이 말한 '제값'은 1천 원이었습니다. 당시 물가로는 집 한 채 가격이 넘는 거금이었습니다. 책의 가격을 듣고 잠시 생각에 빠졌던 전형필은 방으로 들어갔습니다. 김태준은 너무 터무니없이 비싼 금액을 불러 화가 난 것은 아닌지 노심초사했습니다. 하지만 그런 생각은 기우였습니다. 잠시 후, 전형필이 금고에서 꺼내 들고나온 돈은 1천 원이 아니라 1만 1천 원이었습니다.

"책 주인에게 1만 원을 주시고,
1천 원은 김 선생께 드리는 수고비요."
"이런 보물이라면 능히 이 정도 대접은 받아야지요."

그렇게 《훈민정음해례본》은 전형필의 손에 들어왔고, 국보 제70호이자 유네스코 세계기록유산으로 등재되어 우리 후손들에게 전해지고 있습니다. 이외에도 그는 마음에 드는 고미술품들이 있으면 웃돈을 얹어줘서라도 손에 넣었습니다.

그런 그를 두고 "태어날 때부터 금수저로 태어난 갑부집 아들이라 돈 무서운 줄 모른다"라는 뒷얘기들이 없었던 것은 아닙니다. 하지만 그가 그렇게 하는 데에는 이유가 있었습니다. "성북동의 전형필을 찾아가면, 다른 곳보다 훨씬 더 값을 잘 쳐준다"라는 소문이 자자하게 퍼졌고, 그러자 수많은 골동품상, 고미술상, 동료 수집가, 심지어 시골 아낙과 도굴꾼까지 몰려와 그에게 미술품들을 들이밀었습니다. 심하게 훼손되어 가치가 전혀 없는 것부터 모양만 그럴듯하게 흉내 낸 가품까지 형편없는 것들이 즐비했지만, 그 가운데 귀한 보물이 더러 있었습니다. 그는 그런 보물들을 노린 것이었습니다.

빽빽한 나무에는 새들이 앉아 노래하지 못한다

고대 그리스 희곡에서 유래한 단어로 '데우스 엑스 마키나Deus ex machina'라는 말이 있습니다. 원래 뜻은 '기계장치로 만들어진 신' 혹은 연극 용어로 의역해 '신을 연출하는 기계장치'로 고대 그리스 연극의 중요 장면에서 기중기나 도르레 등을 타고 등장해 모든 갈등 요소들을 한 방에 해결하는 캐릭터 또는 그를 가능케 한 연출기법을 일컫는 말이었습니다.

극의 분위기가 한껏 고조됐을 때 갑자기 등장해 말도 안 되는 능력으로 악당들을 물리치고, 주인공을 도와주고, 꼬일 대로 꼬인 문제들을 해결하는 모습이 조금은 뜬금없지만 사람들은 그로부터 묘한 쾌감을 얻었습니다.

이후 그리스 문화를 원형으로 하는 서구 문화권에서 데우스 엑스 마키나는 애증의 존재이면서 대중들의 열광을 이끄는 장치로 즐겨 사용됐습니다. 문제는 많은 이들이 자신들의 리더에게 이 데우스 엑스 마키나적 모습을 원한다는 점입니다. 말로는 인간미 넘치고, 경청하고, 임파워먼트를 위해 노력하는 리더를 선호한다고 하면서도, 탁월한 리더에 대해 정의를 내려달라는 요청을 받으면 다수는 상황에 상관없이 문제가 생기면 단숨에 모든 문제를 해결해주는 이를 첫손에 꼽는다는 점입니다.

그러다 보니 모든 일을 다 관장할 수 있고, 세세한 내용을 파악할 수 있고, 조직 내에서 벌어지는 모든 일을 하나하나 묻고 따져야 직성이 풀리는 만기친람萬機親覽형 리더가 자주 등장합니다. 이런 리더들은 사업의 초기 단계, 조직의 설립 단계 때는 일정 부분 역량을 발휘합니다. 종종 탁월한 성과를 만들어내기도 하죠. 그러나 결말은 늘 비슷합니다.

결재 중독, 일 중독에 가까웠던 진나라 시황제는 매일매일 자신이 결재한 서류를 저울에 달아 정해진 중량이 되지 않으면 될 때까지 일을 챙기고 결재를 해댔습니다. 모 재벌그룹 회장은 사업장 지도를 사무실에 걸어놓고 조경용 나무 심을 위치까지 하나하나 지정해줬다고 합니다. 하지만 뭐니 뭐니 해도 만기친람, 혹은 그를 뛰어넘어 모든 일을 알고 있어야 하고, 모든 것을 자신이 결정해야 하고, 다른 이들은 몽땅 도둑놈이니 믿지 말아야 한다고 생각했던 리더의 끝판왕은 후고구려 군주였던 궁예일 것입니다. 신하들의 마음까지 꿰뚫어 본다는 관심법은 지금도 궁예의 막장 리더십을 상징하는 소재로 활용되고 있습니다.

당연히 그들 모두의 말로는 좋지 않았습니다. 특히 공통적으로 사람들

124

이 떠나가고 주변에 좋은 사람이 모이지 않아 큰 고통을 겪었습니다. 시황제는 유능했던 신하들과 효심 깊은 아들들을 다 떠나보내고 멍청한 아들과 간신들에 둘러싸여 불행한 말년을 보내야 했습니다. 나무 심을 위치까지 지정했던 재벌 회장 역시 창업 공신들이 하나둘씩 떠나가고 인재들도 그의 곁에 남으려 하지 않아 노년에는 반쯤 고립된 상태에서 쓸쓸히 눈을 감은 것으로 알려져 있습니다. 궁예의 몰락은 역사 시간에 배운 그대로입니다.

우리나라를 대표하는 4대 그룹 중 한 곳을 이끌었고, 나무와 숲을 아끼고 사랑한 것으로 유명한 한 회장은 계열사 사장들에게,

"잎과 가지가 빽빽한 나무에는
새들이 머물며 노래할 자리가 없고,
꽃잎이 앙다물어져 있으면
화분을 옮길 벌과 나비가 날아들지 않는다."

라는 말을 즐겨 했다고 합니다. 즉, 리더라면 단단하게 조직을 지키되 다른 이들이 찾아와 안길 수 있고, 그런 그들을 품을 수 있는 여유가 있어야 한다는 뜻일 것입니다. 모든 것을 잘 알지만 때로는 모르는 척 들어주고, 속이려는 이들을 눈앞에서 면박하기보다는 그들 스스로 자신의 잘못을 깨우치게 하고, 부족한 이들의 모자란 부분을 질책하기보다는 채워나갈 수 있게 기다려주는 마음 씀씀이가 리더의 가장 중요한 덕목임을 꽃과 나무를 통해 강조한 것입니다.

당대 최고의 부를 가졌지만 그를 휘두르기보다 베풀 줄 알았던 전형필, 오랜 독서 습관과 여러 스승을 모시고 배운 터라 그 누구보다 아는 것이 많았지만 뜨내기 도굴꾼에게조차 묻고 배우기를 마다하지 않았던 전형필, 늘 너그러운 인품과 여유 있는 태도를 잃지 않았던 전형필.

그런 그였기에 고미술품을 소유한, 골동품과 관련한, 미술시장에 대한 정보를 보유한 수많은 이들이 몰려들었고, 덕분에 우리는 소중한 문화유산을 일제를 비롯한 외세에 빼앗기지 않고 간직할 수 있었습니다.

매년 봄과 가을, 간송 미술관澗松 美術館이 정기전을 개최하며 개방행사를 하는 시기가 되면 수많은 기업인이 몇 시간씩 줄 서는 것을 마다하지 않고 미술관을 찾습니다. 물론 미술애호가로서 귀한 보물들을 관람하려는 이들도 있겠지만, 아마도 그들이 미술관을 찾는 것은 소장된 미술품을 관람하려는 목적만은 아닐 것입니다. 간송의 꿈이 서려 있는 간송 미술관 건물과 정원 곳곳을 거닐며, 그리고 그 안에 소장된 소중한 전시물들을 보며, 그가 보여준 사람됨과 용인술을 배우고자 함은 아닐까요?

간송 미술관

주소 서울시 성북구 성북로 102-11

홈페이지 www.kansong.org

관람시간 매년 4월 말~5월 초(춘계 전시), 9월 말~10월 초(추계 전시) 10:00~17:00

휴관일 관람기간을 제외한 모든 기간 및 매주 월요일

입장권 가격 무료

관람 안내

· 관련기관의 적극적인 지원과 대구분원 건립 후 많은 부분이 바뀌긴 했으나, 여전히 간송 미술관은 전시하는 공간보다는 보관·보존하고 연구하는 기관으로서의 성격이 강합니다. 때문에 1년 중 극히 일부 기간동안 제한적으로만 개방하는 것은 물론, 개방 시기에도 관람객의 편의보다는 소장품의 안전한 관리에 더 집중하고 있습니다. 장시간의 대기, 복잡한 관람 동선, 불친절한 소장품 안내, 거의 전무하다시피한 편의시설 등은 감안하셔야 합니다.

· 국보 제65호 청자기린형개향로, 제68호 청자상감운학문매병, 제70호 훈민정음해례본, 제74호 청자압형연적과 보물 제286호 청자상감포도동자문매병, 제1973호 신윤복의 미인도 등 간송 미술관을 상징하는 국보와 보물들은 누구나 보고 싶어하지만, 그래서 전시 안 할 가능성이 더욱 큰 소장품입니다. 관람할 수 있다면 좋지만, 이들 작품을 보지 못하셨다 하더라도 간송 미술관에서 만나볼 수 있는 다른 소장품 역시 후손들이 등급을 매기기 힘든 소중한 가치와 아름다움을 갖고 있는 우리 민족의 자산입니다. 조금 편안한 마음으로 즐기시면 좋을 것 같습니다.

· 서울본원 기준, 정기전시 기간이 되면 미술관 주변은 말 그대로 인산인해를 이룹니다. 몇 시간이고 대기해야 할 수 있으니 차라리 마음을 편히 먹고 조선시대 최고의 별장터였던 성북동 일대를 천천히 둘러본다는 기분으로 여유를 갖고 미술관 관람에 나서시면 좋을 것 같습니다. 주변 주차여건이 극악에 가까우니 대중교통을 이용하시는 것은 필수입니다.

※ 상기 내용은 24년 9월말 기준이며, 세부사항은 시기에 따라 일부 변경될 수 있습니다. 보다 자세한 사항은 공식 홈페이지를 참조하시기 바랍니다.

세계 최고의
인재들은
왜 미술관에 갈까?

Part 3.

세계 최고의 인재들은
어떻게 일할까?

어떤 방식으로 일해야 할지 고민이 될 때,
그들은 미술관에 간다

"창의적인 화가에게 장미를 그리는 것보다 진정 더 어려운 일은 없다.

왜냐하면 그는 그렇게 하기 전에 먼저 그렸던

모든 장미를 잊어버려야 하기 때문이다."

- 앙리 마티스[3]

---

3 20세기 초, 야수파를 창시하고 이끌었던 프랑스 출신의 화가.

최고의 미술관에는
승자도
그렇다고 패자도 없다

악한들이 만들어낸 착한 박물관

처음 대영 박물관The British Museum에 갔을 때나 그다음에 갔을 때도 늘 한가지 공통점은 비 내리는 날씨였습니다. 그 때문일까요? 매번 방문할 때마다 따사로운 햇살과 어린 관람객들의 깔깔거리는 웃음소리가 함께 했던 루브르 박물관에 비해 대영 박물관에 대한 이미지는 왠지 어둡고 축축하고 관료적이면서 고압적인 그런 느낌이었습니다.

게다가 방문하기 이전부터 읽어왔던 대영 박물관과 관련된 책들 속에 적혀 있던 내용은 그런 느낌을 확신으로 고착시켜 주었습니다.

"전 세계 각국의 식민지에서 거둬들인 예술품들을 전시한…"

"이집트 박물관보다 훨씬 더 많은 이집트 보물들을 보유한…"
"원래 전시물의 주인이었던 나라들의 반환 요구를 거절…"

하나같이 '힘을 바탕으로 남의 귀한 보물을 강탈한 악당이, 원 소유주 또는 피해자의 돌려달라는 요구를 일언지하에 거절했다'라는 신문의 사회면에서나 볼 법한 이야기들이었습니다.

그런 저의 부정적인 선입관에도 불구하고 어찌 됐든 대영 박물관은 실로 '인류 문화유산의 보고'라고 해도 과장이 아닐 정도로, 역사상 탄생했던 주요 문화권 대부분에 걸쳐 엄청나게 풍부한 유물들을 소장 및 전시하고 있습니다.

런던 블룸즈버리에 있는 대영 박물관은 원래 몬테규 가문의 대저택이 있던 곳이었습니다. 《로미오와 줄리엣》에서 등장하는 남자 주인공이 몬테규 가문이었습니다. 다만, 《로미오와 줄리엣》은 허구의 희곡이고 배경조차 영국이 아닌 이탈리아 베로나였지만, 지금도 대영 박물관을 방문하는 사람들은 심심치 않게 로미오와 대영 박물관을 연결 짓습니다.

바로 이처럼 대영 박물관은, 자신들과 조금의 연관이라도 있다면 전 세계 어느 곳의 어떤 것들이라도 샅샅이 끌어모아서 자신들의 것으로 만드는 데 발군의 기량을 발휘했습니다.

대영 박물관은 지금 국립 박물관으로 운영되고 있지만, 그 시작은 한스 슬로언이라는 아일랜드 출신의 평범한 개인으로부터였습니다. 그는 의사로

131

서도 명성이 높았지만, 왕성한 탐구욕과 다양한 실험정신의 소유자로 유명했습니다. 틈이 날 때마다 전 세계를 돌아다니며 수많은 문화재와 동식물 표본들을 수집했죠. 그는 평생에 걸쳐서 모은 약 8만여 점의 유물을 당시 왕이었던 조지 2세에게 기증했습니다. 막대한 기증품의 보관과 전시를 어떻게 할 것인지를 고심하던 조지 2세는 의회에 의견을 물었고, 의회는 앞서 이야기한 몬테규가의 대저택을 사들여서 기증받은 물품을 전시하기로 했습니다. 그렇게 '몬테규 하우스' 혹은 '슬로언 박물관'이라고 불리는 초기의 대영 박물관이 임시로 문을 열게 되었습니다.

하지만 이 무렵은 영국이 해군의 경쟁자였던 스페인이나 상업 해운의 경쟁자였던 네덜란드를 누르고 점차 유일무이한 바다의 제왕, 해상교역의 지배자로 등극을 앞둔 시점이었습니다. '해가 지지 않는 나라, 대영제국'의 기틀을 다지던 무렵이었죠. 하루가 멀다고 전 세계에서 약탈하거나 수집해 온 각종 유물과 문화재, 자연표본 등이 영국 본토로 쏟아져 들어왔습니다.

영국이 없는 영국의 대영 박물관

쏟아지는 유물들에 발맞춰 박물관을 관리하고 운영하는 사람들의 노력은 계속 이어졌습니다. 대영제국을 대표하는 박물관이라는 이름값에 걸맞지 않게 다소 빈약했던 건물 외관을 대대적으로 보수하여 마치 그리스 파르테논 신전을 연상시키는 현재와 같은 모습으로 증축했습니다. 주변의 건물들을 사들여 전시관으로 개축해 전시공간을 수십 배 가까이 확장했습니다. 그런 노력 끝에 대영 박물관은 현재와 같은 웅장한 존재감을 세상에 선보일 수 있었습니다.

마치 그리스 파르테논 신전을 연상시키는 대영 박물관의 모습처럼 대영 박물관에는 이집트, 그리스 등 전 세계에서 수집한 전시물들이 소장되어 있다.

지상 4층에 80여 개의 전시실로 이루어진 박물관의 공식 명칭은 'The British Museum'이지만 실제 전시된 소장품 중 관람객을 불러 모으는 전시품이나 박물관의 명성을 전 세계적으로 알린 전시품들은 대부분 영국이 아닌 다른 국가의 유물입니다.

대표적인 것으로는 고대 이집트 상형문자 해독의 중요한 단서를 제공한 '로제타석'이 있고, 같은 방에는 '람세스 2세 흉상'도 있습니다. 이외에도 다수의 미이라와 함께 이집트의 주요 유물을 이집트 국립 박물관보다도 더 많이 소장하고 있습니다. 그리스 유물 역시 대영 박물관에서 빼놓을 수 없는 주요 전시품입니다. 대영 박물관 외관 디자인의 모티브가 된 '파르테논 신전의 기둥'을 포함해 1만 3천 점이 넘는 그리스-로마시대 유물들이 대영 박물관에 전시 및 소장되어 있습니다.

이외에도 대영 박물관에는 전 세계 수많은 국가, 수많은 문화권에서 수집(혹은 약탈)한 엄청난 수의 유물과 문화유산들이 산재해 있습니다. 그렇기 때문에 대영 박물관이나 영국의 과거 식민지 행태에 대해 비판적인 사람들은,

"대영 박물관은 전 세계 모든 국가의 유물을 전시하고 있다.
단, 영국 유물만 빼고…"

라며 비아냥대고는 합니다. 저의 대학 시절 처음으로 대영 박물관을 관람했을 때 느꼈던 제 생각도 크게 다르지 않았습니다. 대영 박물관이라는 것이 결국은 영국의 예술과 문화의 집결체가 아닌, 영국 제국주의의 성과물과 그 시절에 대한 향수를 모아놓은 추악한 장소에 지나지 않는다는 것이 당시의 제 생각이었습니다.

하지만 그런 저와는 조금은 다른 생각을 하는 이들도 있습니다. 영국에 거주하시던 어느 학자는 "영국은 어쩌면 전시물 자체가 아니라, 그런 전시품들을 전시할 수 있었던 자신들의 역사를 전시하고 있는 건지도 모르겠네요"라는 이야기를 했습니다. 전 세계에 걸쳐 진기한 유물과 귀한 문화유산을 마구 긁어모을 수 있었던 제국을 만들어낸 조상들의 능력과 함께, 목숨을 걸고 어렵게 모아온 수집품을 기꺼이 공공 박물관에 기증할 수 있었던 조상들의 국가관과 시민의식, 그리고 수백 년에 걸쳐 그런 유물들을 복원하고 소중하게 지켜올 수 있었던 문화 의식 등. 지금의 대영 박물관이 전시하고자 하는 것은 바로 그러한 '영국인의 전통', '영국인의 문화 의식'이라는 것이 그 학자

의 생각이었습니다.

그런데 정말로 흥미로웠던 이야기는 다음 이야기였습니다.

"그렇기 때문에 우리가 정말로 대영 박물관에서 꼭 봐야 할 것은…"

로제타석이나 파르테논 신전의 유물과 같은 답은 애초에 기대하지도 않았지만, 그의 입에서 나온 것은 너무나도 엉뚱한 것이었습니다. 그것은 바로

'타협을 통해 합의를 이뤄나가는 정치력과

원하는 것을 얻어내는 협상력'

이었습니다.

타협과 협상의 정치학교 대영 박물관

실제로 상당수의 유물을 빼앗긴 이집트나 그리스뿐만 아니라, 과거 제국주의 시절 피지배 국가로부터 영국 정부가 받는 유물 반환에 대한 압박은 우리가 상상하는 것 이상이라고 합니다. 각종 국제회의 때마다 문화재 반환이 거론되고, 대통령이나 총리 등의 국가수반이 영국을 방문하면 정상회담의 주요 의제로 반드시 언급하는 것이 '대영 박물관에 소장된 자국 유물 반환'이라고 합니다. 해당 국가도 영국 순방 성과를 홍보하기에 '국외 반출된 문화재 환수'만큼 가시적인 효과가 큰 것이 없기에 늘 유물 반환을 언급할 수밖에 없었을 것입니다.

그 압박이 워낙 거세다 보니, 영국 내에서도 시민단체는 물론 일부 의원들까지 몇몇 유물에 대해서는 원래의 국가에 반환하자는 의견이 있다고 합니다. 하지만 가끔 선심 쓰듯 무기한 장기대여라는 형태로 소속 국가에 전시를 허용하는 경우는 있어도, 대영 박물관이 주요 유물을 되돌려줬다는 소식은 아직 들리지 않고 있습니다. 그렇다고 그로 인해 심각한 외교 마찰을 빚거나, 국민 간에 극단적인 의견 대립이 있었다거나, 그를 두고 의회가 정부에 대해 심한 공격을 했다는 소리 역시 들리지 않습니다. 어떻게 그럴 수 있었을까요?

유럽에서 가장 야만스러운 신사

영국인들이 원래부터 그랬던 것은 아닙니다. 영국인의 조상이 되는 앵글족, 색슨족, 노르만족, 캘트족 등은 난폭하고 과격하기로 소문난 민족이었습니다. 유럽에서도 말보다 주먹이 앞서기로는 둘째가라면 서러워할 사람들이 영국인의 선조였죠. 심지어 현재 영국의 왕인 찰스 3세의 윈저 왕조를 거슬러 올라가면 바이킹 선조들과 연결이 됩니다. 물론 영국 왕실은 잔인한 이미지의 바이킹과의 연관성을 적극 부인하거나 감추려고 애써왔습니다. '신사의 나라' 더 나아가 그 나라를 지배하는 왕실이 야만 민족과 관련이 있다는 것을 인정하기 싫은 것이겠지요.

하지만 인정하건 인정하지 않건, 같은 시기 찬란한 문화를 꽃피웠던 유럽대륙 본토의 국가들과 비교하면 영국의 문화는 거칠고 투박했습니다. 그들이 자랑하는 영국식 의회민주주의라는 것도 처음에는 그다지 크게 할 일이 없는 중소 지주나 몰락한 귀족들이 모여서 왕이나 강력한 권력을 쥔 거대 귀족가문 등에 맞서 자신들의 권리나 재산상의 이익을 지키기 위해 세력을 규합했던 것으로부터 시작되었다는 설이 유력합니다.

이 한량 지주와 귀족을 일컫는 말이었던 젠트리Gentry에서 유래한 젠틀맨Gentleman이라는 단어가 신사라는 뜻으로 쓰이게 되었다고 하는 것이 정설이지만, 의회를 처음 구성할 때까지만 하더라도 이들 젠트리들은 그다지 젠틀하지 않았습니다. 영국 국회의사당인 웨스트민스터궁의 구조만 살펴봐도 알 수 있습니다.

원형극장처럼 앉게 되어 있는 다른 나라의 국회 본회의장과 달리 영국 국회의 본회의장은 의원들이 서로 마주 보고 앉게 되어 있습니다. 그리고 어중간하게 떨어져 있는 사이 바닥에는 연녹색 카페트 위로 조금은 생뚱맞은 두 줄의 선이 있습니다. '소드 라인Sword Line'이라고 불리는 그 선은 말 그대로 칼이 넘어가서는 안 되는 선이었습니다. 예전 영국 의회에서는 견해가 다른 양당이 서로 격한 논쟁을 치르다 보면 감정을 이기지 못하고 차고 있던 칼을 상대에게 휘두르는 의원들이 비일비재했다고 합니다. 이를 방지하는 차원에서 칼이 넘어갈 수 없는 경계선을 그려놓은 것이지요.

조금은 우스꽝스럽기는 하지만 소드 라인을 그어놓은 것에서 볼 수 있듯, 그들은 다툼과 대결의 모습에서 벗어나 타협과 합의의 정신이 살아있는 제대로 된 의회민주주의를 만들어내기 위해 많은 노력을 기울였습니다. 영국의 의회에서는 절대로 논쟁을 벌이는 상대방을 직접 언급하지 않는다고 합니다. 그럴 경우에는 서로 직접적인 공격으로 감정이 격해질 수 있을지도

영국식 의회민주주의의 상징인 영국 국회의사당 웨스트민스터궁의 본회의장 모습. 양당이 서로를 마주하는 형식을 취하고 있다.

모른다는 우려에서죠. 대신 이들은 철저하게 회의를 주관하는 국회의장의 도움을 받습니다. 이 역시 소드 라인과 마찬가지로 제3자의 눈으로 보면 조금 이상하고 우스꽝스럽기는 하지만,

"의장! 의장께서는 저쪽 당 당수에게
왜 그런 옳지 않은 발언을 하셨는지,
그 이유를 물어봐 주시기 바랍니다."

라는 식으로 간접적인 비난을 하도록 하고 있습니다. 비슷한 이유로 상대 의원을 지칭할 때나 부를 때도 2인칭(너/너희, 당신/당신들)을 쓰지 못하도록 하고 있습니다. 대신 다소 뜬구름 잡는 듯한 수식어를 넣어 마치 소설

속 주인공을 소개하듯 지칭하고 있죠. 한창 치열하게 논쟁을 벌이는 도중에 "노동당 신사숙녀 여러분"이나 "월셔 지방 출신으로 늘 옳은 의사결정을 내리시는 존경하는 시드니 허버트 의원님"이라며 상대를 호칭하는 경우를 종종 발견하게 됩니다.

이처럼 싸워야 하는 상대방에게도 늘 예의를 갖춰 논리로 공격하고 적정한 수준에 다다르면 서로 냉각기를 갖고 냉정하게 고민하여 적절한 합의안을 만들어 타협하는 전통이 정치의 중심인 의회에서 만들어졌으며, 그 의회를 이루는 의원들이 속한 귀족층(젠트리)에 퍼져 영국 고유의 신사(젠틀맨) 문화를 만들어냈고, 그 면면은 지금까지 계속 이어져 내려오고 있습니다. 바로 이러한 문화, 정서, 전통이 대영 박물관이 계속해서 존재하고 성장할 수 있는 첫 번째 원동력이 되었다는 것입니다.

미국인들의 혀를 내두르게 만든 영국인들

하지만 그들이 '남(다른 나라, 다른 민족)'의 문화유산인 소장품들을 가지고 대영 박물관과 같은 세계적인 규모의 박물관을 유지 발전시켜온 것은 타협과 합의의 문화만 가지고는 불가능했을 것입니다.

그에 더해, 자신들끼리는 합의와 타협을 이뤄내지만 경쟁하거나 이해관계가 첨예하게 대립하는 상대방에 대해서는 끈질기게 물고 늘어져서 자신들이 원하는 것을 반드시 얻어내거나 자신의 의견을 관철시키고야 마는 협상력이 있었기에 가능했던 일이었습니다.

2013년 봄에 사망한 '철의 여인' 마거릿 대처 전 영국 총리는 생전에 이런 이야기를 한 적이 있습니다.

"당신이 사랑받기만을 원한다면 항상 타협해야 한다."

즉, 항상 적정선에서 타협만 하는 사람은 다른 사람들이 좋아해 주고 좋은 평판을 얻을 수 있지만, 진정 원하는 것을 얻을 수 없다는 이야기였습니다. 그 역시 생전에는 영국병이라고까지 불렸던 전후 영국의 극심한 경기침체를 극복하기 위해 이후 대처리즘이라 명명될 자신만의 정책을 강력하게 추진했습니다. 신자유주의를 기반으로 한 무지막지한 재정감축, 빈곤층의 극심한 반발을 불러온 과감한 복지축소, 보다 적극적인 시장경제 도입 등의 경제정책을 과감하게 시행했습니다. 타협은 없었습니다.

덕분에 엄청난 반발과 비판에 휩싸였습니다. 아이들의 무상급식을 축소시킨 것에 대한 반발로 '우유 강탈자'라는 비난까지 들어야 했습니다. 심지어 사망한 이후에도 여러 가지 방법으로 놀림과 비아냥을 들어야 했죠. 그럼에도 불구하고 영국은 물론 전 세계의 많은 이들은 당시 영국의 상황에서는 대처가 시행한 정책이 최선은 아니었지만, 차악쯤은 됐었다는 의견이 우세합니다.

비록 영국 제조업 기반을 약화시키고, 복지제도를 후퇴시켰으며, 지나친 경쟁과 일부 대형 금융기업의 배만 불려주었다는 비판도 많지만, 침체에 빠진 영국 경제를 정상화했을 뿐만 아니라 런던을 세계 금융의 중심지로 다시 자리매김하게 했으며, 90년대 후반 경제호황의 기반을 닦았다는 긍정적인 평가가 조금은 더 많은 편입니다.

대처가 영국 최초의 여성 총리가 될 수 있었던, 총리가 되어 이러한 업적을 이뤄낼 수 있었던, 그리고 11년간이나 장기집권을 할 수 있었던 정치력의 기반은 무조건적인 타협이 아니라, 대화, 막후 거래, 압박 등 다양한 방법을 통해 원하는 것을 얻어내는 협상력에 있었습니다.

그런데 원하는 것을 얻어내는 협상력만으로는 마거릿 대처 총리를 훨씬 능가하는 인물이 있습니다. 헨리 키신저, 독일 출신의 유대계 미국인으로 미국 제56대 국무장관이자 1973년 노벨 평화상 수상자로 '미국 외교의 설계자'로 불렸던 사람입니다. 닉슨 정부 때는 당시 중국의 2인자 저우언라이 총리를 만나 닉슨 대통령과 마오쩌둥 주석의 '핑퐁외교'를 성사시켰고, 포드 정부 때는 미국이 '세계의 경찰' 역할을 시작하도록 했습니다. 현직에서 물러난 이후에는 미국 외교협회 등과 같은 조직을 이끌며, 눈을 감는 날까지 세계 정치를 막후에서 조정하는 실력자로 활약했습니다.

한창 때, 그의 위세가 얼마나 대단했으면 "앞으로 국제정세가 어떨 것 같나?"라고 묻는 기자의 질문에 이렇게 답할 정도였습니다.

"잘 모르겠지만, 일단 다음 주에는 확실히
국제정세에 별문제가 일어나지 않을 것이오."
"왜냐하면 다음 주에는
이미 내 스케줄이 다른 일로 가득 차 있거든."

그런 그에게 누군가가 '나라와 나라 간의 협상'에 관한 조언을 구한 적이 있었다고 합니다. 그때 그는 "국제문제에 있어서만큼은 그 어떤 도덕이나 이상이 존재하지 않는다. 오직 자국의 이익만이 존재할 뿐이다"라고 말했습니다. 즉, 외교라는 것이 겉으로 볼 때는 그럴듯해 보여도 실제 한 꺼풀 벗기고 들어가 보면 각국이 서로 자국의 이익을 주장하며 한 치의 양보 없이 말 그대로 총성 없는 전쟁을 벌이고 있는 전쟁터라는 이야기입니다.

그 전장에서 각국의 이익들이 상충할 때 본격적으로 발휘되는 것이 협상력인데, 영국인들은 이 부분에 있어서만큼은 발군의 기량을 보유하고 있습니다. 어렸을 때부터 독서와 토론을 중시하는 교육과 웅변과 연설을 성공적인 사회생활을 위한 중요한 덕목으로 여기고, 학교는 물론 일반 가정에서도 중요하게 다루는 문화 덕분에 영국인들은 자신의 생각을 논리적으로 정리해 타인에게 전달하고, 또 필요에 따라서는 다양한 방법을 접목해 자신의 뜻을 관철시키는 데에 매우 익숙한 사람들입니다.

루즈벨트 대통령 같은 협상의 귀재들도 영국 총리와 회담을 하고 나면 가까운 사람들에게 "문제는 영국인과 마주 앉아 한판 벌이면 판돈의 80%를 매번 영국인들이 따가고 나머지를 우리가 갖게 된다는 것이지"라며 푸념을 털어놓기도 했습니다.

그런 능력 덕분일까요? 대영 박물관은 숱한 소장품 반환 시비에도 불구하고 아직까지 '남의 문화재로 생색내며' 세계적인 박물관으로 건재하게 각광받고 있습니다.

기업의 성공과 실패는 승패만으로 완성되지 않는다

흔히 '기업은 경영하는 것'이라고만 생각하는 이들이 많습니다. 틀린 말은 아닙니다. 하지만 반은 맞고 또 반은 틀린 말입니다. '경영'이라는 단어 안에 얼마나 많은 의미를 담아낼 수 있느냐에 따라 달라지는 것입니다. 기업의 경영이 단순히 매출, 수익 등의 성과를 획득하기 위한 일련의 활동, 과정, 결과 등만을 뜻한다고 생각한다면, '기업은 경영하는 것'이라는 말은 전적으로 틀린 말이 됩니다.

반면, 경영은 기업활동을 하는 과정과 결과가 담고 있는 모든 요소와 더불어 '상대와의 타협, 협상, 배려와 관용 등 고도의 정치적인 의도와 행동이 반영되어야 하는 종합적인 활동이다'라고 생각한다면 '기업은 경영하는 것'이라는 말은 맞는 말이 됩니다.

과거로부터 지금까지 성공적인 경영활동을 한 경영인들을 살펴보면, 하나같이

"기업경영에 전념했을 뿐입니다."

"저는 회사 경영 밖에는 잘 모릅니다."

"정치에는 문외한입니다."

라고 입을 모으지만, 실제 그들이 했던 행동 하나하나, 결정 하나하나가 모두 정치였습니다. 그들이 내뱉은 말과 취했던 행동이 그 어느 노회한 정치인에 못지않은 정치적이고 정략적인 판단이었던 것 역시 쉽게 발견할 수 있습니다.

143

《손자병법》제3편 모공편을 보면 이런 구절이 나옵니다.

"손자가 말하기를 무릇 병법은 적국을 온전한 채로 차지하는 것이
최상이요. 그를 쳐부수어 차지하는 것은 차선이다.
(중략)
그런고로 백전백승이 결코 최상이 아니요. 싸우지 않고서라도
적을 굴복시켜 따르게 만드는 것이 최상인 것이다."

진짜 경영자는 싸움을 즐기기보다는 싸움이 일어날 만한 상황을 회피하는데 큰 능력을 발휘합니다. 이는 단순히 싸움을 두려워하거나 피한다는 것이 아닙니다. 결정적으로 싸울 상황이 되면 싸우더라도 그렇지 않은 경우에는 고도의 정치력과 타협, 협상 능력을 발휘해서 서로 간에 윈윈할 수 있는 방법을 찾아 나가야 한다는 것입니다. 불가피하게 경쟁해야 하고 한판 싸움을 벌여야 할 때도 마찬가지입니다. 탁월한 경영자는 경쟁자를 죽이기보다는 스스로 경쟁을 중도에 포기하도록 하는데 그 능력을 발휘합니다. 적어도 고수들의 세계에선 정치력과 경영 능력은 떼려야 뗄 수 없는 동반자적 기능인 셈이지요.

오늘날 수많은 우량기업과 그 경영자들은 경영 능력에 더불어 고도의 정치력을 바탕으로 자신들의 성공을 구가하고 있습니다. 마찬가지로 대영 박물관 또한 영국인 특유의 정치력과 경영 능력을 기반으로 여전히 '남의 나라 보물들'을 차지한 채 세계 최고 박물관의 지위를 누리고 있죠. 최고의 인

재들은 휴식을 취할 때마다 박물관 또는 미술관을 관람하며 어쩌면 단순히 미술품과 유물들을 감상하는 것이 아니라, 그를 (이 박물관 또는 미술관이) 소장할 수 있게 만든 사람들의 협상 능력에 대해 곱씹어 보고 있는지도 모르겠습니다.

대영 박물관

주소 Great Russell Street, London, WC1B 3DG, United Kingdom

홈페이지 www.britishmuseum.org

관람시간 10:00~17:00 / 10:00~20:30 (금요일)

휴관일 12월 24일~26일

입장권 가격 무료

관람 안내

· 이름에서 이미 짐작할 수 있지만, 전시물의 양과 규모가 실로 방대합니다. 런던을 당일치기로 방문한 것이 아니라면, 박물관이 도심의 주요 관광지와 도보 거리에 있고 입장료도 무료이니 지나칠 때마다 들려서 분야별로 조금씩 관람하는 방법도 의외로 효율적인 방법입니다. (혹은 런던의 궂은 날씨를 감안해 비가 올때마다 비를 피하는 셈치고 방문하는 방법도 있습니다.)

· 오만가지 전시품이 그저 국가별로 대충 흩뿌려져 있는 듯하지만, 실제 살펴보면 오랜 역사에 걸쳐 박물학, 박물관학을 발전시켜 온 나라답게 굉장히 체계적이고 일목요연하게 잘 정리되어 전시되고 있습니다. 유료 가이드북이나 휴대전화 앱 등을 미리 다운받아서 활용하면 효율적인 동선 구성을 통해 시간을 절약할 수 있습니다.

※ 상기 내용은 24년 9월말 기준이며, 세부사항은 시기에 따라 일부 변경될 수 있습니다. 보다 자세한 사항은 공식 홈페이지를 참조하시기 바랍니다.

세계 최고의 인재들은 어떻게 일할까?

열 번째 미술관

오르세 미술관 : 프랑스 파리

미술관에서 모두가 제대로 관람하려면 누구도 제대로 관람해서는 안 된다

다툼을 자주 불러일으키는 기차역

화면이 밝아지면 유럽의 어느 기차역에 기차가 들어섭니다. 기차를 타려는 사람들이 분주히 오가는 가운데 시계탑의 종이 울립니다. 그러자 기차도 승객도 역의 모습마저도 흐릿해지는 가운데, 같은 구조의 미술관 형상이 오롯이 드러나기 시작합니다. 동시에 들려오는 성우의 멘트….

"발길이 끊긴 열차역, 건축의 힘으로 미술관이 되다."

"공간의 가치를 새롭게 한다."

2008년부터 방송되기 시작하여, 평단과 소비자 모두로부터 '잘 만든 광고'라 칭찬을 받은 광고의 한 장면입니다. 모 그룹 건설사의 홍보 광고였는데, 건설사가 추구해야 할 공간 미학의 개념을 잘 살린 광고로 높은 평가를 받았던 것으로 기억합니다.

그런데 이 광고를 보고 깊은 감동을 받은 사람 중에는 제 아내도 포함되어 있습니다. 어느 때부터인가 광고에 나온 '그 미술관'인 오르세 미술관Musee d'Orsay을 꼭 가보고 싶다며 노래를 불렀습니다. 마침 기회가 생겨서 이듬해에 영국에 들렀다가 프랑스에 갈 일이 생기긴 했지만, 빠듯한 기간 내에 여러 가지 일을 처리해야 해서 시간이 없었습니다. 떠나는 전날까지도 '오르세 미술관을 방문할지 말지'를 두고 끝없는 논쟁이 계속되었습니다.

먼저 들른 런던에서는 물론이거니와 파리에 도착해서도 우리 부부는 결론을 내지 못했습니다. 토론에 토론을 거듭했지만 뾰족한 답이 나오지 않았죠. 우리에게 주어진 체류시간이라는 자원이 너무나 제한적이었기 때문입니다. 게다가 서로가 그 부족한 체류시간을 활용해서 얻고 싶은 이익(새로운 경험, 즐거움 등)의 분야가 너무도 달랐습니다. 그런데 오르세 미술관과 관련해 기나긴 논쟁을 벌인 것은 비단 우리 부부뿐만이 아니었습니다.

"내게 뭘 원하는 거요? 대체 뭘!"

1977년 어느 날. 프랑스 대통령 관저인 엘리제궁의 한 사무실에서 고성이 터져 나왔습니다. 관저의 주인이자 당시 프랑스 대통령이었던 발레리 지스카르 데스탱의 목소리였습니다. 그는 프랑스의 유서 깊은 귀족 출신으로 그의 정치 스타일은 합리적이고 점잖은 편이었습니다. 전반적으로 보수파에 가까운 편이었지만, 다수의 정책에 대해서는 진보파의 견해를 접목해 적절한 합의점을 도출했습니다. 외교에 있어서는 그런 경향이 더더욱 짙어져, 우파 또는 중도우파적인 외교노선을 견지하면서도 좌파 정치인들의 의견이 타당할 때는 그를 받아들여 자신의 외교정책을 기꺼이 수정했습니다. 이런 그의 이미지를 고려했을 때, 이날 지스카르 데스탱의 격노는 쉽게 떠올려지지 않는 모습이었습니다. 그가 이렇게 '이색적으로' 화를 낸 이유는 바로 '기차역' 때문이었습니다.

불순한 의도로 망쳐버린 리뉴얼 공사

점잖기로 소문났던 지스카르 데스탱 대통령을 분노하게 만든 기차역은 1900년 만국박람회를 위해 지어진 건축물이었습니다. 기차역은 원래 1700년대까지만 하더라도 센강 강변의 아름다운 궁전이었습니다. 하지만 1871년 파리 코뮌 때 근처에서 내전에 가까운 격렬한 시위가 펼쳐졌고, 그 과정에서 궁전은 불타버렸습니다. 불에 그슬리고 포격에 허물어진 채 30년 가까이 방치되었던 건물을 만국기념회를 기념하기 위해 파리 남서부 지역을 운행하는 기차들이 멈춰서는 열차역으로 리뉴얼한 것입니다. 그런데 지스카르 데스탱을 분노케 한 문제가 바로 이때부터 시작되었습니다.

역사상 어느 나라에서나 지지기반이 확고하지 않은 세력이 자신들의 힘과 정통성을 과시하려 지은 건물은 실용성보다는 과시 목적의 과도한 장식이나 의도가 불순한 상징물 범벅인 경우가 많습니다. 또한 공통적으로 불필요하게 거대한 규모로 지어지죠. 열차역으로의 리뉴얼 작업 역시 그랬습니

파리 센강 강변에 위치한 오르세 미술관 전경. 이미 기능을 상실한 폐역을 리모델링하여 세계적인 미술관으로 변모시켰다.

다. 만국박람회 기념이라는 이유를 표면적으로 내세웠지만, 실제로는 정권의 권력 과시용 성격이 강했던 개축공사는 대놓고 더 크게, 더 화려하게를 부르짖었습니다.

파리건축학교 교사이자 당대 최고의 건축가 중 한 사람이었던 빅토르 라루가 설계한 역은 화려함과 웅장함 그 자체였습니다. 대신 실용성은 안드로메다 저 건너편으로 멀리 보내버렸죠.

당시는 기계공업 기술의 획기적인 발전으로 더 많은 객차를 끌 수 있는 기차가 개발되어 기차의 길이가 비약적으로 늘어나고 있었음에도 완공된 역의 플랫폼 길이는 턱도 없이 짧았습니다. 반면 둥그런 돔 형태의 천장에 정교한 문양으로 장식된 벽면, 과거 궁전의 형태를 거의 그대로 복원한 역사 외관 등은 쓸데없이 거대하고 호화로웠습니다. 결국 실용적으로 잘 지어진 몽파르나스역이 파리와 남서부 지역을 오가는 열차들의 관문 역할을 맡게 되었습니다.

1939년 이후, 이 역은 파리 근교 시골동네를 다니는 서너 칸짜리 로컬 열차나 간간히 운행하는 역으로 전락하고 말았습니다. 엎친 데 덮친 격으로 1973년 1월, 역과 함께 지어진 호텔마저 문을 닫아버렸습니다. 그러자 "흉물이니 철거해버리자"라는 주장 쪽으로 여론이 급속하게 쏠리기 시작했습니다. 이런 식으로 무려 40년이 넘는 시간 동안 무관심과 철거 사이에서 아슬아슬하게 목숨을 연명해오던 역 건물의 운명이 극적으로 뒤바뀌게 된 것은 1970년대 중반에 들어서면서부터입니다.

관광산업의 경제적 효과와 문화산업의 가치에 대한 인식 변화가 일어나면서 역사적인 사연을 담고 있는 이 역을 복구 혹은 복원하자는 이야기들이 여기저기서 터져 나왔습니다. 그 영향으로 지스카르 데스탱 대통령과 관련 부처 장관, 학계, 예술단체 등이 이 건물을 미술관으로 활용하기 위한 방안을 논의하기 시작한 것입니다. 1977년도 일이었습니다.

세기의 천재도 풀지 못한 의견 대립

하지만 논의는 시작부터 난관에 부딪혔습니다. 미술관이 부족하거나 소장하고 있는 예술품이 빈약한 나라에게는 행복한 고민이기는 한데…우선 프랑스 그것도 파리에 미술관이 너무 많다는 것이 문제가 되었습니다. 미술관 하나 더 짓는 것이 문제가 아니라, 어떤 미술품을 전시하느냐가 문제였습니다.

이미 고대부터 현대에 이르기까지 다양한 시기의 예술품들을 모두 소장하고 있던 루브르라는 초대형 박물관이 있고, 현대미술에 특화된 미술관과 도서관 등을 보유한 복합문화시설인 퐁피두 센터가 막 준공을 앞두고 있었으며, 이외에도 크고 작은 미술관과 박물관들이 즐비한 파리에, 어느 시기 어떤 사조의 미술품들을 전시하는 시설을 만들 것인지는 충분한 논쟁거리가 되었습니다.

자문회의가 소집될 때마다 미술가, 학자, 정부 관료마다 의견이 달랐고, 주장하는 바도 제각각이었습니다. 그렇기 때문에 미술관 건립 논의가 시작된 지 한참이 지났음에도 어떠한 결론도 내지 못하고 허송세월만 보내는 상황이었습니다. 대통령궁에서 참모로부터 관련 보고를 받고 참다못한 지스카르 데스탱 대통령이 마침내 분노를 폭발한 것입니다.

프랑스 제20대 대통령이었던 지스카르 데스탱은 '프랑스 역사상 가장 지적인 대통령', '대통령이 안 됐다면 학자로 평생을 보냈을 사람', '현대 프랑스가 낳은 세계 최고의 천재'라는 세간의 평가가 말해주듯 지성인의 상징과도 같은 인물이었습니다. 그런 그가 화를 참지 못하고 분노를 폭발한 것이었습니다. 전문가라는 사람들이 모여 소모적인 논쟁만을 펼칠 뿐 새롭게 단장할 미술관의 컬렉션을 어떻게 구성할지, 그렇게 만들어진 미술관을 어떤 용도로 활용할지에 대해 어떠한 결론도 내리지 못하고 있었기 때문입니다.

다시 처음으로 돌아가, 파리 여행을 하던 우리 부부도 결국 오르세 미술관을 두고 틈만 나면 계속해서 논쟁만 벌였을 뿐, 어떠한 결론도 내리지 못하고 말았습니다. 파리에서의 한정된 일정이라는 '제한된 자원'을 활용하여 서로가 '하고자 하는 일'과 '해야 할 일'이 달랐고, 그를 두고 진행한 의사결정의 과정에서 '타협'이라는 매커니즘이 전혀 작동하지 못했기 때문입니다. 그런데 이러한 타협하기 어려운 의사결정의 순간이 훨씬 더 자주, 빈번하게 그리고 격렬하게 벌어지는 곳이 있으니 바로 기업경영의 현장입니다.

경영자의 숙명, 모순경영

기업이 경쟁자보다 우위에 서기 위해 택하는 전략은 대략 크게 두 가지로 나뉩니다. 하나는 비슷한 품질의 제품을 남보다 훨씬 싸게 제공하는 것이고, 다른 하나는 가격이 조금 비싸더라도 다른 경쟁자가 따라올 수 없을 정도로 예쁘거나, 특이하거나, 혹은 기술적 완성도가 높은 제품을 공급하는 것입니다.

첫 번째를 '가격 우위 전략'이라고 하는데, 월마트 등을 포함한 대형마트나 알리익스프레스나 테무와 같은 중국 전자상거래 업체가 주로 택하는 방법입니다. 반면 두 번째는 '차별화 전략'이라고 하는데, 특이한 디자인의 고가 전자제품을 생산하는 다이슨이나, 페라리, 람보르기니 등과 같은 슈퍼카 메이커들이 주로 택하는 방법입니다. 이 두 가지에 더불어, 관점을 조금 줄여서 '가격 집중 전략'이니, '차별화 집중 전략'이니 하는 것들이 있지만, 대부분의 기업이 택하는 전략은 가격 우위 전략과 차별화 전략 정도입니다.

이 두 가지 전략 중, 경영자 자신과 자신의 기업 상황에 맞춰 전략을 선택하는 것이 과거에는 가능한 일이었습니다. 둘 중 하나의 전략만 제대로 작동시켜도 충분히 시장에서 살아남을 수 있었고, 경쟁자를 누르고 성공할 수

153

도 있었으니까요. 하지만 시대가 바뀌었습니다. 어느 한 가지 전략만 갖고는 확실한 성공을 장담할 수 없을 정도로, 시장환경은 빠르게 변하고 경쟁은 더욱더 치열해지고 있습니다. 오늘 내가 차별적인 기술의 신제품을 선보이면, 내일이면 경쟁자가 그와 비슷한 혹은 더 차별적인 제품을 나보다 1달러, 1원이라도 더 싸게 출시합니다. 그러면 나는 또 살아남기 위해 더 싸게, 더 좋은 제품을 만들어내야 하는 무한경쟁이 곳곳에서 펼쳐지고 있습니다. 그렇기 때문에 최근에는 '더 싸게'와 '다르게(더 낫게)'라는 모순된 두 가지를 모두 충족시키기 위한 방법을 찾는 노력이 기업 내부에서 끊임없이 펼쳐지고 있습니다.

그러다 보니, 필연적으로 발생하는 것이 기업 구성원 간의 의견 불일치, 의사결정상 불협화음입니다. 담당 업무상 '더 싸게'라는 전략 실행에 관심이 많은 구매, 생산관리, 영업전략, 유통관리 파트 등과 '다르게'에 관심이 많은 상품기획, 연구개발, 디자인 파트는 필연적으로 의견일치를 이루기가 쉽지 않습니다. 매번 자기 주장, 자기 논리를 앞세워 치열하게 다투기만 할 뿐 제대로 된 결론을 만들어내지 못하는 경우가 다반사입니다.

꽤 오래전부터 기업들은 '모순경영'에 관심을 가져왔습니다. 상식선에서 서로 공존할 수 없을 것 같아 보이는 두 가지 이상의 상충하는 전략, 정책, 주장, 이론 등을 서로 조화시켜 최적의 답을 내는 경영활동이 필요하다는 생각에서였습니다. 하지만 말이 쉽지, 실제로 모순경영을 실행해보면 원하는 결과를 얻기란 거의 불가능할 정도라는 것을 깨닫게 됩니다. 왜냐하면 모순경영이 원활하게 작동돼 의사결정이 이뤄지려는 순간이면 늘 내부 논

리, 부서 이기주의 등이 등장해 훼방을 놓기 때문입니다. 많은 경우,

"이렇게 결정을 내리면,

내(우리 부서)가 너무 손해 보는 것은 아닐까?"

"(의사결정 과정에서) 한번 밀리면,

다음에도 번번이 양보해야 하는 게 아닐까?"

"쉽게 양보하면,

내(우리 부서) 영향력(혹은 정치력)이 약해지는 것 아닐까?"

등과 같이, 전혀 쓸데없어 보이는 생각이 합의와 타협을 방해하곤 합니다. 그럴 때, 필요한 것이 중심을 잡아주는 '어떠한 것(혹은 사람)'입니다. '어떠한 것'은 조직의 비전, 핵심가치 등이 될 것이고, '어떠한 사람'은 리더가될 것입니다.

'현재 우리가 벌이고 있는 논쟁의 과정을 통해 만들어내고자 하는 핵심적인 가치가 무엇인지?', '우리가 이러한 의사결정을 통해 추구하는 혹은 달성하고자 하는 비전이 무엇인지?'가 명확해야 논쟁과 의사결정이 끝없는 다툼의 과정으로 변질되지 않을 것입니다. 또한 리더가 제 역할을 해 논쟁하되넘지 말아야 할 적정선을 정해주고 의사결정 과정에서 한쪽으로 휩쓸리지않게 중심을 잡아줘야, 의견이 범위를 벗어나지 않고 내부 논리 혹은 부서이기주의에 빠지지 않으면서 제대로 된 의사결정이 이뤄질 것입니다.

모순경영이 만들어낸 근현대 미술의 보고

다시 대통령이 격노하여 관련 부서 이곳저곳에 전화를 걸기 시작한 엘리제 궁으로 돌아가서…. 어느 정도 시간이 흘러, 감정을 추스른 지스카르 데스탱 대통령은 다시금 논의를 이끌었습니다. 우선 현재 상태(루브르 박물관이 바로 근처에 있고, 현대미술을 전문적으로 전시할 퐁피두 센터가 준공을 앞두고 있는)에 대해 모두가 같은 인식을 갖도록 했습니다. 그러한 공통된 인식을 토대로, 새롭게 미술관을 개관한다면 특정 시기에 국한한 전문 전시시설이되, 그 시기적 범위는 현대 이전, 중세 이후가 되어야 함을 참가자들에게 분명히 했습니다.

또 전시 형태도 루브르나 퐁피두와는 또 다른 모습이어야 함을 주지시켰죠. 어떻게 보면 해결하기 쉽지 않은 모순의 상황이었지만 대통령은 최선을 다했습니다. 서로 조금씩 발전적 양보를 하도록 이끌면서, 개별 면담과 논쟁, 의견 청취 및 반박 논의가 수도 없이 이뤄졌습니다. 이 같은 노력이 조금씩 효과를 발휘한 덕분인지, 답보에 답보를 거듭했던 미술관 건립 관련 논의가 일정한 방향을 잡고 급물살을 타기 시작했습니다.

일단 박물관 설립과 운영에 대한 방향이 결정되자 이후 작업은 일사천리로 진행되었습니다. 프랑스 정부는 1979년 이탈리아의 저명한 건축가인 가에 아우렌티에게 건물 리뉴얼을 위한 설계와 시공을 맡겼습니다. 이후 대대적인 공사가 이뤄졌고, 그렇게 7년이 지난 1986년 12월 9일 파리의 오랜 흉물이던 폐기차역은 오르세 미술관으로 화려하게 변신했습니다.

3층 건물의 미술관은 '19세기 유럽미술 작품을 전문적으로 전시하는 공

오르세 미술관을 대표하는 수많은 소장품 중 하나인 프랑스 인상주의 화자 폴 고갱의 〈타이티의 여인들〉.

간'이라는 기본 콘셉트 아래, 1층은 1850년부터 1880년 사이의 미술품을 주로 전시하고 있습니다. 그 유명한 밀레의 〈만종〉과 〈이삭줍기〉, 마네의 〈피리 부는 소년〉, 쿠르베의 〈세상의 근원〉 등이 1층에서 만날 수 있는 주요 전시품입니다. 2층은 프랑스 제3공화국 시대의 미술품을 주로 전시하고 있습니다. 이 시기는 19세기에서 20세기로 넘어가는 세기말임과 동시에 프랑스어로 '아름다운 시절'을 뜻하는 '벨 에포크'라는 별명이 붙을 정도로 사회, 경제, 문화적으로 급격한 발전을 이룬 시기였습니다. 그렇기 때문에 2층의 작품들에는 세기말에서 다음 세기에 이르는 시대적 특성이 담긴 다양한 작품과 함께 이때 유행했던 아르누보 풍조의 걸작들이 다수 포함되어 있습니다.

3층은 오르세 미술관을 찾는 전 세계 관람객들에게 가장 인기 있는 층입니다. 르누아르의 〈물랭 드 라 칼레드의 무도회〉, 고갱의 〈타이티의 여인들〉, 로트렉의 다양한 작품들, 그리고 고흐의 〈오베르의 교회〉 등 세계적으로 엄청난 유명세를 떨치고 있는 미술품들이 3층에 전시되어 있습니다.

특히 오르세 미술관 3층에는 야외 테라스가 마련되어 있고, 가벼운 차와 스낵을 즐길 수 있는 카페가 입점해 있는데 그곳에서 바라보는 센강과 파리 시내의 전경은 그야말로 이루 말로 표현할 수 없을 정도로 아름답습니다. 오르세 미술관 3층 테라스는 몽마르뜨 언덕의 사크레쾨르 성당 앞마당, 에펠탑 건너편 샤이오궁과 더불어 파리 시내를 가장 아름다운 모습으로 볼 수 있는 명소로 꼽히곤 합니다.

오른손이냐 왼손이냐의 문제가 아니다

사람이 무언가를 먹을 때 고려해야 할 핵심은 '그 음식물이 얼마나 맛있고 영양분은 고루 갖춰져 있는지?', '내가 사 먹을만한 돈이 있는지?', '혹시 같은 값에 더 맛있고 양이 많은 것이 없는지?'이지, 그 음식물을 '오른손으로 먹었느냐? 왼손으로 먹었느냐?'가 아닐 것입니다.

마찬가지로 조직이 어떠한 의사결정을 내릴 때, 고려해야 할 사항은 '그 결정이 우리 조직의 성과에 얼마나 큰 영향을 미치는지?', '우리 조직이 그 결정 사항을 이행할 능력이 있는지?', '혹시 다른 대안은 없는지?' 등이지, '사내 어느 조직이 담당할 것인지?' 혹은 '이 결정이 사내 어느 조직한테 더 유리할지?'가 아닐 것입니다. 그럼에도 가장 '전략적'으로 의사결정을 해야 할 순간에 가장 '정략적'으로 의사결정을 하는 우를 범할 때가 많습니다.

1986년 일본 이즈반도 동쪽 해상에 떠있는 섬인 오오시마의 미하라 화산이 폭발했습니다. 해발 758미터의 거대한 휴화산이 폭발하자 섬 전역은 말 그대로 폭격을 당한 것처럼 삽시간에 아수라장이 되었습니다. 하지만 자연재해에 익숙한 일본의 국민답게 오오시마 주민들은 동요하지 않고 차분하게 정부의 지시를 기다렸습니다. 그런데 이때 비상대책기구를 구성한 총리부 산하 국토청 공무원들과 이즈반도가 속한 시즈오카현의 현청 관료들은 회의실 문을 걸어 잠그고 수 시간째 격한 토론을 거듭하고 있었습니다.

한시가 급박한 그 순간에 몇 시간이나 열띤 토론을 했던 이유는 다름이 아니라 비상대책본부의 이름을 어떻게 지을지를 결정하기 위해서였습니다. 대책본부 앞에 사고의 직접적인 원인이 된 화산 이름을 붙여 '미하라 사태 비상대책본부'로 할지, 사태가 발생한 지역의 이름을 따서 '이즈(혹은 오오시마) 사태 비상대책본부'로 할지를 두고 한치의 양보도 없는 팽팽한 힘겨루기를 하고 있었던 것입니다.

공무원, 관료들이 이랬던 이유는 이름을 어떻게 짓느냐에 따라 향후 피해 책임소재 공방이나 복구 관련 예산 배정 등에 있어 유불리가 있을 것이라 생각했기 때문입니다. 이외에도 연도표기를 어떻게 할지와 회의의 급을 어느 수준으로 정할 것인지 등을 두고 비상사태가 발생하고 3시간이 지날 때까지도 치열한 논쟁만 이어갔습니다. 화산 폭발로 촉발된 사태 해결과 지역 주민들의 생명과 재산을 지키는 것과 전혀 상관없는 문제였습니다.

결국 뒤늦게 이 소식을 전해 들은 내각관방장관 고토우다 마사하루는 크게 격노했습니다. 그는 국토청과 시즈오카현 관료들을 아예 회의장 밖으로 쫓아내 버리고 내각관방, 운수성 및 총리부 직할 일부 부서 관료들로만 비상대책본부를 꾸렸습니다. 그때 그가 했던 유명한 말이 바로,

"화산이 터지고 생명이 위험한데,
일을 오른손으로 하건 왼손으로 하건 무슨 상관인가!"

였습니다. 본격적인 대책 마련에 들어간 대책본부는 섬 주민 1,800명과 인근 지역 주민 1만여 명에 대한 이주계획을 순식간에 만들어냈습니다. 문제의 본질적인 이유와 사태의 제대로 된 해결 방법을 꿰뚫어 본 리더의 올바른 판단과 단호한 의사결정 덕분에 큰 참사는 막을 수 있었지만, 지금까지도 이 사례는 '의사결정의 실패사례', '관료주의의 폐해'를 이야기할 때면 가장 처음으로 거론되는 일본 관료사회의 가장 부끄러운 흑역사입니다.

혹시 지금 우리 주변에도 오르세 미술관 건립을 논의하던 시기에 갑론을박을 거듭할 뿐 의사결정에 전혀 기여하지 못했던 이들이나, 화산이 폭발하는데도 회의실 간판에 뭐라 적을지를 두고 싸웠던 일본 관료들 같은 이들이 없는지 주의 깊게 살펴봐야 할 것 같습니다.

세계 최고의 인재들은 논의가 난관에 봉착하거나 의사결정이 지연되는 일이 발생하면 오르세 같은 미술관들을 찾아가 생각을 정리하고는 합니다. 저희 부부도 파리에서의 마지막 날이 되어서 극적으로 타협해 오르세 미술관을 관람할 수 있었습니다. 짧은 시간 동안 날림으로 관람해 아쉬움만 남아, 이후 몇 해가 지나 또다시 방문해야 했지만요.

최고의 인재들이 주말을 보내는 곳 10

오르세 미술관

주소 Esplanade Valéry Giscard d'Estaing, 75007 Paris, France

홈페이지 www.musee-orsay.fr

관람시간 09:30~18:00 (화~일)

휴관일 매주 월요일 / 5월 1일, 12월 25일

입장권 가격 €16 (유럽연합 국적의 18세 이하 청소년 또는 노령연금수령자는 무료)

관람 안내

· 교통이 편리한 곳에 위치하고 있으니 전날 근처 관광지에 들를 일이 있을 때, 미리 뮤지엄 패스를 구입해두면 기다리지 않고 입장할 수 있습니다. 다만, 주변 풍광이 좋으니 날씨와 시간만 허락한다면 일행과 관람에 대한 이야기를 나누면서 느긋한 마음으로 센강의 강바람을 맞으며 줄을 서서 기다리는 것도 꽤 운치가 있습니다.

· 프랑스의 다른 미술관과 비교해서 유독 주요 작품들의 해외 순회 전시가 빈번한 편입니다. 때문에 '이 작품만은 꼭 보겠다'라는 결심을 하고 방문하면 실망할 가능성이 높습니다. 그보다는 조금은 마음의 여유를 갖고 주위의 센강과 역사적 사연이 담긴 건물, 그리고 그 안에 소장된 미술품들의 전반적인 어우러짐을 즐기겠다는 생각으로 관람을 하면 새로운 매력을 느낄 수 있습니다. 특히, 3층 야외 테라스의 카페는 강력 추천! 석양이 질 무렵 반드시 방문해보시길.

※ 상기 내용은 24년 9월말 기준이며, 세부사항은 시기에 따라 일부 변경될 수 있습니다. 보다 자세한 사항은 공식 홈페이지를 참조하시기 바랍니다.

멋진 미술관은 처음 관람객을 최후의 관람객인 것처럼 맞이한다

세상에서 가장 유명한 키스

손님으로 들끓는 유명 맛집에 가면 압도적으로 잘 팔리는 시그니처 메뉴가 있습니다. 기업도 마찬가지입니다. 비슷한 기능에 유사한 디자인 같은데도 불구하고 시그니처 상품 취급을 받는 제품들이 있죠. 미술관이나 박물관 역시 마찬가지입니다. 파리의 루브르 박물관을 들른 사람치고, '남들 다 보는 모나리자는 건너뛰고 다른 그림들이나 실컷 보고 가야지!'라고 생각하는 사람은 없을 것입니다. 밀라노를 대표하는 '이 미술관' 역시 마찬가지입니다.

이탈리아 북부 최대 도시 밀라노는 패션의 중심지로 유명합니다. 밀라노 대성당에서 북쪽으로 조금만 올라가면, 밀라노의 청담동(아, 이 이야기를 이탈리아 친구에게 하니까 콧방귀를 뀌더군요.) 격인 몬테 나폴레오네 거리

162

가 나옵니다. 몬테 나폴레오네 거리가 붐비는 까닭은 명품 매장을 들르기 위한 쇼핑객들 때문이기도 하지만 그보다는 이곳에 '한 미술관', 보다 정확히 말하면 그곳에 전시된 '한 그림' 때문입니다.

밀라노를 방문한 이들이라면 '이 미술관'을 방문 리스트에서 **빼놓을** 수 없고, 이 미술관을 방문하는 이들이라면 '이 그림'을 관람 리스트에 올리지 않을 수 없을 것입니다. 미술관에 가득한 거장들의 명작을 보면서도 사람들은 오직 '한 그림'을 찾느라 고개를 이리저리 돌리게 됩니다. 그 작품은 바로 브레라 미술관Pinacoteca di Brera을 대표하는 회화 작품인 프란체스코 헤이즈의 〈키스〉입니다.

루브르의 〈모나리자〉, 오르세의 〈만종〉, 내셔널갤러리의 〈자화상〉 등이 그렇듯 브레라 미술관에서 〈키스〉를 찾는 것은 생각보다 그리 어렵지 않습니다. 사람들이 가장 많이 몰려 붐비는 전시실을 찾아가다 보면 분명히 이 그림을 마주치게 될 테니까 말입니다. 신혼부부와 젊은 연인 등 아직까지 낭만이 살아있는 관람객들의 열화와 같은 지지 속에 헤이즈의 〈키스〉는 브레라 미술관을 대표하는 최고의 인기 작품이라는 영광스러운 자리에서 단 한 번도 내려온 적이 없습니다.

찰나의 절박함이 가른 중요한 차이

그토록 수많은 걸작과 명작들이 난무한 브레라 미술관에서 왜 유독 많은 이들이 〈키스〉에 열광하는 것일까요? 실제 그림을 보면 평범한 배경에 남녀 한 쌍이 제목 그대로 키스를 나누는 장면이 끝입니다. 밋밋하기가 이를 데

163

브레라 미술관을 대표하는 문제작 〈키스〉. 이별을 앞둔 것 같은 두 연인의 모습이 인상적이다.

가 없죠. 그런데 작품을 관람한 사람들에게 "저 둘은 왜 키스를 하는 것 같은 가?"라고 물으면 열에 아홉은 "이제 헤어져 다시는 못 만날 상황에 처한 두 남녀가 나누는 키스 같다", "집안의 반대로 서로 다른 사람과 결혼하게 된 사 랑하는 남녀가 나누는 키스 같다"라는 식으로 거의 비슷한 상황을 묘사하는 이야기를 합니다.

그런데 저는 개인적으로 〈키스〉와 비슷한 느낌을 주는 그림을 대서양 건너 미국 뉴욕에서 만난 적이 있습니다. 메트로폴리탄 미술관이 자랑하는 소장품이자 찬란한 색채감을 자랑하는 베네치아파 거장 파올로 베로네세의 대표작 〈사랑으로 결합된 비너스와 마르스〉가 바로 그 주인공입니다.

메트로폴리탄 미술관을 대표하는 작품 중 하나인 〈사랑으로 결합된 비너스와 마르스〉. 왠지 〈키스〉를 연상시킨다.

이 그림에서 주인공 역할을 하는 비너스와 마르스는 신기하게도 화면에서 보이는 구도상 왼쪽으로 치우쳐 있습니다. 그림의 중앙이 되는 것은 뜻밖에도 마르스가 두르고 있는 망토입니다. 그런데 이 망토의 색감과 느낌이 묘하게 헤이즈의 〈키스〉에서 여성이 입고 있는 치맛자락과 무척이나 흡사합니다. 색상은 다르지만 화려하면서도 처연하고 따스하면서도 무심하게 화폭 너머에 존재하는 듯한…게다가 사각거리는 소재의 느낌이 그대로 살아있는 듯하고 천의 불규칙한 주름들을 제대로 살려낸 모습까지….

하지만 무엇보다 두 그림이 비슷하다는 생각이 드는 것은 서로를 마주보며 포옹하고 있는 남녀의 사이 어딘가에서 느껴지는 미묘한 감정과 아쉬운 여운 때문입니다. '함께 있음'과 '헤어짐'의 그 사이 어디에 있는 '찰나의 순간'이 절묘하게 그림 안에 담겼습니다. 그렇기에 두 그림이 비슷하다고 느끼는 것이고, 두 그림 모두에 마음이 가는 것입니다. 오늘도 브레라를 찾는 혹은 메트로폴리탄을 찾는 사람들은 두 그림 앞으로 몰려가 하염없이 빠져들게 됩니다.

그림이 존재하는 것은 현재이고, 그림을 보는 우리의 시간 역시 지금 이 순간에 국한되지만, 실제로 그림에는 오랜 시간이 담겨있습니다. 그림을 구상하는 시간, 그 구상을 연상시키는 실제 모델을 두고 스케치로 담아내는 시간, 그려진 밑그림에 색채를 입혀 하나의 온전한 그림으로 만드는 시간, 화가의 작업실에 있던 작품을 화려한 프레임에 끼워 넣어 전시할 수 있도록 만드는 시간, 전시 준비를 마친 그림들이 우리들의 눈앞에 선보이게 되기까지 걸렸던 수백 년의 시간.

하지만 사람들이 감동하는 것은 화가의 눈으로 대상을 관찰하여 화폭에 담은 그 '순간', '찰나'의 모습입니다. 그 찰나에 얼마나 집중해서 '제대로 살려냈느냐? 그렇지 못했느냐?'에 따라 그림의 가치가 좌우되고, 그림에 담기게 될 오랜 시간의 가치가 달라집니다.

헤이즈의 〈키스〉가 오랜 시간이 지나도록, 오히려 시간이 지날수록 더욱 많은 사람으로부터 각광 받고 인기를 끌 수 있었던 것은, 사랑하는 남녀가 헤어져 다시는 만나지 못할 운명을 앞에 두고 있는 절박한, 절정의 한순간, 그 찰나를 치열하게 관찰한 결과를 화폭에 담아냈기에 가능했습니다. 대부분의 감동적인 명작들 역시 마찬가지입니다. 화가의 눈으로 한순간에 포착한 그 찰나에 어떤 마음을 담았고, 얼마나 절실하게 이해했으며, 어떤 방식으로 집요하게 재구성했느냐에 따라 그 가치가 크게 달라집니다.

이러한 이치는 기업이 제공하는 서비스의 성패, 더 나아가 그 기업이 영위하는 사업의 성패에도 마찬가지로 적용됩니다. 성패를 좌우하는 것이 회사의 전반적인 서비스, 전체적인 모습에서 나올 듯하지만, 결국은 고객과 만나는 순간, 그 찰나의 순간에 생겨나는 경우가 대부분이기 때문입니다.

경영자가 놓쳐서는 안 될, 진실의 순간

많은 사람이 폴 포츠라는 사람을 기억할 것입니다. 현재는 세계적인 오페라 가수로 큰 성공을 거뒀지만, 불과 십수 년 전까지만 해도 그는 영국 웨일즈 지방의 휴대전화 매장에서 판매사원으로 일하던 지극히 평범한 남자였습니다. 그랬던 그의 운명이 극적으로 뒤바뀌게 된 계기는 오디션 프로그램 '브리튼즈 갓 탤런트' 덕분이었습니다. 푸치니의 오페라 〈투란도트〉의 아리아 중 하나인 '공주는 잠 못 이루고'를 오페라 가수 못지않게 부르는 모습에 관객들은 기립박수로 환호했고, 그는 일약 세계적인 스타가 되었습니다.

그런데 그가 노래를 부른 뒤 초조하게 심사 결과를 기다릴 때, 브리튼즈 갓 탤런트의 심사위원이자 심한 독설을 내뱉는 것으로 유명한 사이먼 코엘의 첫 마디는 다음과 같이 시작되었습니다.

"Moment of truth…"

원래 이 문구는 스페인에서 흔히 쓰인 말인 '모멘 델라 베르다드Moment de la verdad'에서 유래했는데, 투우장에서 즐겨 쓰던 말이었습니다. 투우사는 흥분한 소와 한참을 밀고 당기고, 맞서다 도망치며, 한껏 희롱하다가 마지막 순간이 되면 붉은 망토 대신 긴 칼을 들고 일대일로 마주합니다. 죽이지 않으면 자신이 죽거나 크게 다치는 상황을 맞이하는 것이지요. 죽거나 혹은 죽이거나 결정을 내려야 하는 최후의 순간, 바로 그 순간을 일컫는 말이 '모멘 델라 베르다드'입니다.

이를 리차드 노만이라는 스웨덴 학자가 1970년대에 최초로 마케팅 분야에 도입했는데, 한국말로 번역하면 '진실의 순간' 정도가 될 수 있겠습니다. 하지만 'Moment of truth(이하 줄여서 MOT)'의 어원이 된 '모멘 델라 베르다르'가 생과 사가 판가름 나는 절체절명의 순간을 말하므로 MOT는 '진실의 순간'이라는 고지식한 번역보다는 뒤바꿀 수 없는 운명 또는 선택의 앞에 선 '결정적 순간' 정도로 번역하는 것이 맞을 것 같습니다.

초창기에는 그다지 큰 반향을 얻지 못했던 이 단어가 서비스 품질관리를 비롯한 경영활동 전반에 걸쳐 큰 영향을 미치게 된 계기는 1980년대 출간된 《Moment of Truth》라는 책 덕분이었습니다. 한국에서는 《고객을 순간에 만족시켜라》라는 이름으로 출간된 이래 제목과 디자인을 달리하며 수십 년째 개정증보판이 나오고 있는 스테디셀러입니다.

이 책의 저자 얀 칼슨은 스톡홀름대학 경영대학원을 마치고 몇 군데 회사에서 탁월한 실적을 거둔 뒤, 불과 40세의 나이에 스칸디아비항공(이하 SAS) 사장으로 취임한 인물입니다. SAS는 덴마크, 스웨덴, 노르웨이 등 북유럽 3국을 중심으로 취항하던 북유럽 최대 항공사였습니다.

하지만 '북유럽 최대'이기는 하지만 '최고'는 아니었습니다. 그가 부임할 당시 SAS는 매년 1천만 달러 가까이 적자를 내는 부실한 항공사였습니다. 오일쇼크의 여파가 남아있었고, 에어프랑스나 루프트한자와 같은 거대 항공사의 마케팅 공세에 밀려, 서비스 수준 역시 하위권으로 평가받았습니다.

이런 항공사에 40세의 젊은 사장이 부임하자 직원들은 긴장했습니다. 부실기업에 취임한 젊은 CEO들이 늘 그러하듯 얀 칼슨 사장 역시 대대적인 구조조정과 사업매각, 혹독한 비용 절감 등을 강력하게 실시할 것이라 예상했습니다. 하지만 그가 처음으로 꺼낸 개혁안은 뜻밖에도 '깨끗한 쟁반 캠페인'이었습니다. 캠페인을 처음 접하고 어안이 벙벙해하는 직원들에게 그는 물었습니다.

**"우리 비행기에 탑승한 승객이
SAS의 수준에 대해 판단하는 '순간'은 언제일까요?"**

덧붙인 설명은 다음과 같았습니다. 일반적으로 사람들은 항공기에 탑승한 승객이 항공사의 서비스, 안정성 등을 판단하는 순간이 아마도 웅장한 항공기의 모습을 보았을 때나 승무원들이 세련된 제복을 잘 갖춰 입은 모습을 보았을 때일 것이라고 생각합니다. 하지만 실제로 조사를 해보면, 의외로 대다수의 승객은 탑승 후 나눠주는 물수건이나 기내식이 담긴 쟁반의 청결 상태를 보고 그런 판단을 한다고 합니다. 즉, 승객들은 자신에게 제공되는 물수건이나 쟁반이 지저분하다는 것을 발견하면 자신이 탑승한 항공기가 불결하다고 생각하고, 항공기가 잘 관리되지 않았으니 안정성도 크게 떨어질 것이라 생각하게 된다는 이야기였죠. 그 찰나의 '순간', 아주 작지만 사소한 그 '순간'에 집중할 수 있어야 보다 큰 범위의 서비스 역시 제대로 관리할 수 있고, 나아가 회사의 이미지나 사업 전체의 성공이 좌우된다는 것이 얀 칼슨의 이야기였습니다.

취임식을 마친 그는 곧바로 SAS에서 고객서비스를 위해 할애되는 시간을 분석했습니다. 그리고 전체 서비스의 수준과 항공사에 대한 인식을 좌우하는 '결정적 순간MOT'이 언제인지를 도출해냈고, 그 부분을 집중적으로 개선해나갔습니다. 그 결과 SAS의 서비스는 짧은 시간에 엄청나게 향상되었으며, 이는 곧 회사의 실적으로 연결되었죠.

덕분에 얀 칼슨 사장이 취임하기 직전 해에 800만 달러의 적자를 기록했던 SAS는 불과 1년 만에 7,100만 달러 흑자라는 엄청난 반전을 이뤄낼 수 있었습니다. 이처럼 MOT는 서비스 제공자가 고객에게 서비스 품질을 보여줄 수 있는 극히 짧은 시간이지만, 자사에 대한 고객의 인상을 좌우하는 극히 중요한 순간인 것입니다.

모든 삶에, 결정적 순간

우리가 음식점에서 식사한 뒤 계산을 할 때, 먹은 음식의 종류를 파악하고 손님에게 청구하는 과정을 도와주는 기계가 있습니다. 젊은 사람들 사이에서는 인간관계를 평가해주고, 상대가 나를 얼마나 소중하게 생각하는지를 판별해준다는 의미에서 '진실의 기계'라고 부르는 바로 그 기계입니다.

과거에는 금전출납기라고 불렸으나, 현재는 판매시점정보관리 일명 '포스POS, Point of sale'라고 부릅니다. 상점의 직원들은 기계에 깔린 소프트웨어를 활용하여 판매와 관련된 데이터를 축적시키고 관리할 뿐만 아니라, 수집된 고객정보를 향후 마케팅 등에 활용할 수도 있습니다.

그런데 왜 하필이면 판매 '시점Point'의 정보를 관리하는 기계라고 이름을 붙였을까요? 그것은 고객이 어떤 음식점에서 식사를 하거나, 판매점에서 상품을 구입한 뒤에 그에 대해 만족하고 기꺼이 대가를 지불할 만하다고 느끼는지, 불만족하여 다시는 재구매하지 않겠다고 느끼는지 판가름 나는 찰나의 '순간'이기 때문에 그렇게 이름이 붙여졌다고 합니다.

이와 관련해, 세계 최고의 고객서비스 만족도 조사기업인 타프TARP의 조사결과에 따르면 어떠한 제품을 구매하거나 서비스를 이용한 고객이 제품이나 서비스에 불만이 생겼을 때, 직접 해당 기업이나 점포에 불만을 이야기하는 비율은 전체의 4%가 채 안 된다고 합니다. 나머지 96%는 불만사항을 이야기하기보다는 참고 침묵하는 것이지요. 그런데 문제는 침묵을 선택한 96%의 고객 중 68%는 똑같은 기회가 주어졌을 때, 해당 기업이나 점포의 제품 및 서비스를 절대 이용하지 않는다는 것입니다.

중요한 이야기는 그다음부터입니다. 시끄럽게 항의하는 4%가 될 것인지? 침묵하는 96%가 될 것인지? 또한 침묵하되 불매를 선택하는 68%가 될지? 그렇지 않은 32%가 될지를 선택하는 그 중요한 결정 과정이 과학적인 의사결정 과정을 거치거나, 다양한 정보와 심리상태 등이 반영된 복합적인 과정이 아니라는 점입니다. 그보다는 어느 특정한 '순간moment'에 갑작스럽게 결정되는 것이 보통이라고 합니다. 바로 고객이 의미와 가치를 담고 '나에게 중요한 순간'이라고 인식하는 바로 그 찰나에 말이죠.

경영을 하는 사람이라면 그 '순간', '찰나'에 모든 것을 걸어야 합니다. 최고를 지향하는 사람이라면 '순간'에 벌어지는 일에 집중해야 합니다. 고객이 가장 열린 마음으로 기업의 제품이나 서비스에 적극적으로 접촉하게 되고, 구매 혹은 재구매라는 의사결정을 내리는 그 한 '순간', 짧디짧은 그 '찰나'가 언제인지를 간파하여 그에 사활을 걸고 모든 것을 쏟아부어야 합니다.

그런데 조금 더 생각해보면 기업활동이나 서비스업에만 이런 MOT가 있는 것은 아닙니다. 우리가 사는 인생의 매 순간이 어쩌면 얀 칼슨 사장이 말한 '항공기에 탑승한 손님에게 쟁반이 전달되는 순간'인 때가 많습니다. 그때 그 순간을 얼마나 진심을 다해 성실하게 살펴 최선을 다했느냐 그렇지 못했느냐에 따라 이후의 결과는 하늘과 땅 차이로 크게 달라지죠.

헤이즈와 같은 시대, 혹은 그 전이나 이후에 수많은 화가들이 연인들의 키스하는 순간을 지켜봐 왔지만, 오직 헤이즈만이 시대를 넘나들며 오래도록 전 세계인들의 사랑을 받는 〈키스〉를 그려낸 것처럼 말이죠. 세계 최고의 인재들이 바쁜 시간을 쪼개 브레라 미술관을 방문해 〈키스〉를 감상하는 그 '순간'을 사랑하는 이유입니다.

브레라 미술관

주소 Via Brera 28, 20121 Milano, Italy

홈페이지 www.pinacotecabrera.org

관람시간 08:30~19:15(화~일)

휴관일 매주 월요일 / 12월 25일

입장권 가격 €15 (청소년 및 65세 이상은 €10)

관람 안내

· 브레라 미술관은 겉으로 보기에는 규모가 그리 크지 않아 보이지만, 막상 내부로 들어가 보면 공간적 크기와 소장하고 있는 작품의 양과 질에 압도당해 제대로 관람하지 못한 채 서둘러 나오게 되기 십상입니다. 사전에 미리미리 동선 계획을 짜서 움직이는 것이 좋습니다.

· 특이하게도 브레라 미술관 건물 내에는 이탈리아 최고 수준의 미술대학이 함께 자리잡고 있습니다. 아니, 미술관이 미술대학 건물 위층에 자리잡고 있다고 표현하는 것이 옳을 정도로 이탈리아 국내와 유럽은 물론 전 세계에서 몰려든 우수한 미술학도들이 미술관 안팎에서 습작을 하거나, 예술에 대한 저마다의 생각을 가지고 열띤 토론을 한다거나, 교수님을 붙잡고 한 수 가르침을 청하는 모습을 쉽게 발견할 수 있습니다. 적극적인 자세로 그들과 어울려 보는 것도 좋습니다.

· 특히, 미술관 주변에는 오랜 역사를 자랑하는 유명한 화랑과 화방들이 즐비하니, 시간을 조금 넉넉하게 배정해 근처의 화방에 들르거나, 미대 교수와 학생들이 주로 들르는 카페에서 한 잔의 여유를 가져보는 것도 좋을듯합니다. 단, 화방에서 판매하는 화구류의 가격은 놀랄만한 수준이니 그저 윈도우 쇼핑을 즐기시기 바랍니다.

※ 상기 내용은 24년 9월말 기준이며, 세부사항은 시기에 따라 일부 변경될 수 있습니다. 보다 자세한 사항은 공식 홈페이지를 참조하시기 바랍니다.

유명한 걸작들만 전시한 미술관은 망한다

사라진 화가들의 영화

2013년 초반, 한 극장에서 자그마한 이벤트가 열렸습니다. 황정민, 최민식, 이정재 배우가 주연한 〈신세계〉의 개봉을 홍보하기 위한 행사였습니다. 주최 측은 영화관 입구 로비에 커다란 영화 간판을 설치했습니다. 합판으로 만든 커다란 목재 조형물에 간판 그림 전문가와 보조작가 한 명이 영화의 인상적인 장면을 조합해 구성한 그림을 페인트로 그려나갔습니다. 별다른 홍보를 하지 않았지만, 이벤트는 많은 이들의 눈길을 사로잡았죠. 그도 그럴 것이 20대에게는 난생처음 보는 생소한 구경거리였고, 3~40대에게는 어렴풋이 남아있는 어린 시절의 추억이었으며, 50대 이상에게는 과거의 그리운 추억이었기 때문입니다.

174

그런데 과거라고는 하지만, 불과 20여 년 전까지만 하더라도 극장 간판은 사람의 손으로 직접 그리는 것이 당연했습니다. 대형극장에는 미술부라는 별도의 조직이 있었고, 그들이 간판을 직접 그려 극장에 내걸었죠. 한창 잘 나갈 때만 하더라도 영화제작자가 뒷돈을 가져와 "관객들이 영화에 관심을 갖도록 잘 좀 그려달라"고 부탁하거나, 배우 매니저가 찾아와 "우리 배우 좀 늘씬하고 예쁘게 잘 그려달라"고 읍소하기도 했다고 합니다.

약 100년 전, 체코에서도 이와 비슷한 작업을 하며 향후 진로 문제를 고민하던 사람이 있었습니다. 그의 꿈은 당시 유럽회화의 중심이던 파리나 빈으로 가 회화작가로 명성을 날리는 것이었습니다. 하지만 가난한 그에게 주어진 여건은 그다지 호락호락하지 않았습니다. 미술학교에 입학하지 못한 그가 궁여지책으로 선택한 길은 빈으로 가서 오페라나 연극 무대의 배경 그림을 그려주는 회사에 취직하는 것이었습니다. 하지만 그가 입사한 지 불과 2년도 안 되었을 때, 회사 작업장에 큰 화재가 발생하면서 그는 직장을 잃게 됩니다. 낙심해서 고향마을로 내려간 그의 인생이 극적으로 바뀌게 된 것은 지인을 통해 우연히 한 귀족을 소개받으면서부터입니다.

비록 빈에서 성공하지는 못했으나, 그래도 당대 문화예술의 중심지에서 일했다는 것은 고향마을에서 대단한 이야깃거리였습니다. 이야기에 이야기가 붙고, 소문에 소문이 덧붙여져 건너 마을로 소식이 넘어갈 무렵에는 '빈 예술계에서 날리던 화가가 고향으로 돌아왔다더라'라는 식으로 와전되기 시작했습니다.

그 소문을 들은 미쿨로프 지방의 카를 백작이 그를 불렀습니다. 자기 가문 소유의 성을 개축했는데, 빈 벽을 벽화로 장식하는 일을 그에게 맡기고 싶다는 것이었습니다. 오랜만에 제대로 된 그림을 그릴 수 있다는 생각에 신이 난 그는 혼신을 다해 작업에 임했습니다. 다행히 백작은 그가 그린 작품을 마음에 쏙 들어 했죠. 특히나 몽환적이면서도 왠지 서정적인 그의 화풍은 백작의 향수를 자극했고, 딱딱한 돌을 차갑게 쌓아 올린 성에 활기를 불어넣어 주었습니다. 기쁜 마음에 백작은 그에게 소원을 물었습니다. 그러자 그는 한치의 망설임도 없이,

"정식 미술학교에 입학해 제대로 된 스승 밑에서
체계적으로 그림을 배워보고 싶습니다."

라고 말했습니다. 그의 거짓 이력이 들통나는 순간이었지만, 그의 작품에 만족한 백작은 모든 것을 용서해주었습니다. 그리고 그 자리에서 유서 깊은 뮌헨 미술학교 학비 일체를 지원해주기로 약속했습니다. 그렇게 그는 운좋게 뮌헨 미술학교에서 몇 년 동안 자신이 좋아하는 그림 그리기에 푹 빠져서 살 수 있었습니다.

이후 그는 더 넓은 세상을 경험하고 싶다는 생각에 당대 최고의 문화예술 중심지였던 프랑스 파리로 옮겨가 몇몇 미술학교에서 그림을 더 배웠습니다. 그 무렵, 카를 백작의 후원도 끊기게 되었고, 생활비를 벌기 위해 그는 잡지에 들어가는 삽화나 광고 도안을 그리는 아르바이트를 시작했습니다.

그것은 파리 미술학교로 유학 온 학생들이 높은 물가수준을 자랑하던 파리에서 살아남기 위해 어쩔 수 없이 해야 하는 흔한 부업이었습니다.

그렇기에 대부분의 학생은 '나는 정통 미술을 하는 사람이지, 이런 일을 하는 사람이 아니야'라는 생각으로 일했습니다. 하지만 그는 달랐습니다. 애초에 빈에서 무대 배경을 그리는 일을 한 경험이 있기도 했고, 일단 언제, 어디서, 무엇을 그리던지 그림 그리는 일 자체가 좋았습니다. 마음속 깊은 곳에는 늘 영원히 남을 걸작을 그리고 싶다는 생각이 가득했지만, 그 때문에 아르바이트로 그리는 포스터나 잡지 삽화 작업을 무성의하게 할 바보가 아니었습니다. 최선을 다해 그린 그림은 그에게 업계에서 작지만 제법 의미 있는 명성을 안겨줬습니다.

그러던 어느 날, 파리 최고의 극장이던 르네상스 극장에서 그를 찾아왔습니다. 사라 베르나르가 여주인공을 맡을 예정인 공연의 포스터를 그려달라는 의뢰를 하기 위해서였습니다. 사라 베르나르는 연극 〈햄릿〉의 여주인공 오필리아 역을 맡아 파리 공연계의 슈퍼스타가 된 인물이었습니다. '여신'으로 불리며 요즘 아이돌보다 훨씬 더 맹렬한 팬덤 속에 파묻혀 살던 그녀를 그리는 일은 매력적이면서 위험한 일이었습니다. 자칫 대중의 마음에 들지 않게 그린다면 온갖 비난을 뒤집어쓰게 될 것이기 때문이었습니다.

잠시 생각에 잠겼던 그는 결국 작업을 맡기로 했습니다. 그렇게 탄생한 포스터는 공연의 성공과 함께 전 세계에서 가장 유명한 포스터가 되었습니다. 심지어 100년이 훨씬 지난 지금에는 배우나 공연보다 포스터가 더 유명한 기이한 현상의 주인공이 되었죠. 이 포스터의 성공으로 상업미술계의 슈

체코 출신의 화가 알폰소 무하를 전 세계적으로 널리 알린 사라
베르나르의 연극 포스터.

퍼스타가 된 인물이자, 이후 정통 회화에서도 인정하는 거장이 된 인물, 그
의 이름은 짐작하고 있으셨겠지만 '아르누보의 거장', '순수미술과 상업미술
을 넘나들며 불멸의 명작을 남긴 작가', '슬라브 문화의 정수를 화폭에 그려
낸 명장' 등으로 불리는 화가 알폰소 무하입니다.

모든 것을 그려낸 사나이, 모든 것을 다 만드는 회사

무하의 미술 작품들을 모아놓은 무하 미술관Alfons Mucha Museum은 판스카 거
리에 위치하고 있습니다. 체코 수도 프라하 중심부에 자리 잡은 바츨라프 광
장에서 한 블록 너머에 있죠. 미술관을 방문하고자 하는 이들은 대부분 프라

하의 명소인 화약탑을 찾은 뒤 '바로 그 옆에 있는 미술관'을 찾는 식으로 방향을 잡곤 합니다.

한 작가의 작품만 모아놓은 대부분의 미술관이 그러하듯 무하 미술관 역시 그 규모는 유럽의 다른 미술관과는 비교할 수 없을 정도로 작고, 관람객을 위한 편의시설 역시 부족한 편입니다. 하지만 일반적인 전시회에서는 쉽게 만나볼 수 없는 다양한 무하의 작품들을 여러 점 접할 수 있어, 화가의 팬이라면 꼭 방문해볼 만한 가치가 있는 곳입니다. 특히 무하의 작품은 상업적인 작업물을 담은 화보나 소품으로는 흔하게 접할 수 있지만, 전통회화 작품은 좀처럼 만나보기 힘들기에 미술관 관람이 색다른 기회가 될 것입니다.

일본인들의 강력한 무하 팬덤은 세계적으로 유명합니다. 액자, 엽서, 각종 문구류는 물론, 벽지, 카펫 등 그의 포스터 작품을 활용한 상업적 제품은 무궁무진하죠. 우리가 무하라는 이름을 접한 경로는 대부분 일본을 통해서였습니다. 그러다 보니 그에 대해 조금은 편협한 이미지를 갖게 된 것도 사실입니다. 그저 소품에 활용되는 몽환적인 상업용 포스터나 그린 화가라는…. 그러다 이곳 무하 미술관을 방문하면 그동안 우리가 무하에 대해 극히 일부분밖에 알지 못했다는 것을 깨닫게 됩니다. 그의 순수미술 작품들을 관람하다 보면 그가 얼마나 전통회화 작업에 애착이 컸는지 알 수 있습니다.

그럼에도 무하는 부인하고 싶겠지만, 그의 예술적 기량이 만개할 수 있었던 것은 다양한 미술 분야에의 관심과 여러 산업과의 협업을 통해서였습니다. 그를 통해 무하의 그림은 화실 안에서만 작업한 다른 화가 작품과는 크게 다른, 어떤 독특한 경지에 올라설 수 있었습니다. 물론 그때 무하는 분명히 고민했을 것입니다. '당장 돈이 되니까 다른 분야도 한번 시도해볼까?' 아니면 '지금은 비록 어렵지만 이제까지 해오던, 그리고 원래 하고 싶었던 순수미술을 계속해서 깊게 파고들어 볼까?'라고 말이죠.

그런데 이런 고민을 그 시절의 무하보다 훨씬 더 깊고 심각하게 해야 하는 이들이 있습니다. 바로 기업을 경영하는 이들 또는 그런 자리에 오르고 싶어 하는 최고의 인재들이죠. '하던 사업을 계속해 나가며 그 분야에 더 많은 투자를 해 수직계열화를 이룰 것인가?' 아니면 '보유한 역량을 다양하게 활용하여 더 큰 성과를 내기 위해 혹은 사업적 위험을 분산시키기 위해 다방면에 걸친 다각화를 할 것인가?'에 대해 끊임없이 고민하고 있죠.

한때 그런 고민에 대한 답으로 대다수 기업과 경영자들이 별다른 망설임 없이 '사업다각화'를 선택했던 때가 있었습니다. 일단 여기저기 발을 뻗어 기업의 덩치를 키워놓으면 쉽사리 망하지 않는다는 대마불사가 기업경영에 있어서 일종의 진리처럼 통용되던 시기였습니다. 과거 급속도로 성장한 한국의 재벌기업들이 그를 증명해주었습니다. 하지만 사업다각화는 1990년대 후반 이후 여러 가지 도전에 시달리게 되었습니다.

몰락한 문어들 vs. 성공한 문어들

1997년 문을 닫은 해태그룹을 기억하시나요? 해태그룹은 1945년 4명의 동업자가 일본인이 소유했던 제과공장을 적산불하 명목으로 인수해 세운 해태제과합명회사를 모태로 합니다. 1960년 사명을 해태제과공업주식회사로 바꾼 이 회사는 이후 몇 년간 폭발적인 성장을 했습니다. 사업이 성장할수록

4명의 경영진은 더 이상 아이들 코 묻은 돈만 쳐다봐서는 미래가 없다는 생각을 하게 되었습니다. 특히 평생의 제과 라이벌인 롯데가 여러 가지 다양한 사업을 통해 승승장구하고 있는 것이 강력한 자극제가 되었습니다.

해태그룹은 여러 가지 사업에 손을 대기 시작했습니다. 초기에는 성공적이었습니다. 그들이 이후 20여 년간 세운 회사들은 모두 그룹의 모태가 된 해태제과에서 축적한 기술력과 경험을 바탕으로 서로 시너지 효과를 낼 수 있는 업종들이 대부분이었기 때문입니다. 1973년에 세운 해태유업과 같은 해 해태유업에서 분리 독립시킨 해태음료 등이 대표적인 사례입니다. 1980년 출시한 쿨피스, 국내 최초 100% 천연 과즙 주스였던 썬키스트, "흔들어 주세요"라는 전설적인 카피로 잘 알려진 써니텐 등 히트작을 양산하며 음료업계의 강자로 군림했습니다.

하지만 1977년 동업자 중 가장 주도적인 역할을 했고, 그룹 회장을 맡고 있던 박병규 창업자가 사망하자 회사는 극심한 경영권 분쟁에 휩싸이게 되었습니다. 4년간 극도의 혼란을 겪은 뒤 1981년 박병규 창업자의 아들이 경영권을 차지하게 되었습니다. 그는 아버지보다 더 적극적으로 사업영역 확장에 나섰습니다.

1983년 인수한 미진금속을 해태중공업으로 사명을 변경시켜 철도차량 제조사업에 나섰습니다. 1994년에는 가정용 오디오 사업에 진출하겠다며 이미 성장세가 한풀 아니 서너풀쯤 꺾인 기업을 인수하기도 했습니다. 그 여세를 몰아 가전사업에도 진출했습니다. 대형 슈퍼마켓 체인과 백화점의 문을 열었고, 건설사를 차려 아파트 건설시장에도 뛰어들었습니다. 전자부품

제조, 금속소재 생산, 공조설비 설치, 가정용 무선전화 판매사업 등 거의 모든 사업영역으로 진출했습니다. 문제는 그 와중에 회사의 정체성이 점차 희석되어 사라져갔다는 점입니다.

과거 해태제과와 해태음료는 차별화된 강점을 보유한 업계 최고 수준의 기업이었습니다. 하지만 여기저기 여러 곳에 관심을 두느라 자신들의 주력 부문에서 그 존재감을 조금씩 잃어가는 동안, 그들의 경쟁자였던 롯데제과와 동양제과(현 오리온)는 빠른 속도로 그들이 차지하고 있던 시장을 빼앗아가기 시작했습니다.

새롭게 진출한 분야에서도 해태는 별다른 성과를 거두지 못하고 위기를 겪게 되었습니다. '이 사업을 왜 해야 하며, 우리는 그를 위해 어떤 강점을 보유하고 있는지?'에 대한 경영진의 분명한 인식이나, 조직 구성원의 공감대 형성이 안 된 상태에서 뛰어든 시장에서 이미 확고한 지위를 차지하고 있던 현대정공 철도차량사업부(현 현대로템), 금성전자(현 LG전자), 롯데백화점, 현대건설 등과 같은 초우량 경쟁자들과 경쟁해서 시장을 빼앗아 오기란 불가능에 가까운 일이었습니다. 1990년대 중후반부터 위기 신호가 감지되기 시작하더니, 1997년 외환위기를 맞이하여 그룹 전체가 유동성 위기를 겪게 되었습니다. 결국 모회사이자 돈줄 구실을 했던 해태제과가 최종 부도 처리되자 나머지 계열사들도 하나둘씩 매각되거나 문을 닫고 말았습니다.

사업다각화를 시도하다가 실패한 기업들은 '자신들의 역량에 대한 제대로 된 평가의 부족', '냉철한 분석을 토대로 사업적 고려를 하기보다는 오너 개인의 관심이나 공명심을 충족시키기 위한 선택', '덩치를 키워 사업 외 다른 부분에서의 이익을 얻고자 하는 부정한 마음가짐' 등으로 인한 경우가 대부분입니다. 물론, 다양한 방면의 사업 전개를 통해 자신들의 역량을 만개시키고 사업적으로도 큰 성과를 거둔 사례도 있습니다. 우리나라의 몇몇 우량한 재벌기업 중에도 그 사례를 찾아볼 수 있고, 멕시코나 인도의 몇몇 거대 통신기업에서도 찾아볼 수 있죠.

수십 년간 세계 최고 부자 자리를 놓치지 않았던 마이크로소프트의 창업자 빌 게이츠를 단숨에 2위로 내려 앉히고 몇 년간 세계 최대 부호 자리를 차지했던 멕시코의 통신 재벌 카를로스 슬림이 대표적입니다. 그의 주력사업은 멕시코 최대 통신기업인 텔셀이지만, 이외에도 식품, 목재, 건설, 패션 등 중남미 시장에서 할 수 있는 거의 전 산업 분야에 걸쳐 회사를 소유하고 있습니다. 인도 최대 기업인 릴라이언스 역시 사정은 비슷합니다. 정유사업을 통해 큰돈을 벌고, 그를 기반으로 석유화학, 천연가스로 진출할 때까지만 하더라도 전형적인 수직계열화를 착실하게 이룬 회사였습니다. 하지만 창업자가 노년기에 접어들고 사업에 관심이 많았던 두 아들이 경영권을 승계하면서 본격적인 사업다각화가 진행되었습니다. 패션, 통신, 금융은 물론 엔터테인먼트 사업까지 진출했고, 두 아들의 경영권 다툼으로 그룹이 쪼개졌음에도 불구하고 인도에서 할 수 있는 거의 전 분야에 걸쳐 사업을 영위하고 있습니다. 그런데 망하지 않고 잘 나가고 있습니다.

정답은 없다

그렇다면 어떻게 하는 것이 좋을까요? 여러 사업으로 확장해나가는 수평적

183

사업다각화와 한 분야를 집중적으로 파고들어 깊이를 더해가는 수직계열화 중 어떤 것을 택해야 할까요? UCLA 경영대학원 앤더슨스쿨에서 전략을 가르치는 세계적인 석학 리차드 루멜트 교수는 미국 기업들이 추구한 다각화 전략을 유형별로 분석했습니다. 어떤 유형의 다각화가 수익성 향상에 도움이 되며 더 나아가 다각화를 한 기업이 한 우물만 판 기업보다 더 잘 나가는지, 그렇지 않은지에 대해 알아보기 위해서였죠.

루멜트 교수는 포춘 500대 기업을 대상으로 1949년부터 5년마다 그들이 어떤 다각화 전략을 선택했는지 그 추이를 살폈습니다. 그 결과 1949년 포춘 500대 기업 중 가장 많은 42%의 비율을 차지하고 있던 '단일사업기업(주력사업에서 매출 95% 이상을 내는 기업)'은 25년 뒤인 1974년에는 14.4%로 3분의 1토막이 났습니다. 즉, 상당수의 단일사업기업이 포춘 순위 밖으로 밀려난 것이죠. 반면, 25.7%였던 '관련다각화기업(관련사업에서 매출의 70% 이상을 내는 기업)'은 42.3%로 1.5배 이상 늘어났고, 불과 4.1%였던 '비관련다각화기업(관련사업에서 매출의 70% 미만을 내는 기업)'은 무려 5배가 늘어난 20.7%를 차지하게 되었습니다. 단순히 수치만 보면, 산업이 발전하고 경제가 성장할수록 관련이건 비관련이건 '다각화'를 하는 것이 전략적으로 올바른 판단인 것처럼 보이기도 합니다.

1940년대 말에서 1970년대 초반이라는 조사기간에 주목해야 합니다. 이 시기 미국 경제는 전후 복구사업 등으로 유례가 없는 호황을 누리고 있었습니다. 제2차 세계대전을 통해 자본주의 진영의 독보적인 리더로 부각된 이후 초강대국의 지위를 한순간도 놓치지 않으며 성장가도를 질주했습니다.

인구는 폭발적으로 늘어났으며 시장 역시 엄청난 속도로 팽창했죠. 물건을 만드는 속도가 소비하는 속도를 따라가지 못해 '없어서 못 판다'라는 아우성이 시장을 맴돌았습니다. 이 시기에는 수많은 기업이 돈이 된다고만 하면 회사를 만들거나 사들였습니다. 자동차 기업이 레스토랑을, 건설 기업이 의류업체를 계열사로 두는 사례가 흔했고, 또 그 사업들이 다 잘 됐습니다. 미국 역사상 가장 강력했던 호황기였기에 가능했던 일이었습니다.

하지만 1970년대 중반부터 1980년대 초반까지 미국은 극심한 불황과 경제위기를 겪게 되었습니다. 그 결과, 이후 시기를 대상으로 이뤄진 조사에서는 이전 조사와 전혀 다른 결과를 발견할 수 있습니다. 런던비즈니스스쿨에서 기업가 정신과 경영전략 과목을 가르치는 콘스탄티노스 마키데스 교수는 1995년 사업다각화와 관련해 흥미로운 논문 하나를 발표했습니다. 기고한 논문에서 그는 과거 다양한 분야로 다각화를 통해 몸집을 불려왔던 미국 기업들이 이전과는 전혀 다른 전략적 선택을 했음을 제시했습니다.

1981년 포춘 500대 기업에서 가장 많은 비중을 차지하는 기업은 '수직적통합기업(수직계열화 사업에서 매출의 70% 이상을 내는 기업)'과 '주력사업중심기업(주력사업에서 매출의 70~95%를 내는 기업)'으로 31.9%를 차지하였고, 두 번째는 '단일사업기업'으로 23.8%, 세 번째는 비관련다각화기업으로 22.4%를 차지했습니다. 그러나 1987년을 살펴보면 단일사업기업이 큰 폭으로 늘어나 30.4%를 차지하고 있고, 수직적통합기업과 주력사업중심기업은 28.1%로 오히려 6년 전보다 줄어들었습니다. 관련다각화기업을 아주 조금 증가해 3위에 올라섰지만, 이전 조사에서 세 번째 자리를 차지했던 비관련다각화기업은 크게 줄어들어 19.0%로 가장 적은 비율을 보여주고 있습니다. 이를 통해 알 수 있는 사실은 유수의 미국 기업들이 다각화에 대한 관심을 접고, 자신들이 원래 해오던, 혹은 그와 유사한 업종의 사업에 집중하려는 경향이 뚜렷해졌다는 것입니다.

1970년대 말까지 두 차례나 전 세계를 강타했던 오일쇼크의 후유증이 어느 정도 가시고 유류가격이 정상화되면서 항공과 선박 운송량이 크게 늘어났습니다. 또한 1980년대 중반 이후 정보화시대가 시작되면서 세계는 점차 거대한 단일 시장이 되었습니다. 치열한 경쟁 구도가 만들어지면서 분산된 역량으로 적당히 만든 제품은 시장에 발도 붙이지 못하는 상황이 되어버렸습니다. 특출난 핵심기술을 보유하지 못한 비관련사업에 마구잡이로 진출한 기업은 수익성이 급속히 저하되는 상황을 맞이하게 되었습니다.

그에 따라, 비관련다각화를 추구한 많은 기업이 자신의 주력사업과 관련이 없는 분야에서 과감하게 철수하고, 주력사업에 역량을 집중하는 구조조정을 하는 것이 일종의 트렌드가 되었습니다. 이를 두고 마르키데스 교수는 '핵심사업으로의 회귀'라고 이름 붙였는데, 대한민국의 경우 1997년 IMF 사태를 겪으며 이 같은 현상이 두드러지게 나타났습니다.

그런데 최근에는 핵심역량에 대한 정의가 확장되면서 다시 또 관련다각화기업이 늘어나는 추세를 보이기도 합니다. 종잡을 수 없는 일이지요. 아직까지도 핵심사업 한 가지에만 집중하는 단일사업기업이 맞는지, 수직계열화 등을 통해 핵심역량이 서로 연관된 몇 가지 사업을 함께 경영하는 주력사업기업 또는 수직적통합기업이 옳은지, 최대한 다양한 사업을 영위해 시장 환경의 변화 등 내외부 위협 요소를 최대한 분산하는 관련다각화 또는 비관련다각화가 옳은지, 어느 것이 정답인지는 누구도 모릅니다.

다만 어떠한 경우라도 경영자 자신, 기업 자체에 대해 보다 냉철하게 분석해 그를 기초로 한 상태에서 '어떤 다각화 전략을 택할 것인지 판단해야 한다'라는 것 정도에만 의견일치를 이룬 상태죠.

아마 100여 년 전 무하도 이를 고민했을 것입니다. '일단 다양한 경험을 쌓고 생계에 대한 위험을 분산시키며 후일을 도모할 것인지?' 아니면 '죽기 아니면 까무러치기로 이제까지 해온 그리고 앞으로도 하고 싶은 순수미술이라는 한 우물만 팔지?'를 두고 말이죠. 물론 무하의 결론은 전자였습니다. 불가피한 선택이었지만, 순수미술에만 모든 것을 걸기보다는 생계를 해결할 수 있는 다양한 상업미술에도 손을 댔습니다. 그러한 활동은 금전적 여유도 가져다주었지만, 그가 얻은 것은 단순히 그것뿐만은 아니었습니다. 순수미술에 상업미술의 경험을 더한 활동을 통해 작품 세계의 폭과 깊이가 이전보다 훨씬 더 넓고 깊어졌습니다.

하지만 무하의 선택이 꼭 정답은 아닙니다. 비슷한 시기에 가난과 싸우면서 오직 하고 싶은 예술 분야에 모든 것을 걸어서 위대한 예술가의 반열에 올라섰던 예술가도 많았기 때문입니다. 그래서 결론은,

'정답은 없다!'

알폰소 무하의 작품은 그의 상업미술을 바탕으로 한 소품 등으로 알려져 있지만, 그는 또한 〈스반 토빗의 축제〉와 같은 순수미술에도 진심이었다.

입니다. 그때그때 상황에 맞춰 최선의 판단을 하기 위해 노력할 뿐…. 다만 어떤 선택을 하든지 한 가지 잊지 말아야 하는 건, '내가 정말로 하고 싶은 것이 무엇인지?', '내가 정말 잘할 수 있는 것이 무엇인지?'에 대한 고민입니다. 이런 생각과 판단을 진지하게 한 개인과 기업은 비록 어려움을 겪더라도 결국 성공할 수 있었고, 그렇지 못한 이들은 잠깐의 성과를 내기도 했지만 이내 뼈아픈 실패를 맛볼 수밖에 없었습니다. 최고의 인재들이 '일을 더 여러 개 벌릴지?' 아니면 '한 가지 일을 더 깊게 파고들지?' 고민이 될 때, 미술관이나 박물관을 찾는 것도 다 이런 이유인 것 같습니다.

무하 미술관

주소 Kaunický palác, Panská 7, 11000 Prague, Czech

홈페이지 www.mucha.cz

관람시간 10:00~18:00

휴관일 연중 무휴(단, 미술관 사정에 따라 불규칙하게 휴관하는 경우가 많으니 방문 전 반드시 확인하시기 바랍니다.)

입장권 가격 350 Kč (청소년 및 65세 이상은 280 Kč)

관람 안내

· 프라하 시내 중심가인 바츠라프 광장 근처에 위치하고 있음에도 불구하고 의외로 현지인들에게 물어보면 미술관의 위치나 존재 자체를 모르는 경우가 빈번합니다. 어렵지 않게 찾을 수 있는 위치에 있긴 하지만, 출발 전 꼼꼼하게 지도를 확인하시면 좋습니다.

· 규모는 크지 않지만 컬렉션이 꽤 충실하므로 여유있게 시간을 두고 관람하면 좋습니다. 특히 오늘날의 명성을 무하에게 안겨준 바로 그 작품인 '여신' 사라 베르나르 주연의 연극 포스터 석판 인쇄본의 오리지날 버전이나, 만년에 그가 화가로서의 인생을 걸고 그려낸 연작 작품들은 이곳에서만 볼 수 있으니 무슨 일이 있더라도 빼먹지 않도록 하세요.

· 프라하는 무하를 배출한 도시답게 시내 곳곳에서 그의 작품 혹은 그와 관련된 것들을 만나볼 수 있습니다. 시간이 된다면 미술관 관람을 마친 뒤 성 비투스 대성당이나 시민회관 내 시장 집무실 내부를 장식하고 있는 무하의 스테인드 글라스를 구경해도 좋고, 그의 손녀가 유대인 거리에서 운영하고 있는 '무하 아트&디자인 부띠끄'를 방문해본다면 무하에 대해 보다 많은 것들을 알게 될 것입니다.

※ 상기 내용은 24년 9월말 기준이며, 세부사항은 시기에 따라 일부 변경될 수 있습니다. 보다 사세힌 사항은 공식 홈페이지를 참조하시기 바랍니다.

세계 최고의
인재들은
왜 미술관에 갈까?

Part 4.

세계 최고의 인재들은
어디에서 일할까?

어디에서 일해야 할지 고민이 될 때,
그들은 미술관에 간다

"예술은 당신의 생각을 둘러싼 한 줄기 선이다."

- 구스타프 클림트[4]

---

4 19세기 말부터 20세기 초까지 활동한 오스트리아-헝가리제국 출신의 화가로 상징주의와 아르누보 스
타일을 대표하는 작가.

그림을 그리려면
화실에 가야하고
걸작을 만나려면
미술관에 가야한다

바다를 지배한 위대한 환관

명나라를 건국한 주원장은 1381년 윈난성 쿤밍 지역을 정벌했습니다. 이때 사로잡은 포로만 해도 8만 명이 넘었고, 어리고 똑똑한 소년은 거세한 뒤 환관으로 삼았습니다. 그중에 이슬람교를 믿는 소수민족인 회족 출신의 소년이 하나 있었습니다. 훗날 수많은 아시아 국가의 역사 교과서에 이름이 실리고 심지어 서양까지 그 명성이 널리 알려지게 되는 '정화鄭和'입니다.

　정화가 이름을 세계 만방에 알리게 된 계기는 명나라 3대 황제이자 명나라의 전성기를 이끌었던 영락제의 지시에 따라 해외 원정에 나섰기 때문입니다. 1405년 6월 정화는 "남쪽 바다를 정벌하고 그곳에 있는 해양 국가들을 명나라에 조공을 바치는 신하의 나라로 만들라"는 영락제의 명을 받고

1차 원정을 떠났습니다.

이때 정화가 지휘하는 원정대가 얼마나 큰 규모였는지는 정화 집안에 내려오는 족보에 자세히 나와 있습니다. 그에 따르면 원정대의 본부 함선은 배의 길이가 무려 44장(약 132미터)이 넘고, 배의 폭 또한 18장(약 54미터)에 이르는 초대형 선박이었다고 합니다. 선단을 이루는 선박들도 당시 기준으로는 어마어마한 크기를 자랑했는데, 길이가 37장, 폭이 15장 가까이 되었다고 합니다. 이러한 다양한 크기의 선박들이 기록에 따라 조금씩 다르긴 하지만 62척에서 최대 208척에 이르렀다고 하고, 그에 탑승한 승무원 수만 해도 2만 7천 8백 명이나 되었다고 하니, 그 규모는 가히 상상하기 힘들 정도였습니다.

임진왜란 당시 조선 수군 전체 병력이 약 1만 5천에서 2만 명 정도 되었다고 하고, 정화의 1차 원정이 있은 지 80년쯤 뒤에 신대륙을 찾아 떠난 콜럼버스의 원정대가 250톤 규모의 배 3척에 88명이 나눠 탄 정도였으니. 정화가 이끈 원정대는 말이 원정대지 당시 웬만한 나라의 전체 해군 병력과 맞먹는 수준이었습니다. 지금으로 치면 미해군 태평양 함대의 항공모함 전단과 비교해도 결코 꿀리지 않는 규모였죠.

명나라 2대 황제였던 건문제의 왕위를 찬탈한 '정난의 변'을 통해 왕권을 잡게 된 영락제가 내부 정치를 추스르기도 전에 자신이 가장 믿는 심복을 원정대장으로 임명해 대규모 원정대를 장거리 출정시킨 것에 대해 혹자들은 의심의 눈초리를 거두지 않았습니다.

정화 원정대의 선박 모형. 정화 원정대의 규모는 인류 역사상 최대 규모로 중국에서 아프리카 북동부 해안까지 진출한 것으로 알려져 있다.

왕위를 빼앗긴 조카 건문제가 남쪽 바다를 통해 이웃 국가로 잠입해 반격을 위한 세력을 규합하고 있다는 소문을 들은 영락제가 '원정대로 위장한 추격대'를 급파한 것이 후에 원정대로 미화되었다고 이야기하는 사람들도 있었죠. 하지만 현재까지는 혼란한 내부 여론을 하나로 통일시키고, 이웃 소국에게는 군신 관계를 확실하게 인지시키기 위해 무력시위를 겸한 원정대를 파견했다는 것이 정설입니다.

진짜 왕이 되고 싶었던 해적왕

비슷한 시기, 말레이시아와 싱가포르에 근접한 바다에 한 중국인이 살고 있었습니다.

'진조의'

원래는 중국 남부 광동성 출신의 평범한 어부였으나, 주원장이 명나라를 건국하느라 한바탕 난리를 치른 대륙을 떠나 남쪽 바다를 정처 없이 헤매다 해적이 된 인물이었습니다. 하지만 진조의陳祖義는 보통의 해적이 아니었습니다. 저 멀리 일본의 남쪽 바다에서 시작해 대만 인근의 바다를 거쳐 베트남, 인도네시아, 말레이시아를 지나 인도 남부 해역까지 드넓은 바다를 자신의 손아귀에 두고 다스리는 인물이었죠.

오죽하면 사람들은 그를 일컬어 '칠해패왕七海覇王', 즉 일곱 바다의 왕이라 하여 바다에서만큼은 중국의 황제와 맞먹는 수준으로 여길 정도였습니다.

진조의가 거점으로 삼은 곳은 말레이시아 남서쪽 말라카라고 하는 지역이었습니다. 그때나 지금이나 말라카가 정치지도자, 해양탐험가, 해적 등의 관심을 받는 이유는 그 앞으로 펼쳐진 말라카 해협 때문입니다. 인도네시아 수마트라섬과 말레이시아-타이반도를 양옆에 낀 좁은 바다인 말라카 해협은 먼바다로의 항해기술이 부족하던 시절 인도와 중국 사이를 가장 빠르게 이동할 수 있는 연근해 항로를 제공했습니다.

이 바닷길을 통해 인도인, 아랍인, 저 멀리 유럽인들이 정치적 목적으로 혹은 상업적 목적으로 중국을 오고 갔습니다. 당연히 말라카는 '아시아 최고의 해양 이동로', '남아시아 최고의 상업항구'라는 명성과 함께 '아시아 최악의 해적소굴'이라는 오명도 뒤집어써야 했습니다.

한편, 원정길에 나선 정화에게는 말라카 해협 일대를 실질적으로 지배하고 있던 진조의가 눈엣가시일 수밖에 없었습니다. 앞으로 이 해협을 계속해서 오가야 하는 명나라 상선의 안전보장을 위해서라도 진조의의 해적단과 필연적으로 한 번쯤은 부딪힐 수밖에 없는 운명이었습니다.

1406년, 정화 원정대의 위세에 눌린 진조의가 공식적으로 조공을 바치겠다고 항복 의사를 전해왔으나, 이는 위장 전술로 진조의는 상대가 느슨해진 틈을 타 급습할 계획이었습니다. 그러나 진조의의 약탈로 진절머리가 났던 팔렘방 차이나타운 촌장의 신고로 급습은 무산이 되었고, 격분한 정화가 대규모 군대를 보내 진조의를 체포했습니다. 이후 진조의는 명나라 수도 남경에서 공개 처형되었고, 정화 원정대 덕분에 말라카 해협과 그 인근은 명나라의 지배하에서 잠시나마 평화를 맞이했습니다.

하지만 명나라가 패망하고 중국의 영향력이 약해지자 잠시 말라카 주변 지역은 오래전부터 상권을 장악했던 아랍인들이 득세했습니다. 그러다 이번에는 1600년대 경쟁적으로 진행되던 서구 열강들의 해외 원정, 식민지 개발, 무역회사 설립 열풍에 휘말려 포르투갈, 네덜란드로 이 지역의 패권이 넘어가게 되었고, 1800년대 초반부터 말레이시아가 독립하는 1957년까지 이 지역을 지배한 것은 '해가 지지 않는 나라'인 대영제국이었습니다. 홍콩과 더불어 말라카는 영국의 아시아 무역의 핵심 거점이었지만, 말라카의 화양연화는 거기까지였습니다.

20세기 들어 금융과 부동산업을 중심으로 급속도로 성장한 홍콩이 중국 대륙의 관문 역할을 도맡아 하게 되었습니다. 이내 아시아에 진출한 서구기업의 거점 역할을 하는 국제도시의 위상을 갖게 되었죠. 반면, 말라카는 싱가포르라는 세계적인 금융, 무역국가를 이웃에 둔 것이 화근이었습니다. 지역 내에서 싱가포르가 홍콩과 유사한 역할을 하는 바람에 무역거점으로 는 더 이상 성장하지 못했습니다.

돈과 사람은 싱가포르로 몰리고 말라카는 선박 운항에 필요한 보급을 담당하는 항구도시에 머무르고 말았습니다. 그와 동시에 세계 역사 속에서 도 말라카는 주역의 자리에서 서서히 내려오게 되었습니다. 이후 말라카는 가끔 출몰하는 해적과 그로 인한 피해에 대한 언론보도에서나 다뤄질 뿐 사 람들의 기억에서 차츰 잊혀졌습니다.

그러나 말라카와 그 앞에 펼쳐진 말라카 해협이 세계 언론의 관심을 한 몸에 받으며 아주 잠시나마 각광을 받았던 적이 있습니다. 놀라운 것은 그렇 게 만든 장본인이 다름 아닌 한국인, 현대그룹의 창립자 정주영 회장이었다 는 것입니다.

인도양을 호령한 한국인 경영자

1976년 서울 현대건설 사옥에서는 한바탕 난리가 났습니다. '회장님의 말 씀 한마디' 때문이었죠. 당시 현대건설은 창립이래, 아니 대한민국 건국 이 래 최대의 도전과 모험을 하고 있었습니다. 사우디아라비아 정부가 야심 차 게 추진하고 있던 주베일 산업항 건설공사 입찰에 참여하여, 불안하게 바라 보던 세간의 인식을 불식시키고 수주에 성공했기 때문입니다. 공사비만 9억 3천만 달러에 이르는 어마어마한 공사였습니다. 당시 이 공사는 '20세기 최 대의 역사'라고 불렸습니다.

9억 3천만 달러라고 하면 지금도 엄청난 금액이지만, 1976년 우리나라 경제 수준으로 보면 실로 막대한 금액이었습니다. 당시 국내 총예산의 4분의 1 수준에 다다랐는데, 공사 계약금이 입금되는 순간, 외환은행장이 직접 정주영 회장에게 전화를 걸어 감격에 겨운 목소리로,

"회장님, 정말 수고하셨습니다.
오늘 건국 이래 최대의 외환보유고를 기록했습니다."

라고 울먹거렸다는 일화가 전해질 정도였습니다.

수주의 기쁨과 감격도 잠시, 주베일 산업항 건설공사는 서구의 초대형 건설사들도 사우디 정부의 요구 조건과 현지 사정을 살펴본 뒤 고개를 절레절레 흔들었을 정도로 어려운 공사였습니다. 워낙 큰 공사금액 탓에 입찰에 참가했지만 중간쯤부터는 슬슬 발 뺄 궁리를 했을 정도죠.

사우디 정부가 내건 공사 조건은 '열악함'과 '복잡함' 그 자체였습니다. 우선 얕은 바다를 메워 길이 8킬로미터, 너비 2킬로미터의 매립지를 만들어야 했습니다. 그 위에 항만시설과 기반시설을 건설하고, 깊이가 30미터가 넘는 바다에는 3.6킬로미터 길이의 유조선 접안시설을 설치해야 했습니다. 대형 파이프로 운송해 온 원유와 가스를 대형 유조선에 곧바로 싣게 하기 위한 시설물 공사로, 사우디아라비아 정부가 오일쇼크로 벌어들인 막대한 달러를 투자해 추진하던 국가기간산업 건설 프로젝트의 일환이자, 가장 중요한 핵심사업이었습니다. 언론에서는 해당 공사를 '현대판 피라미드 건설',

'아랍 땅에 만리장성 축조' 등으로 부르며 지대한 관심을 쏟아냈습니다.

그중에서도 가장 압권은 항만 공사에 쓰일 해상구조물 설치였습니다. 사우디 정부가 요구한 조건은 '30만 톤급 선박 4척이 동시에 정박할 수 있는' 규모였습니다. 30만 톤급 유조선이라고 하면 크기가 잠실종합운동장에 맞먹는 규모였습니다. 말 그대로 '잠실종합운동장 4개가 동시에 들어설 공간을 바다 위에 설치하는 것'이 이 공사의 핵심이었습니다. 바닷속에 구조물을 설치하기 위해 현대건설이 택한 방법은 미리 만든 재킷을 바닷물 속에 빠트려서 쌓아가는 방식이었습니다.

재킷은 파이프를 용접해 사다리꼴로 만든 철제 구조물로, 무게만 500톤이 넘고 전체 크기는 10층짜리 빌딩 정도였습니다. 그런 재킷이 89개나 필요했죠. 그런데 문제는 사우디 현지에 그 정도 규모의 재킷을 제대로 만들 회사가 없다는 점이었습니다. 회사를 뒤집어 놓은 '회장님의 한마디'는 바로 그 재킷 문제를 어떻게 해결할지 논의하는 회의 석상에서 나왔습니다.

"재킷을 한국에서 만들어서 사우디까지 싣고 갑시다."

500톤이 넘는 철제 구조물을 싣고, 1만 2천여 킬로미터의 바닷길을 가라는 정주영 회장의 지시에 실무자들의 얼굴이 하얘졌습니다. 89번의 운송 중 한 번이라도 실패한다면 수십억에서 수백억 원의 손해를 보는 것은 물론, 납기 일정이 틀어져 공사 전체를 그르칠지도 모를 일이었습니다.

잠시 회장님의 지시를 듣고 충격에 빠져있던 실무자들은 정신을 차리

199

고, 재킷이 제작될 울산에서 사우디 공사 현장까지의 최단거리 항로를 계산했습니다. 다른 부서에서는 혹시 태풍 등으로 좌초할 경우에 보다 많은 배상금을 받을 수 있는 해상사고 전문 보험사를 물색하느라 바빴죠. 하지만 정주영 회장은 보험 가입을 금지시켰습니다. 다른 건설사의 절반 가격에 입찰할 수 있었던 배경에는 공사 기간을 획기적으로 단축하여 비용을 절감하겠다는 계획이었는데, 운송 중 사고로 공사 기간이 늘어난다면 보험금 몇 푼 건지는 것이 문제가 아니었습니다. 그렇게 '세기의 이동'이 추진되었습니다.

정주영, 그는 늘 그랬습니다. 소학교도 제대로 마치지 못한 일자무식 막노동판 출신이었으면서도 박사 학위를 받은 학자들조차 생각 못 했던 아이디어를 직관적으로 떠올려내거나, 수백 년 전통의 해외 기업들이 모두 '불가능하다', '그렇게 해서 성공한 사례가 없다'고 결론지은 일을 자신의 직감에 따라 과감하게 시도해 성공시켰죠.

물살이 너무 세서 제방의 물막이 공사 마무리를 하지 못하고 있던 방조제 사이에 폐기 예정인 대형 유조선을 끌어와 가라앉혀 바닷물의 유속을 줄인 뒤 방조제 연결작업을 마무리한 '서산간척사업 A지구 매립공사'가 대표적입니다. 정주영 회장의 아이디어로 진행된 이 공사의 성공에 세계는 '유조선 공법' 또는 '정주영 공법'이라며 극찬을 쏟아냈습니다.

회의를 하는 곳이 회의실이고, 회장이 있는 곳이 회장실이다

어떻게 그럴 수 있었을까요? 그에게는 다른 사람들에게는 없는 초능력과도 같은 직관과 직감이 있었기에 가능했던 일일까요? 그건 아닌 것 같습니다.

그 답은 바로 '현장'에 있었습니다.

정주영 회장은 대한민국 역대 어느 경영자보다도 현장을 잘 알고, 현장을 중시하는 경영자였습니다. 제대로 일 처리를 하지 못한 임원들을 나무랄 때마다 했다는 "해봤어?"라는 질책 역시, 어떠한 일을 '시도라도 해봤냐?'고 혼낸다기보다는 '실제 일이 일어나는 현장을 제대로 꿰뚫어 보고, 그 현장을 제대로 장악했는가?'를 질책한 것이었습니다.

그렇기 때문에 척박한 환경에서 날마다 수백 건의 일들이 터지는 가운데에서도 정주영의 현대는 가장 빨리, 가장 과감한 의사결정을 내릴 수 있었습니다. 그 의사결정은 이론만을 기반으로 해 현실과 괴리가 있던 다른 경쟁자의 의사결정보다 훨씬 더 실질적이고 현장에서 벌어진 문제에 적합한 해결책을 제공해줬습니다.

과거, 말라카를 기반으로 인도양과 태평양을 누비던 정화와 진조의도 마찬가지였습니다. 그들 역시 현장의 중요성을 당대 누구보다도 더 절실하게 잘 알았던 리더들이었습니다. 그 자신이 가장 하층민의 삶을 경험했던 정화와 진조의는 틈이 날 때마다 가장 낮은 계급의 부하들과 서슴없이 이야기를 나눴고, 항해하는 도중 힘을 보태야 할 때면 한치의 머뭇거림 없이 팔을 걷고 도왔습니다.

그들뿐 아니라, 현재까지 이름이나 흔적이 남아있는 수많은 바다의 영웅들 대부분이 그러했죠. 정규 해군의 지휘관이건 포악한 해적의 우두머리건 간에, 험한 바다 위 거친 사나이들의 리더였던 그들의 공통된 특징은 철저하게 현장 중심으로 현장에서 실제 일어나는 일 위주로 판단하고 조직을 이끌었다는 점입니다.

그런 리더들의 모습을 상상으로나마 짐작해 볼 수 있는 공간이 현대의 말라카에 있습니다. 말레이시아 해양 박물관 또는 말레이시아 선박 박물관으로도 불리는 '마리타임 박물관The Maritime Museum'이 바로 그곳입니다. 식민지 시기 말라카를 지배했던 네덜란드 관료들이 사용한 공관인 스테이더스 바로 앞에 있는 박물관은 현지인들 사이에서는 '플로라 드 라마르Flora de Lamar'라는 이름으로 더 잘 알려져 있습니다. 그 이유는 과거 말라카 해안에서 침몰한 포르투갈 선박 '플로라 드 라마르'를 땅 위로 끌어올려 원형을 그대로 복구한 상태에서 내부만 개조해 만든 것이 마리타임 박물관이기 때문입니다. 그래서인지 이 박물관은 내부에 전시된 소장품보다는 건물 자체가 하나의 전시품이 되는 독특한 박물관입니다.

높이 8미터, 전장 34미터의 거대한 배 모양(혹은 배 그 자체) 박물관의 관람은 갑판에서 시작해 갑판 아래 선실들을 관람한 뒤 상단 갑판의 조타석을 둘러보는 순으로 진행됩니다. 근데 좀 허무한 이야기지만, 당시에는 큰 규모의 배였다고 하더라도 갑판 아래의 전시공간이나 그곳에 전시된 소장품들의 면면은 크게 특별할 것이 없습니다. 오히려 이 박물관을 관람하는 사람에게 큰 감동을 주는 부분은 배의 가장 상단 갑판입니다. 선장과 갑판장 그리고 조타수가 활약했을 그곳에 서서 서남쪽으로 펼쳐진 푸른 바다를 바라보고 있노라면, 과거 수백 년 전 '플로라 드 라마르'를 몰고 말라카 해협을 누볐을 그들의 모습이 눈앞에 선하게 보이는 듯합니다. 더불어 이 바다의 주인이었던 정화, 진조의 그리고 정주영의 모습도 함께 떠오르죠. 이 바다에서

말라카 해안에서 난파한 포르투갈의 선박 '플로라 드 라마르'를 인양하여 말레이시아 해양 박물관으로 변
모시켰다.

소매를 걷어붙이고 후배, 부하들과 함께 험한 파도, 거센 바람, 치열한 경쟁,
주의의 편견, 질시와 싸웠던 이들 말입니다.

현대 리더가 발휘해야 할 최고의 덕목, 어슬렁거림

정화, 진조의 그리고 정주영. 그들은 최고의 위치에 있었지만, 늘 바다의 풍
랑에 맞서, 사막의 모래바람에 맞서 현장을 지켰던 리더였습니다. 현장에서
묵묵히 맡은 바 일을 해나가던 이들과 기꺼이 함께 몸을 부대끼고 호흡하며,
놀라운 전략과 전술을 짜내거나 획기적인 사업적 아이디어를 발굴해내거나
자신의 리더십을 마음껏 발휘했습니다.

그런데 과거에는 앞서 언급했던 리더들처럼 '특별한 영웅'들에게서
만 볼 수 있던 현장 중시의 리더십이 이제는 너무도 당연한 리더의 덕목

으로 여겨지고 있습니다. 그들을 대표하는 말로 'MBWA'라는 단어가 있습니다. '현장에서 어슬렁거리며 관리(경영)한다'는 의미의 영어 문구인 'Management By Wandering Around'의 앞글자를 따서 만든 이 단어의 개념이 처음 쓰인 것은 세계적인 IT 기업인 HP에서였습니다.

1939년, 캘리포니아 팔로알토의 한 차고에서 창업한 HP는 미국은 물론 전 세계에서 가장 혁신적이고 발전 속도가 빠른 기업이었습니다. 하지만 회사 규모가 커지고 사업도 안정기에 접어들자 점차 내부에서 관료주의가 생겨나기 시작했습니다. 지원부서는 각종 규정과 제도를 만들어 기술개발부나 현장 영업조직을 옥죄기 바빴고, 리더들은 쓸데없는 지시와 회의를 통해 직원들을 통제하려 했죠. 그에 대한 불평과 불만의 목소리가 여기저기서 터져 나오고, 실제로 많은 문제점이 발생하기 시작하자 HP의 경영진은 문제의 심각성을 깨닫기 시작했습니다.

그에 대한 해결책으로 도입한 것이 바로 'MBWA', 현장에서 어슬렁거리며 하는 관리였습니다. 리더가 실제 직원들이 일하고, 고객을 만나고, 상품이나 서비스를 판매하는 현장에 나가 함께하도록 했습니다. 직원이 일하는 데 있어서, 고객을 응대하는 데 있어서, 영업활동을 하는 데 있어서 '불편한 점은 없는지?', '리더로서 도와줘야 할 점은 없는지?', '추가적인 지원이 필요한 부분은 없는지?'를 살펴 그 자리에서 해결해주는 것이 일종의 문화가 되도록 했습니다.

MBWA는 HP 리더라면 누구나 지켜야 하는 실천 덕목이 되었고, 그 덕분인지는 모르겠지만 HP는 과거보다 훨씬 더 큰 성과를 만들어낼 수 있었습니다. 이후, 세계적인 경영 컨설턴트이자 유명한 베스트셀러 저자였던 톰 피터스가 'MBWA의 효과'와 '탁월한 리더들이 어떻게 MBWA를 통해 자신의 기업을 초일류로 만들었는지'를 생생한 사례와 함께 자신의 책에 소개하면서 널리 알려지게 되었습니다.

말라카의 바다를 호령했던 이들 역시 MBWA에 능한 사람들이었습니다. 가장 높은 자리에 있으면서도 가장 낮은 자리에서 일하는 사람들과 눈높이를 맞춰줄 수 있는 사람이었죠. 아쉽게도 요즘 주위를 둘러보면 직급이 조금만 높아지거나, 거래관계에서 조금 우월한 지위를 누리게 되면 과거 생각은 까마득히 잊어버리는 이들이 너무나도 많아진 것 같습니다. 현장과 멀찌감치 떨어져서 책상에 앉아 보고만 받으려 하고 군림하려는 이들도 수두룩합니다. 이럴 때일수록 MBWA의 가치에 대해 다시 한번 생각해봐야 하지 않을까요? 최고의 리더, 우수한 인재들이 성과를 거두고 한 단계 성장할수록 틈날 때마다 미술관, 박물관을 거닐며 마음을 다잡는 이유도 여기에 있는 것 같습니다.

말레이시아 해양 박물관

주소 Jalan Quayside, 75000 Melaka, Malaysia

홈페이지 별도 홈페이지 없음

관람시간 09:00~18:00 (단, 금요일은 12:15~14:45 사이에 임시 휴관)

휴관일 매주 화요일

입장권 가격 RM 6 (7세~12세 RM 2, 6세 이하 무료)

관람 안내

· 배 한 척을 그대로 개조해서 만든 박물관인 만큼, 관람할 거리가 그다지 많은 편은 아닙니다. 근처에 있는 말라카 박물관에 가면 말라카가 해양운송의 중심지였던 시기의 생활상이 그대로 재연되어 있습니다. 그와 묶어서 함께 관람하는 것을 권합니다.

· 같은 이유로 내부는 좁고 어둡습니다. 불쾌하다면 불쾌할 수도 있지만, 거꾸로 과거 이 배가 인도양을 누비던 시기 선원들이 겪어야 했던 고충과 그런 선원들을 이끌고 긴 항해를 성공적으로 이끌었던 리더들의 모습을 상상해가며 둘러보다 보면 뜻밖에 즐거운 관람이 될 수도 있습니다.

· 박물관의 일부 지역에서는 나무갑판의 보호 차원에서 신발을 벗도록 되어있습니다. 스타킹이나 미끄러운 양말은 반들반들한 나무갑판 위에서 낙상을 유발할 수 있으니 조심하기 바랍니다.

※ 상기 내용은 24년 9월말 기준이며, 세부사항은 시기에 따라 일부 변경될 수 있습니다. 보다 자세한 사항은 공식 홈페이지를 참조하시기 바랍니다.

세계 최고의 인재들은 어디에서 일할까?

열네 번째 미술관

루이지애나 근대 미술관 : 덴마크 프레덴스보르

붓을 드는 곳이
작업실이 되고
곧 미술관이 된다

실망감으로 찾았다가 깜짝 놀라서 돌아오는 곳

흔히 사람들이 덴마크에 방문하면 어떤 한 장소 때문에 크게 실망하고, 또 다른 장소 때문에 크게 만족한다고들 말합니다. 크게 실망하는 곳은 짐작하신 분들도 있을 텐데요. 수도 코펜하겐 외곽 랑겔리니 해안가에 있는 인어공주 동상입니다.

안데르센이 지은 동화 속 주인공을 형상화한 청동상은 꽤나 아름답게 잘 만들어졌습니다. 그럼에도 실제로 인어공주의 동상을 관람한 사람들은 대부분 실망을 금치 못하곤 하는데, 우선 동상 자체가 1미터도 안 될 정도로 매우 작습니다. 게다가 해안가 암초 같은 바위 위에 올려져 있는데, 사람이 없는 날에 멀리서 보면 전혀 관광지라는 생각이 들지 않을 정도로 썰렁하기

207

만 합니다. 주변 역시 항만 창고와 공장 등만 즐비해 볼만한 것이 아무것도 없습니다. 그렇기 때문에 안데르센의 동화와 사진만 보고 찾아온 관광객 열에 아홉은 실망감을 간직한 채 서둘러 떠나게 만드는 곳입니다.

반면 이곳으로부터 멀지 않은 곳에 기대하지 않고 방문했다가 깜짝 놀랄 정도로 만족할만한 곳이 있습니다. 바로 '세계에서 가장 아름다운 미술관'으로 알려진 루이지애나 근대 미술관Louisiana Museum of Modern Art입니다.

미술관은 인어공주 동상에서 차로 30분 정도면 도착할 수 있는 한적한 동네에 있습니다. 때문에 이곳을 묶어서 하루에 관람하고는 하죠. 그러나 루이지애나 근대 미술관은 그렇게 묶어서 가기보다는 하루를 온전히 투자해 관람해도 시간이 모자랄 정도로 훌륭한 미술관입니다. 다른 세계적인 미술관에 비해 아직 유명세가 덜한 편이라 많은 이들이 크게 기대하지 않고 방문했다가 깜짝 놀라서 일정을 짧게 배정한 것에 후회하거나 허겁지겁 시간을 늘려 관람하는 경우가 다반사입니다. 특히 이 미술관은 다른 미술관과 크게 차별화된 '무언가' 때문에 미술품 관람 외에 추가적인 관람 시간을 더 배정해야 합니다.

덴마크 최고의 박애주의자였던 사냥꾼

루이지애나 근대 미술관은 기념품샵에서 판매하고 있는 제품들이 독특한 아름다움과 묘한 실용성을 자랑하는 것으로도 유명합니다. 그런데 그중에서도 눈에 띄는 기념품이 있습니다. 비로 현대미술 작품을 모티브로 한 수많은 기념품 사이에 뜬금없이 위치한 꿀벌과 벌꿀 그림을 형상화한 다양한 기

과거 요양원으로 사용되었던 루이지애나 근대 미술관의 모습은 평범한 건물처럼 보인다. 하지만 미술관에 들어가면 아름다운 모습과 소장품에 놀라게 된다.

념품입니다. 잘 모르시는 사람들은 '미술관 기념품에 웬 꿀벌 그림?', '우리가 모르는 꿀벌 그림 작품이 있었나?'라고 궁금해할 수도 있습니다.

　루이지애나 근대 미술관과 꿀벌이 밀접한 관계가 된 사연을 이해하기 위해서는 무려 19세기 무렵으로 거슬러 올라가야 합니다.

　코펜하겐에 살던 유명한 사냥꾼 칼 브룬은 아들이 태어나자 잠시의 망설임도 없이 알렉산더라는 이름을 붙여줬습니다. 칼 브룬은 보통의 사냥꾼이 아니었습니다. 그는 주말이면 왕실 가족들과 사냥을 하고, 평일에는 왕자들에게 사격술을 가르치던 교관이었습니다. 당연히 국왕에 대한 충성심이 깊을 수밖에 없었죠. 아들이 태어나던 해인 1814년 3월에 러시아 황제 알렉산드르 1세가 나폴레옹의 군대를 물리치고 파리에 입성하자 그에 감격해 같은 해 4월에 태어난 아들에게 황제의 이름을 붙인 것이었습니다.

러시아 사람도 아닌 그가 알렉산드르 황제의 승전보에 이토록 흥분했던 이유는, 덴마크 황실과 러시아 황실이 먼 친척 관계이기도 하고 정치적으로도 덴마크와 러시아가 밀접한 관계였기 때문입니다. 덴마크 황실에 큰 위협이었던 나폴레옹을 격파하고 알렉산드르 1세가 파리를 차지한 것은 그에게 큰 의미가 되었습니다.

아들 알렉산더 브룬은 대를 이어 사냥꾼으로 일하게 되었습니다. 어려서부터 사격에 재능을 보인 그는 곧 덴마크에서 겨룰 자가 없는 사냥꾼으로 최고의 명성을 구가했습니다. 하지만 그에게는 사냥보다 더 흥미가 끌리는 취미가 하나 있었습니다. 그것은 바로 양봉이었습니다. 가문의 영지에는 수많은 화초와 과수가 자라고 있었고 당연히 꿀벌들이 이곳저곳을 날아다니고 있었는데, 그는 그 모습이 너무나도 좋았습니다. 덴마크임업전문학교를 우수한 성적으로 졸업한 그는 국가공인 임업기사 시험 역시 수석으로 합격하며 덴마크 국유림 관리청에서 일하게 되었습니다.

그사이 덴마크에서는 프로이센 왕국과 작센 왕국의 지원을 받은 슐레스비히 공국과 홀슈타인 공국이 독립을 선언하면서 전쟁이 시작되었습니다. 국유림 관리청에서의 연구원 생활을 너무나도 맘에 들어 하던 알렉산더 브룬이었지만, 대를 이어 모셔온 덴마크 황제가 다른 나라와 전쟁을 하겠다고 나선 마당에 한가롭게 꿀벌이나 연구하고 있을 수는 없었습니다.

그는 사냥꾼 출신답게 '사냥 부대'라는 뜻의 이름이 붙여진 예어콥스

Jägerkorps에 배속됩니다. 이 부대는 실제로 부대원들이 전직 사냥꾼 출신으로 사냥감을 쫓듯 기민한 움직임과 정확한 사냥 솜씨로 적군을 공포에 떨게 했습니다. 이후 이 부대는 재편돼 1961년 현대 덴마크 육군 특수부대인 예어콥스Jægerkorpset가 됩니다. 정예 중에서도 최정예 대원들을 뽑아 최첨단 무기로 중무장시켜 만든 부대임에도 '사냥 부대' 혹은 '사냥꾼 부대'라는 뜻이 이들에게 붙여진 이유입니다.

예어콥스에서도 발군의 사격 실력을 자랑했던 그는 전투에서 큰 전공을 올려 훈장을 수여받고, 이후 지휘관으로서도 눈부신 활약을 펼치게 되었지만, 큰 부상을 입게 됩니다.

전쟁이 끝난 뒤, 더 이상 자신이 사냥터나 전장을 누빌 수 없으리라는 것을 잘 알았던 알렉산더 브룬은 어린 시절 살던 마을 옆 동네에 땅을 마련해 노후를 보낼 집을 지었습니다. 뒤편으로는 울창한 숲이 조성되어 있고, 앞마당 너머로는 바다가 손에 잡힐 듯 가까이 펼쳐진 자연환경을 자랑했죠.

집이 완공되자 축하하기 찾아온 사람들은 알렉산더 브룬에게 "집의 이름을 뭐라고 부를 것인가?"라고 물었습니다. '사냥꾼의 집'이라고 이름 지으라는 이도 있었고, 그의 이름 따 '알렉산더 맨션'이라고 부르라는 의견도 있었습니다. 하지만 그에게는 이미 진작부터 정해놓은 이름이 따로 있었습니다. 그 이름은 바로 '루이지애나'였습니다.

알렉산더 브룬은 평생 두 번 이혼하고 세 번 결혼했습니다. 그런데 신기하게도 결혼과 이혼을 했던 세 아내의 이름이 모두 '루이스'로 같았습니다.

우리로 치면 김혜진 씨와 결혼했다 이혼하고, 이혜진 씨와 다시 결혼했다 이혼하고, 박혜진 씨와 세 번째로 결혼 셈이었으니 우연이라 해도 믿기지 않는 우연이었죠.

알렉산더 브룬은 그런 우연을 기념이라도 하고 싶었던 것일까요? 자신이 심혈을 기울여 지은 집에다 '루이스의 땅'이라는 의미로 '루이지애나'라는 이름을 붙여준 것이었습니다. 벌꿀을 사랑했던 사냥꾼이 사랑하는 아내의 이름을 붙인 집 '루이지애나'가 이렇게 생겨났습니다.

공간 자체가 예술이 된, 공간

한편, 알렉산더 브룬이 태어난 지 100년쯤 뒤인 1916년 코펜하겐에서 크누스 옌센이라는 사내가 태어났습니다. 사업수완이 남달랐던 그는 어린 나이부터 유가공 사업체를 운영해 큰돈을 벌었습니다. 하지만 제2차 세계대전이 발발하고 히틀러 군대가 덴마크를 침공하자 덴마크 지하 단체에 참가해 저항운동을 이끌었습니다. 5년여간 목숨을 건 활동을 이어나간 그는 전쟁이 끝나고 평화의 시기가 찾아오자 원래의 자리로 돌아왔습니다.

많은 사업체를 운영하며 큰돈을 번 그는 평상시 관심이 많았던 덴마크 문화예술계 지원에 나섰습니다. 그가 주목한 것은 〈헤레티카〉라는 잡지와 그 잡지를 발행하는 위벨스 포라라는 출판사였습니다. 〈헤레티카〉는 덴마크어로 된 문학작품과 각종 문화계 소식을 전해주는 잡지였는데, 판매 부수는 적었지만 덴마크 사회에 미치는 영향이 적지 않았습니다. 하지만 몇 해 뒤 〈헤레티카〉가 폐간 위기에 빠지자, 그는 아예 사재를 털어 출판사를 새로 세우고 위벨스 포라의 발행인을 사장으로 앉혀 버립니다.

이후 그의 시선은 덴마크 문화예술 전반으로 향했습니다. 1954년 덴마크 예술협회 설립을 주도했고, 이사회 의장까지 맡아 전후 황폐해진 덴마크 문화예술의 부흥을 이끌었습니다. 그 활동의 일환으로 덴마크 현대미술을 전시할 공간을 마련하기로 했습니다. 그때 그의 눈에 들어온 것이 바로 알렉산더 브룬 사후 몇 차례 소유권이 변경되어 온 저택 '루이지애나'였습니다.

평상시 산책을 좋아하던 옌센의 눈에 우연히 부유한 노인들을 위한 요양원 한 곳이 눈에 띄었습니다. 배낭을 지듯 숲을 등에 딱 붙이고 앉아 바닷가를 발치에 둔 모습에 옌센은 한눈에 반해버리고 말았죠. 그날로 '이곳을 새로운 미술관 부지로 구입해야겠다'라는 생각에 사로잡혀 아무 일도 손에 잡히지 않았습니다. 그렇게 요양원으로 이용되던 루이지애나가 미술관 부지로 정해졌습니다.

미술관으로의 리뉴얼은 요르겐 보와 빌헬름 볼레르트에게 맡겨졌습니다. 두 사람 모두 덴마크 최고의 예술대학인 덴마크 왕립 미술학교를 졸업한 수재들이었습니다. 이미 젊은 나이에도 불구하고 다양한 프로젝트를 맡아 성공적으로 마무리한 경험이 있었죠. 말이 리뉴얼이지 거의 신축공사나 다름없는 작업이었습니다. 1956년부터 본격적인 작업에 들어간 그들은 2년 뒤에 그 결실을 맺게 되었습니다. 1958년 루이지애나 근대 미술관이 화려하게 개관했습니다! 하지만⋯두 사람은 모두 이때는 몰랐을 것입니다. 이날의 개관식이 작업의 마무리가 아니라 시작이었음을, 그리고 그 작업은 무려 33년이 지난 후에나 마무리가 될 것임을요.

최초에 '덴마크 현대미술을 위한 공간'으로 기획됐던 미술관은 이후 방향이 급선회되어, 전 세계 근현대미술 전반을 전시하는 공간으로 변경되었습니다. 콘셉트가 바뀌었다고 미술관 공사가 수십 년이나 지연되지는 않았을 것입니다. 실은 루이지애나 근대 미술관은 계속 건설한 것이 아니라, 7번의 큰 리노베이션을 거쳐왔습니다. 그런데 그 리노베이션이라는 것이 거의 미술관을 다시 세우는 수준이었기에 많은 덴마크인은 루이지애나 근대 미술관이 1991년이 되어서야 비로소 완성되었다고 이야기합니다. 공교롭게도 그 33년간의 여정 역시 보와 볼레르트 두 사람이 담당했기에 '1991년 준공설'은 더욱 힘을 얻게 되었습니다.

미술관 설립자 크누드 옌센이 건축가에게 요구한 것은 '절대로 웅장한 미술관을 짓지 말 것'이었습니다. 대부분의 건물주, 특히 인류 역사에 길이 남을 위대한 예술작품을 전시할 공간을 짓고자 하는 이라면 하나같이 압도적인 위압감, 장엄한 스펙타클을 선사하는 건물을 원할 것입니다. 실제로 우리가 기억하는 유명 미술관은 다들 비슷비슷하게 근엄하시죠.

하지만 옌센은 자신의 미술관이, 사람들이 거리감을 느끼고 어려워하는 대상이 되기보다는 휴일 오후 해질녘 가족과 함께 산책 나와 거닐고 싶은 공간이 되기를 원했습니다. 거니는 공간의 사이 사이에 예술품들이 존재하고, 예술품들이 다시 공간을 장식해 공간 자체가 예술품이 되는 그런 미술관으로 지어지기를 바랐습니다. 그에 호응해 두 건축가가 제시한 개념은 '지붕 아래에서의 산책', 산책하듯 실내외를 거닐면서 미술 작품을 자연스럽게 감상할 수 있는 공간이었습니다.

미술관은 크게 일곱 단계에 걸쳐 문을 열어왔는데, 1958년 첫 번째로 문을 연 곳은 '북쪽 동North Wing'이었습니다. 단층의 낮은 카페테리아 건물과 오래된 빌라 건물 사이를 연결하는 복도를 설치해 완성된 이 공간은 일곱 개의 분절된 창을 통해 외레순 해협을 훤히 내다볼 수 있습니다. 스위스 태생의 세계적인 조각가 알베르토 자코메티의 작품들을 모아놓은 자코메티홀과 덴마크가 자랑하는 화가 아스게르 요른의 작품이 전시되어 있는 요른홀이 모두 북쪽 동에 있습니다.

1966년에는 두 번째로 '서쪽 동West Wing'이 문을 열었습니다. 서쪽 동은 1971년 한 차례 더 증축을 거쳐 1976년부터 콘서트홀로 이용되었습니다. 이곳은 전시보다는 덴마크 현대미술에 대한 토론회와 각종 강연 등을 위한 장소로 활용되고 있습니다.

세 번째로 '남쪽 동South Wing'이 1982년에 문을 열었습니다. 이 건물 역시 전시장으로 활용되고 있는데, 미술관 전체에서 천장이 가장 높고 창이 커서 자연채광이 잘 되는 전시실로 유명합니다. 하지만 바깥에서 바라보면 전혀 건물이 높아 보이지 않는데, 혼자 도드라져 보이지 않도록 암반을 파내고 그 안에서부터 건물을 지어 올리는 수고를 마다하지 않았기 때문입니다.

1991년에는 네 번째로 '동쪽 동East Wing'이 완성되었습니다. 초기에는 삐뚤빼뚤한 복도가 대략적으로 연결된 형태였던 건물은 이후 건설도면이 대폭 수정돼 거의 완벽한 원형 전시장 형태를 띠게 되었습니다. 동쪽 동은 '화상 동Graphics Wing'이라는 별칭도 갖고 있는데, 이름에 걸맞게 각종 회화 작품은 물론 광학 아트, 비디오 아트, 사진 작품 등을 전시하고 있습니다.

다섯 번째는 '어린이 동Children's Wing'과 기념품샵 건물의 완성이었습니다. 안데르센의 나라이자 어린이의 천국이라는 덴마크답게 루이지애나 근대 미술관 역시 어린이 관람객을 유치하기 위한 시설을 갖추고 각종 프로그램을 운영해 왔습니다. 어린이 동에서는 4세부터 16세까지의 어린이 및 청소년이 마음껏 그림을 그리거나 조각을 하며 미술과 함께 놀 수 있습니다.

여섯 번째는 2003년부터 2006년까지 무려 3년간 진행됐습니다. 소장 혹은 전시하는 미술품을 안전하게 보호할 수 있도록, 또한 방문객이 효과적으로 관람할 수 있도록 최첨단 기술을 활용해 전시공간을 대대적으로 현대화시키는 공사가 이뤄졌습니다.

마지막 일곱 번째는 2018년에 개관 60주년을 맞아 진행된 환경개선 작업입니다. 최초에 건설된 미술관 건물을 최대한 건드리지 않는 범위 내에서 연결성을 강화하고 개방성을 높이는 방향으로 부분적인 리뉴얼 작업이 진행되었습니다. 과거에 비해 많은 휴게공간이 들어섰고 전시공간과 야외 공원이 유기적으로 연결되었습니다.

예술을 보거나, 혹은 예술이 되거나

우리 속담에 '솜씨 좋은 목수는 연장을 탓하지 않는다'라는 말이 있습니다. 진짜 실력 있는 사람은 외부에서 제공된 여건이 어떻든지 간에 자신이 해야 할 역할을 해낸다는 뜻이지요. 유독 우리나라 사람들은 업무에 필요한 투자를 해달라는 요청이나, 일을 잘할 수 있도록 무언가를 개선해달라는 부탁에 대해 배부른 투정, 약한 소리, 실력 없는 자의 변명으로 폄훼하며 묵살하는 분위기가 있었죠.

하지만 그런 시각이 조금씩 변하기 시작했습니다. 그 시작은 '지식노동자'의 등장이었습니다. 육체적인 노동력이 아닌 자신의 지적 능력을 활용하여 성과를 내는 지식노동자가 등장함에 따라 그들이 자기 업무에 몰입하고, 보다 적극적으로 창의력을 발휘해 새로운 아이디어를 내고 업무성과를 높이도록 하기 위한 방도의 하나로 업무공간 개선의 필요성이 대두되었습니다.

다양한 영역에서 수많은 연구가 이뤄졌습니다. 공간인지학과 신경건축학 등이 대표적입니다. 공간인지학의 경우, 인지심리학의 일종으로 인간이 공간을 어떻게 인식하고 그 공간적 특성에 따라 어떻게 학습하고 행동하는지를 연구하는 학문입니다. 신경건축학은 최근 들어 각광을 받는 학문으로 공간과 건축이 인간의 정서와 행동에 미치는 영향을 분석합니다.

비슷한 것 같지만 공간인지학은 인간의 행동을 관찰하거나 인터뷰 등을 통해 연구하는 반면, 신경건축학은 휴대용 뇌파 측정장치, 뇌혈류량 측정용 자기공명영상촬영기, 뇌 신호 스펙트럼 분석기 등을 활용해 특정 공간이나 건축물이 그를 이용하는 사람들에게 미치는 영향을 연구하고 있습니다. 더 나아가, 공간을 브랜드를 상징하는 존재로 활용하거나, 사옥 자체를 정체성을 나타내는 요소로 생각하는 등 그 중요성은 나날이 커지고 있습니다.

미술관이나 박물관 역시 마찬가지입니다. 과거 미술관 건물은 그저 소장품을 잘 보관하는 장소 그 이상도 이하도 아니었습니다. 소장품의 원래 주인이던 왕이나 귀족이 소유한 왕궁이나 저택을 개조해서 미술관으로 사용한 경우가 대부분이었고, 이후 지어진 건물들도 소장품을 안전하게 보관하는 용도에 최적으로 설계되었습니다. 이후 관람 동선, 편의 및 휴게시설, 기념품 판매공간 등이 미술관의 추가적인 주요 요소로 부각되었죠.

'미술관이라는 공간 자체에 대한 관심'이라는 불에 기름을 끼얹은 것은 설치미술이라는 장르의 등장이었습니다. 마르셀 뒤샹, 칼 안드레 등의 현대미술 작가들이 등장하며 본격화된 설치미술은 미술관이라는 공간과 회화, 조각 등의 작품 간에 놓여 있던 경계 혹은 묘한 이질감을 무너뜨려 버렸습니다. 작품이 공간의 일부가 되고, 공간 자체가 작품이 되면서 미술관에서의 체험과 경험이 단지 시설 이용이 아니라 미술 작품에 대한 이해의 일부가 되는 경향이 더더욱 짙어졌습니다.

그런 점에서 보면 루이지애나 근대 미술관이야말로 그러한 트렌드에 가장 알맞은 미술관일 듯합니다. 이곳에 전시된 미술품들은 작품 그 자체의 가치도 훌륭하지만, 미술관의 공간과 어울려 더 눈부신 존재감을 자랑하고 있습니다. 미술관의 시그니처와도 같은 자코메티의 조각품들은 그 자체로도 멋지지만, 좁고 긴 일곱 개의 통창으로 내다보이는 자코메티홀 밖 수풀과 어울려 그 무슨 말로도 형언할 수 없는 감동을 선사합니다. 북유럽 출신 화가들의 미술 작품들은 니스칠도 하지 않은 투박한 원목 액자에 끼워져서 전시되는데 다른 곳에서라면 '홀대' 소리가 절로 나올 법도 하지만, 북유럽 전통가옥의 나무 들보를 모티브로한 전시홀과 어울리면 전혀 다른 느낌을 줍니다.

잔디밭 이곳저곳에는 다른 미술관에서라면 메인 전시실에 있어야 할 칼

루이지애나 근대 미술관의 북쪽 동에서는 자코메티의 작품과 함께 일곱 개로 분절된 창을 통해 아름다운 외레순 해협을 바라볼 수 있다.

더의 모빌 작품들이 널려 있는데, 얼핏 보면 '그냥 아무 생각 없이 놓아둔 것 아냐?'라는 생각이 들 정도입니다. 하지만 이 작품의 진가는 외레순 해협 너머로 해가 들어가며 만들어내는 석양이 함께할 때 비로소 드러납니다. 붉게 물든 바다와 황금빛 잔디밭 그리고 그 위에 검은 철사와 원색의 철판으로 이뤄진 조형물…미술관 테라스에 놓인 의자에 앉아 그 모습을 바라보고 있노라면 내가 미술품을 감상하는 것인지, 미술품 안에 들어와 있는 것은 아닌지, 아니 그 모든 것을 다 떠나서 이 모든 모습과 함께하는 현재의 내 인생 자체가 예술품은 아닌지 하는 일종의 물아일체의 경지를 맛볼 수 있습니다.

루이지애나 근대 미술관

주소 Gl Strandvej 13, 3050 Humlebæk, Denmark

홈페이지 www.louisiana.dk

관람시간 11:00~22:00 (화~금) / 11:00~18:00 (토, 일요일)

휴관일 매주 월요일 / 1월 1일, 12월 23~25일, 12월 31일 (수시 단축운영)

입장권 가격 145kr (학생은 125kr)

관람 안내

· 미술관 자체가 한적한 전원마을 고급주택가 사이에 위치하고 있고, 들어가는 입구는 마치 일반주택 현관문처럼 평범합니다. 때문에 유심히 살펴보지 않으면 '이곳이 과연 북유럽의 대표적인 현대미술관이 맞나?' 싶은 생각이 들 정도입니다. 자칫하다가는 지나쳐서 먼 길을 돌아와야 할 수도 있으니 방문하기 전에 위치와 이동 동선을 세심하게 살피기 바랍니다.

· 유럽의 다른 유명 미술관에 비해 자체 소장품이 많지 않다고는 하지만 헨리 무어의 〈두 개의 기대누운 형상〉, 알렉산더 칼더의 〈작은 제니 웨니〉 등과 같은 귀한 작품들이 조각공원 여기저기에 산재해 있고, '루이지애나의 아이콘'이라 불릴 정도인 알베르토 자코메티의 작품들은 충실한 라인업을 갖추고 있습니다.

· 하지만 무엇보다도 미술관 자체가 작품입니다. 맑게 갠 날은 개인대로, 빗방울이 흩뿌리는 날은 또 그런대로, 눈보라가 치는 날은 또 그 나름대로 멋진 풍광을 자랑합니다. 바닷가로 뻗은 잔디밭에 헨리 무어의 작품처럼 비스듬히 누워 외레순 해협을 바라보노라면 미술관이 그리고 나 자신이 모두 하나의 미술 작품이 된 듯한 기분을 느낄 수 있습니다.

※ 상기 내용은 24년 9월말 기준이며, 세부사항은 시기에 따라 일부 변경될 수 있습니다. 보다 자세한 사항은 공식 홈페이지를 참조하시기 바랍니다.

세계 최고의 인재들은 어디에서 일할까?

열다섯 번째 미술관

우피치 미술관 : 이탈리아 피렌체

나무 꼭대기에 열린 사과가 맛있는 걸 아는 사람만이 훌륭한 화가가 된다

들어서기 힘겨웠던 3개의 문

첫 번째 문. 2020년 8월 7일.

송파구에 있는 올림픽공원 체조경기장 앞 광장. 공연이 시작되려면 한참이나 남은 시간임에도 불구하고 수백 명의 인파가 줄지어 입장을 기다리고 있었습니다. 2020년 초 전 세계를 강타한 코로나 팬데믹 속에 5천석 이상 대규모 공연장에 대한 집합금지 명령이 내려졌고, 한동안 어떠한 공연도 막을 올리지 못한 채 몇 달이 지나가고 있을 무렵이었습니다. 다행히 상황은 방역지침 준수 집합제한 명령으로 완화되었고, 입장 시 체온 체크, 마스크 의무 착용, 수용인원의 40% 이하로 입장, 2칸 이상 띄어 앉기, 공연 중 함성이나 합창 금지 등 온갖 제약사항이 붙긴 했지만, 어찌 됐든 몇 차례나 연기

됐던 공연이 어렵게 시작되려 하고 있었습니다.

그렇게 몇 시간을 서서 기다리다 겨우 입장했음에도 불구하고 5천 명 가까이 되는 관객 누구 하나 불평하는 사람이 없었습니다. 티켓 가격에 비해 터무니없이 부실한 의자에 거리가 멀어서 무대가 잘 보이지 않음에도 불구하고 그들은 오로지 '그토록 기다리던' 공연을, '그토록 보고 싶던' 대상을 실제로 볼 수 있게 되었다는 생각뿐인 듯했습니다. 입장할 때까지 걸린 시간, 복잡한 절차 등이 오히려 공연에 대한 기대감을 증폭시키는 상승효과를 불러온 듯했습니다. 이윽고 예정된 공연 시간이 되자 TV에서 많이 보던 사회자가 무대에 올라 바람을 잡기 시작했습니다.

"정말로, 오래 기다리셨습니다.
'미스터 트롯' 전국 콘서트에 오신 여러분 환영합니다!"

두 번째 문. 2023년 9월 22일 새벽 1시.

중국의 수도 베이징에서도 손꼽히는 쇼핑가인 싼리툰빌리지의 한 건물 앞에 수상한 사내들이 어슬렁거리기 시작했습니다. 대부분의 상점이 문을 닫은 새벽이었지만 수상한 사람들은 하나둘씩 늘어나 어느덧 서른 명은 족히 넘는 사람들로 붐비기 시작했습니다. 얼마 뒤, 매장 안의 불이 켜지고 왼쪽 가슴에 사과 로고가 선명하게 박힌 티셔츠를 입은 직원들이 바쁘게 개점 준비를 하는 모습이 보였습니다. 줄 서 있던 사람들은 그 모습을 사진이나 동영상으로 남기기 바빴고, 그런 그들의 모습을 취재하기 위해 몰린 수십 명의 기자 역시 취재에 열심이었습니다. 새벽부터 사람들이 몰린 곳은 베이징에 위치한 애플스토어. 이날은 아이폰 15가 중국에서 공식적으로 출시된 날이었습니다.

미국과 중국의 갈등은 날로 치열해졌고, 미국 정부가 중국 기업을 대상으로 제재를 가하자 중국 정부는 애국소비 조장과 공무원 등의 아이폰 사용 금지 조치 등을 취하는 상황이었습니다. 하지만 그럴수록 신형 아이폰에 대한 중국인들의 관심은 더더욱 높아만 갔습니다. 그렇게 9월 22일 출시일을 맞이한 것이었습니다. 이윽고 8시가 되자 매장 안 직원들이 분주하게 움직이기 시작했습니다. 원래 개점 시간은 10시였으나 이미 5백 명이 넘는 사람들이 주변을 꽉 메우고 있었기 때문에 개점 시간보다 2시간 빨리 문을 열기로 한 것입니다. 그렇게 아이폰 15의 중국 첫 출시가 이뤄졌습니다.

세 번째 문. 2009년 9월 18일 아침.

이탈리아 피렌체 중심부 시뇨리아 광장 귀퉁이에서 한바탕 소동이 벌어졌습니다. 한쪽에는 한눈에도 미국 사람임을 알 수 있는 복장과 행동을 하는 무리가 있었고, 그 반대편에는 콧수염이 멋들어진 중년 남성과 제 몸의 두 배쯤은 되는 덩치의 중년 여성이 있었습니다. 인상적이었던 것은 네댓 명의 미국 사람들은 얼굴이 시뻘게져서 알아듣기 힘들 정도로 빠른 말투의 영어를 내뱉고 있는데, 맞은 편의 두 남녀는 느긋하게 툭툭 한두 마디씩 대답할 뿐 전혀 동요하지 않고 있었다는 점입니다.

그들이 서 있는 곳은 우피치 미술관Galleria degli Uffizi 입구였습니다. 그리고 미국인 무리는 당연히 이 미술관을 관람하기 위해 찾아온 관광객들이었고, 두 이탈리아 남녀는 미술관의 입장을 통제하는 직원들이었습니다.

223

우피치 미술관은 르네상스 시대의 미술가이자 건축가 조르지오 바사리에 의해 메디치가의 집무실로 설계된 건물이다.

이들 직원은 일반적인 이탈리아 사람에 비해 과묵한 편인 듯했습니다. 미국인들이 계속해서 시끄럽게 따져 물었지만 별 대꾸가 없었습니다. 무슨 일 때문에 저러는지 무척이나 궁금했지만, 알 방도가 없었습니다. 하지만 제 주위에는 다른 피렌체 시민들이 있었습니다. 그들은 보통의 이탈리아인들처럼 언제라도 누구나와 수다를 떨 만반의 준비가 되어있어 보였죠. 우리 앞쪽에 서 있던 나이 지긋한 이탈리아인 부부가 묻지도 않았는데 사건의 자초지종을 설명하기 시작했습니다.

당시 우피치 미술관의 개관시간은 오전 9시였습니다. 하지만 이들 미국인은 정해진 자신들의 일정을 더 앞당기기 위해 조금이라도 일찍 입장시켜 달라고 요구했고, 그에 대해 이탈리아인 직원들은 단호하게 거절하면서 실랑이가 벌어진 것입니다. 결국 실랑이 때문에 정해진 입장 시간인 9시보다

늦어진 9시 5분이 되었는데도 아직 (미국인들을 포함한) 아무도 입장하지 못하고 있다는 것이 대략적인 내용이었습니다. 실로 놀라운 배짱이 아닐 수 없었습니다. 이후 5분이 더 지나고 미국인 관광객들이 어이없는 표정으로 입을 다물고 나서야 우피치 미술관의 문은 열렸습니다.

때로는, 열린 문보다 닫힌 문이 더 매력적이다

이 같은 세 가지 사례 외에도 주변을 둘러보면 의외로, 소비자가 원하는 것을 얻기 위해 문턱을 넘으려 하는데 공급자가 오히려 문턱을 높이거나 아예 들어오기 힘들게 문을 닫아버리는 경우가 비일비재합니다. 공급자가 소비자를 피곤하고 불편하게 만드는 상황이 빈번하게 발생하고는 하죠.

　　이후 우피치 미술관에 대한 글을 쓰며 이날의 기억이 떠올라, 미술관의 담당자에게 문의 메일을 보냈던 적이 있습니다. "2009년 우피치를 방문했을 때 이러이러한 사례가 있었는데, 그때 충분히 관람객의 편의를 봐줄 수는 없었는가?"라고 말이죠. 그에 대한 그들의 대답은 간결하면서도 단호했습니다. 메일에서조차 이탈리아 사람다운 수다 실력을 발휘했기에 담당자의 글을 모두 이곳에 옮겨적기는 좀 어렵지만, 간단히 정리해보겠습니다.

"(전략) 우리에게 관람객의 편의는 두 번째이고, 작품의 안전한 소장이
첫 번째입니다. (중략) 최고의 작품을 만나기 위해서 그 정도의 기다림,
그 정도의 불편함은 감수할 수 있어야 하지 않을까요?
(중략) 편하게 관람하고 싶다면 《전시 도록》을 보시면 됩니다.
온라인으로도 구할 수 있습니다. (후략)"

도도하기 이를 데가 없는 답변이 아닐 수 없습니다. 저에게만 이럴까요? 아마도 아닐 것입니다. 그럼에도 우피치 미술관은 매년 수백만 명의 관람객들을 끌어모으고 있고, 몰려든 이들은 도도한 우피치의 서비스에 불편함을 느끼면서도 그럴수록 우피치에 열광하는 이율배반적인 모습을 보여주고 있습니다.

그런데 이런 모습들을 과연 우피치 미술관에서만 볼 수 있을까요? 그렇진 않은 것 같습니다. 담당하는 직원들에 따라 다소 차이는 있지만, 경험상 세계적인 유명 미술관들도 입장 방법이나 입장할 때의 소지품 관리, 식음료 반입 가능 여부, 심지어 동선과 사진 촬영 등에 있어서도 까다롭게 관리하는 경우가 대부분입니다.

비단 이런 모습들은 유명 미술관과 그들이 소장한 세계적인 걸작에서만 볼 수 있는 것은 아닙니다. 우리 주변에서도 심심치 않게 보거나 경험할 수 있죠. 몇 해 전, 강남에 자리한 어느 백화점의 B 명품 매장에서 작은 실랑이가 벌어졌습니다. 해당 매장에서 6개월 전에 구두를 주문한 고객과 직원 사이에 벌어진 일이었죠. 다툼까지는 아니었고 고객의 농담이 섞인 불평에 직원이 열심히 답하는 중이었습니다.

> "아니, 6개월 전에 주문했는데,
> 왜 오늘 완성됐다고 연락이 온 거죠?"

그런데 고객이 불평하는 뉘앙스가 좀 특이했습니다. 그는 '6개월이나 걸려서' 불만인 것이 아니라, '6개월밖에 안 걸려서' 불만이라는 투로 투덜거린 거였습니다.

이 매장의 구두는 이탈리아 장인이 직접 방문해 주문하는 고객의 발 치수를 꼼꼼하게 측정한 뒤에 나무로 그 고객만의 구두틀을 제작하고, 그 틀에 맞춰 베네치아 앞바다의 바닷물과 고운 모래, 알프스의 눈으로 수십 번에 걸쳐 가공 작업을 한 가죽을 재료로 한땀 한땀 손바느질로 완성한 구두로 유명했습니다. 이 브랜드의 비스포크 제품들은 저렴한 것이 500만 원 정도고 조금 비싸다 싶으면 1,500만 원을 훌쩍 넘기는 가격대를 형성했습니다. 제작 기간 역시 빠르면 10개월에서 조금 특이한 디자인을 요구하면 1년 뒤에야 완성된 구두를 받아보는 것이 흔했죠.

이 고객 역시 1,000만 원에 가까운 돈을 들여 구두를 장만했는데, 생각보다 빨리 구두를 받게 되자 가볍게 애교가 섞인 항의를 한 것이었습니다.

주문한 제품이 예상보다 빨리 도착했다고 항의하다니…. 어디서는 물건의 배송이 연기되었다, 제품의 제작이 더디다, 서비스 제공이 느리다며 항의가 빗발치는데, 왜 어떤 곳에서는 늦을수록 더 기대하고, 좋아하는 현상들이 일어나는 것일까요? 왜 이런 일들이 발생하는 것일까요?

고객의 심리적 저항을 유발하라

영국 얼스터대학교 교수이자 저명한 심리학자인 리차드 린 박사에 따르면 일반적으로 사람은 쉽게 얻을 수 있는 것보다 어렵게 얻는 것을 '상대적으로 훨씬 더 가치가 높다고 인식'하는 경향이 있다고 합니다. 즉, 우리의 잠재의

227

식 속에는 유사한 크기, 비슷한 맛의 사과라 할지라도 눈앞의 사과나무 가지에서 손쉽게 딴 것보다, 나무 꼭대기에 열려 있어 손에 잘 닿지 않아 어렵사리 딴 사과를 더 맛있다고 느끼는 경향이 있다는 것입니다.

이러한 경향에 대해 캔사스대학교에서 심리학을 가르치던 잭 브렘 교수가 관심을 가지고 연구한 끝에 발표한 이론이 '심리적 저항이론'입니다. 방대한 임상실험과 다양한 인터뷰 등의 결과를 바탕으로 도출해낸 이론이라 그 내용을 단 몇 줄로 요약하기란 쉽지 않지만 간단하게 말씀드리자면, '우리가 어떤 대상에 대해 선택할 수 있는 자유가 제한되면 그 대상을 이전보다 더 강렬하게 소유하려는 심리적 저항을 한다'라는 것입니다.

좀 더 이해하기 쉽게 설명하자면, 평상시 끼니마다 고기를 먹지 않아도 별문제 없이 생활하던 사람에게, 의사가 "앞으로 고기를 드시면 안 됩니다"라는 진단을 하거나 사찰에서 진행되는 템플 스테이에 참가하도록 해 육식을 금하는 환경에 놓이게 되면, 갑자기 고기를 먹고 싶어 안달하는 모습을 보이게 되는데, 그것이 바로 심리적 저항이 발휘된 사례입니다. 이를 두고 브렘 교수는 '인간의 심리가 부메랑 작용을 일으켜서'라고 설명했습니다.

이러한 '심리의 부메랑 작용'에 의해 욕구가 증폭되는 강렬한 심리적 저항이론을 기반으로 소비자들의 구매 심리를 가장 잘 이용하고 있는 것이 TV 홈쇼핑 프로그램입니다. 해당 방송을 진행하는 쇼호스트가 가장 흔하게 사용하는 멘트가 "오늘 방송 중에만", "단 100분의 고객님께만", "앞으로 열 분 한정으로"라는 말입니다. 같은 상품임에도 불구하고 그와 같은 말들로 포장되면, 그 말들은 감춰져 있던 소비자의 구매 욕구를 자극하게 됩니다. 그에

228

더해 '자칫하다가 당신은 이 제품을 구하지 못할 수도 있다'라는 가까운 미래의 제약을 반복해서 제시하면, 소비자는 그 제품에 대해 느끼는 가치가 갑자기 눈에 띄게 상승하는 효과가 일어납니다.

물론 미술관의 경우 소장하고 있는 미술품의 가치와 희소성, 기업의 경우 제공하는 서비스의 대체나 경쟁력 등에 의해 그러한 효과가 일어날 수 있는 가능성이나 효과의 크기는 달라집니다. 어디에서든 쉽게 구할 수 있는 것이라면 심리적 저항 효과를 불러일으키기 위해 노력해도 큰 효과를 거두기 힘들 것이기 때문이죠.

하지만 쉽게 대체할 수 없는 차별화된 품질이나 제한된 접근성 등을 갖췄다면, 때로는 고객을 안달나게 하는 것도 효과적인 마케팅 기법이 됩니다. 계속 출시 예정 소식만 흘리고 실물은 공개하지 않으면서 소비자들의 관심과 구매 욕구를 최고조를 끌어올린 뒤 특정한 날을 정해 새로운 휴대전화를 출시하는 마케팅이나, 한해 생산될 물량과 가격을 일방적으로 정해버리고 자신들의 일정에 맞춰 제품을 공급하는 명품시계, 충분히 생산량을 늘릴 수 있음에도 한정 수량만 공급하여 오히려 리세일을 유도하는 한정판 스니커즈 마케팅 전략 역시 같은 사례로 볼 수 있을 것입니다.

세상에서 가장 매력적인 복도

우피치 미술관은 1560년 피렌체의 천재 미술가이자 건축가로 이름이 높았던 조르지오 바사리의 설계로 지어졌습니다. 바사리는 어린 시절부터 피렌체의 유력가문이자 이탈리아 르네상스의 후원자였던 메디치 가문의 도움을 자주 받아왔습니다. 그 은혜를 갚고자 그는 당대 메디치 가문의 가장이자 피렌체는 물론 인근 토스카나 지방까지 다스렸던 코시모 1세를 위한 사무실을 피렌체 한복판에 짓기로 했습니다. 건물이 완공되고 한동안 '메디치가 사무실'로 불렸던 이 건물은 이후 '사무실office'이라는 뜻의 이탈리아어 단어인 '우피치Uffici'로만 불리게 되었고, 결국 이 단어가 해당 건물의 이름으로 고유 명사가 되었죠. 1574년 코시모 1세의 사망 뒤에는 행정기능 대신 메디치가에서 대대로 수집한 미술품들을 전시하는 공간으로 변모하면서 '우피치 미술관'이 탄생하였습니다.

좁은 도심 내 사무공간으로 지어졌던 건물을 활용한 탓에 우피치 미술관의 실내공간은 복잡하고, 규모 역시 탁 트였다는 느낌보다는 치밀하게 잘 구성되어 있다는 생각이 들게 만듭니다. 물론 비교의 대상을 루브르 박물관이나 스미스소미언 박물관 등으로 삼았을 때 그렇다는 것이지, 우피치 미술관 자체만 보면 내부 규모가 어마어마한 수준이긴 합니다.

내부에 들어가 소장된 미술품들을 하나하나 살펴보면 말 그대로 입이 딱 벌어질 정도입니다. 복도를 걷다 보면 흔한 장식 소품처럼 역대 메디치 가문 사람들의 초상화들이 열 맞춰 쭉 걸려 있는데, 옆에 적힌 작가의 이름을 살펴보면 죄다 당대 최고의 거장들입니다. 교과서에서만 보아온 보티첼리, 미켈란젤로, 라파엘로 등 르네상스 시기 위대한 거장들의 작품이 전시실 하나 건너 하나씩 아무렇지도 않게 걸려 있는 곳이 우피치 미술관이죠.

그중 대표적인 것들만 살펴보면, 아마도 세계적으로 가장 자주 잡지나 광고에 등장한 그림이 아닐까 생각되는 보티첼리의 〈비너스의 탄생〉, 모나

우피치 미술관을 대표하는 작품이자 전 세계적으로 유명하여 누구나 한번쯤은 본 적이 있는 보티첼리의 〈비너스의 탄생〉.

리자와 더불어 다빈치의 가장 중요한 작품 중 하나로 인정받고 있는 〈수태고지〉, 천재 화가 미켈란젤로의 대표작 중 하나인 〈성가족〉 등이 곳곳의 전시실을 터줏대감처럼 지키고 있습니다. 그런데 콧대 높은 우피치 미술관에서 가뜩이나 높은 문턱을 극단적으로 높여 '심리적 저항이론'을 극대화한 곳이 있습니다. 극히 일부의 인원만이 관람할 수 있는 숨겨진 공간이 존재하는 것이죠.

메디치 가문이 배출한 피렌체의 첫 번째 대공이었던 코시모 1세는 아들 프란체스코 1세와 신성로마제국 황제의 딸 지오반나 다오스트리아의 결혼식에 참석한 하객들이 베키오 궁전에서 인근 피티 궁전까지 눈이나 비를 맞지 않고 안전하게 이동할 수 있기를 바랐습니다. 대공은 두 궁전을 연결하는

231

약 1킬로미터 정도 길이의 통로를 만들었는데, 이후 이 통로는 결혼식이 끝난 후에도 대공이 주위의 시선이나 정적들의 암살 위협을 피해 거주지와 집무실을 오고 가는 비밀이동로로 활용되었습니다.

좁은 복도 형태의 이 통로의 이름은 이곳을 주로 사용한 사람의 직책을 따서 '대공의 복도' 또는 설계와 시공을 담당한 미술가의 이름을 따서 '바사리의 복도'라고 불렸는데 우피치가 행정관청이 아닌 미술관으로 변모하면서 이곳 복도 역시 미술관 전시 회랑의 일부가 되었습니다. 약 700여 점의 작품이 전시된 이곳이 유명세를 떨치게 된 것은 무엇보다 '진입의 어려움' 때문입니다. 이곳은 철저한 예약제로 운영되는데, 한 번에 입장할 수 있는 인원이 극히 소수일 뿐만 아니라 내부 수리, 축일, 메디치가의 기념일 등 여러 가지 이유로 아예 몇 주간 입장을 금지하는 경우도 비일비재합니다. 여러 가지 수고로운 과정을 거쳐 입장했다 하더라도 거기서 끝이 아닙니다. 바사리의 복도는 개별적인 관람이 금지되어 있습니다. 내부로 입장해서도 가이드의 안내(혹은 지시)에 따라 들어온 인원이 모두 함께 이동하며 관람을 마치고 동시에 나가야 합니다.

이곳과 같이 엄격한 관람방식을 택한 곳이 또 있습니다. 바티칸 시스티나 성당에 그려진 미켈란젤로의 〈천지창조〉와 더불어 전 세계에서 가장 유명한 벽화 중 하나인 다빈치의 〈최후의 만찬〉은 밀라노의 산타 마리아 델레 그라치에 성당의 내부 벽면에 그려져 있습니다. 이곳 역시 입장이 까다롭기로는 둘째 가라면 서러워할 수준입니다.

산타 마리아 델레 그라치에 성당 역시 회당 입장 인원 제한이 있으며 철저하게 예약제로 운영됩니다. 예약한 시간보다 한참 전에 가서 대기하다가 마치 파나마 운하의 갑문들을 통과하는 방식으로 앞칸으로 가는 문이 열려 들어가면 뒷문이 닫히고, 다시 앞쪽의 문이 열려 들어가면 뒤쪽의 문이 닫히는 방식으로 이동해야 합니다. 성당 내부에 들어가서도 마치 교도소 간수 같은 복장을 한 성당 직원들의 삼엄한 감시를 받습니다. 사진 촬영은 당연히 금지되고 오해를 불러일으킬만한 다른 행동 역시 강력하게 통제받습니다. 그럼에도 전 세계의 수많은 이들에게 '죽기 전에 꼭 보고 싶은 미술관 혹은 미술품'을 꼽으라고 하면 '바사리의 복도'와 '산타 마리아 델레 그라치에 성당'을 꼽는 것을 주저하지 않으며, 실제 관람을 마치고 난 관람객들의 표정만 봐도, 이곳이 사람들에게 얼마나 만족을 주는지 알 수 있습니다.

최고의 인재들은 이런 점들을 잘 알고 있기에 최선을 다해 제품과 서비스를 만들어내되, 최고의 수준으로 만들었다는 자신감이 들면 절대 소비자들에게 쉽게 문턱을 내어주지 않는 것입니다. 어렵게 들어올수록 만족하고, 어렵게 들어올수록 어렵게 떠나는 것을 잘 알기에 말이죠. 하지만 그러기가 쉽지 않습니다. 고객 한 사람의 반응에 회사의 명운이 뒤바뀌고, 고객 한 사람을 새롭게 유치하거나 기존 고객 한 사람을 유지하기가 얼마나 힘든지를 잘 아는 사람일수록 말이죠. 그렇기 때문에 세계 최고의 인재들은 수시로 문턱이 높은 미술관이나 박물관을 찾아가 마음을 다잡는 것인지도 모르겠습니다.

우피치 미술관

주소 Piazzale degli Uffizi, 50122 Firenze, Italy

홈페이지 www.uffizi.it

관람시간 08:15~18:30 (화~일) / 수시로 한시적 연장 개관

휴관일 매주 월요일 / 1월 1일, 12월 25일

입장권 가격 €25 (18세 이하 청소년 및 학생은 무료)

관람 안내

· 세계적 명성을 자랑하는 미술관답게 늘 사람들로 붐비는데다가 시간당 입장 인원
  이 제한되어 있어, 제때 입장하지 못하고 오랫동안 기다려야 하는 경우가 종종 발
  생합니다. 사전에 전화 또는 인터넷으로 예약하고 예약비 4유로를 지불하면 원하
  는 시간 15분 전에만 가면 기다리지 않고 입장이 가능하므로 일정이 촉박하거나
  성수기에 방문했다면, 이 시스템을 적극 활용해 보는 것도 좋을 듯 합니다.

· '바사리의 복도'는 한정된 인원만 반드시 예약을 통해 관람하도록 관리되고 있습니
  다. 예약 과정이 복잡하고 입장하고 나서도 이러저러한 통제가 불편할 수도 있겠지
  만, 매년 '영구 폐쇄' 혹은 '최소 몇 년간 복원 및 보수를 위한 입장제한'이 있을 수도
  있다는 루머가 떠돌고 있습니다. 기회가 있을 때 반드시 관람하도록 합시다.

※ 상기 내용은 24년 9월말 기준이며, 세부사항은 시기에 따라 일부 변경될 수 있습니다. 보다 자세한 사
   항은 공식 홈페이지를 참조하시기 바랍니다.

세계 최고의 인재들은 어디에서 일할까?

열여섯 번째 미술관

국립 소피아 왕비 예술센터 : 스페인 마드리드

낮은 곳에
걸어놓으면
더 멋져 보이는
작품이 있다

우리 임금님은 못 말려

때는 2007년 11월 10일. 칠레 수도 산티아고에서는 '제17차 이베로-아메리카 정상회담'이 열리고 있었습니다. 스페인과 과거 스페인의 지배를 받았던 국가 정상 22명이 모여 정치·경제적인 논의를 하는 큰 규모의 정상회담이었습니다. '문제의 사건'은 폐회식 도중에 일어났습니다. 먼저 인사말을 하게 된 차베스 베네수엘라 대통령이 미국의 이라크 전쟁을 지지했던 호세 마리아 아스나르 스페인 총리를 비난하다가 아예 폭언을 내뱉고 말았습니다.

"파시스트! 당신은 인간도 아니다."

"파시스트가 인간이면 차라리 뱀이 인간에 가깝다."

일반인들 사이에서도 자칫 큰 싸움으로 번질 수 있는, 해서는 안 되는 말이었지만 정상 간의 외교에서는 더더욱 나와서는 안 될 말들이었습니다. 특히 불과 반세기 전만 하더라도 국가가 둘로 나뉘어서 파시스트들에 의해 벌어진 내전을 혹독하게 치러야 했던 스페인 정치인에게 파시스트라고 하는 것은 한국인에게 빨갱이 혹은 수구 꼴통이라고 하는 것보다 훨씬 더 혹독한 비난이자 욕설이었습니다. 당연히 스페인 언론과 그를 지켜보던 국민은 난리가 났습니다.

그때!

회의 석상에 앉아있던 사람과 취재하던 기자는 물론, TV를 통해 생방송으로 폐회식을 지켜보고 있던 전 세계인들을 깜짝 놀라게 하는 일이 일어났습니다. 범스페인 문화권에서 최고 어른으로 대접받으며 이날 폐회식에서도 당연히 가장 상석에 앉아있던 스페인 국왕 후안 카를로스 1세가 차베스에게 삿대질까지 해가며 외쳤습니다.

"그 입 닥치지 못할까!"

이 말과 함께 차베스를 무서운 눈으로 노려보자, 회의석상은 일순 차갑게 얼어붙었습니다. 한 성깔하기로 유명한 차베스 대통령도 당황했는지 쉽사리 다른 때처럼 도발하지 못했습니다. 결국 행사는 더 큰 소란 없이 마무리되었지만, 이날 카를로스 1세 국왕이 보여준 화끈한 모습은 한동안 전 세계인들 사이에서 큰 화제가 되었습니다.

남미를 포함한 제3세계 국가들을 종횡무진 누비며 초강대국인 미국의 대통령까지도 할 말을 잃게 만드는 좌충우돌 다혈질 지도자 차베스, 그를 단 한마디 말로 제압하는 놀라운 카리스마의 소유자인 카를로스 1세! 그런데 그런 왕을 꼼짝 못 하게 하는 여인이 한 사람 있었으니, 바로 그의 부인 소피아 왕비였습니다.

불같은 왕을 사로잡은 여인

'그리스와 덴마크의 소피아Sofía de Grecia y Dinamarca'라는 긴 이름에서 알 수 있는 것처럼, 그녀는 그리스, 덴마크 그리고 아이슬란드의 왕을 배출한 유서 깊은 북유럽 왕가인 글뤽스부르크 집안의 후손입니다. 이처럼 호화로운 혈통을 자랑하는 그녀지만, 카를로스 국왕과의 결혼은 대다수의 유럽 왕족 간의 혼인에서 볼 수 있는 정략적이거나, 양가 집안 어른에 의한 결혼이 아니라 우연한 만남에 이은 평범한 연애결혼으로 알려져 있습니다.

그래서일까요? 영욕의 부침이 심하고, 정쟁과 음모가 난무하며, 사랑과 배신이 횡행하는 유럽 왕가 간의 혼인임에도 카를로스 국왕과 소피아 왕비는 50년이 넘는 기간 동안 늘 서로를 의지하고 사랑으로 가정을 꾸려나가는 모범적인 결혼생활을 했습니다. 그런데 유럽 왕실의 속사정에 밝은 이들에게 물어보면, 두 사람 간 행복한 결혼생활의 비결이 왕실 안주인 소피아 왕비의 현명한 셀프 리더십과 팔로워십 덕분이라는 견해가 대다수입니다.

전 세계 스페인 문화권 시민들에게 깊은 인상을 남겼던 일화를 보면 알 수 있듯이 카를로스 국왕은 여느 스페인 남성과 다를 바 없이 다혈질에 화끈

한 성격으로 유명합니다. 국왕이지만, 마음에 안 드는 사람이 있으면 공식석
상에서도 대놓고 비난하기 일쑤였습니다. 대다수 유럽국가의 국왕들은 자
기절제심이 강하고 체면을 따지는 것을 중요하게 여기는 것과 달리 카를로
스 국왕은 평생을 한 성격하는 걸로 유명세를 떨쳤습니다.

그럼에도 불구하고 소피아 왕비는 남편을 능수능란하게 내조했습니다.
때로는 국왕의 적극적인 지지자로, 또 때로는 침실 속의 야당으로 활약했습
니다. 국왕이 불같은 성격을 조금이나마 누그러뜨리고 감정에 휩쓸린 의사
결정을 내리지 않도록 곁에서 많은 조언을 했다고 하죠. 그래서인지 그레이
스 캘리 모나코 왕비가 사망한 이래, 아마도 소피아 왕비만큼 자국민의 열렬
한 사랑을 받았던 왕가 여주인도 없는 듯합니다. 심지어 왕실제도를 반대하
고 카를로스 국왕 치세를 비판했던 이들조차도 상당수가 왕비에 대해서만
큼은 우호적이었다고 합니다.

1986년 수도 마드리드에 세워진 초대형 미술관에 그녀의 이름이 붙여
질 예정이라는 소식이 전해졌을 때도 대다수는 반대하기보다는 크게 반겼
습니다. 그렇게 마드리드 한복판에 건립된 대형 복합 예술공간이 바로 국립
소피아 왕비 예술센터Meseo Nacional Centro de Arte Reina Sofia입니다.

왕비에게 바쳐진 스페인 예술 최고의 헌사

예술센터는 마드리드의 관문인 마드리드 기차역에서 바로 길 하나 건너에
있습니다. 인근에 위치한 프라도 미술관을 비롯해 스페인 내 다른 대형 미
술관 및 박물관이 돌을 주재료로 지어진 웅장하고 고풍스러운 건물을 사용

다른 유럽의 미술관과 달리 소피아 왕비 예술센터의 외관은 밖으로 돌출된 두 개의 엘리베이터와 함께 현대적인 모습을 하고 있다.

하고 있는 것에 반해, 소피아 왕비 예술센터는 외벽 소재 대부분이 유리입니다. 미술관 내부가 훤히 들여다보이는 파격적인 형태를 띠고 있으며 일부 엘리베이터를 건물 밖으로 빼내 외부로 노출시킨 현대적인 모습이 인상적입니다.

마드리드역 방향에서 미술관 입구로 들어서면 조금은 생경한 느낌을 받을 수도 있습니다. 마치 중정에 들어선 듯한 느낌을 주는 공간이 나타나는데, 그 중정을 이루고 있는 사방 건물들의 모양이 일반적인 유럽 유명 미술관들과 조금은 다릅니다. 그도 그럴 것이 'Museo'라는 이름만 붙는 스페인 대부분의 미술관과 달리 이곳의 정식 명칭에는 'Centro de Arte'라는 글자가 중간에 더 들어갑니다. 말 그대로 스페인 예술에 대한 학술적인 연구, 자료 보존, 일반 대중에 대한 보급 활동 등이 이루어지는 복합 공간이기 때문입니다. 따라서 고풍스러운 건물 자체가 하나의 예술품이자 역사적 유물 구실을 하는 일반적인 유명 미술관과 달리 소피아 왕비 예술센터의 외관은 밋밋하기 그지없습니다.

하지만 일단 관람을 시작하면 어마어마한 수준의 컬렉션들로 인해 온몸이 격한 감동에 휩싸이는 느낌이 들어 입을 다물 수 없게 됩니다. 카펫도 커튼도 없는, 오래된 공립학교 느낌의 건조한 회색벽의 복도를 지나 무방비 상태로 전시실로 들어가면 눈앞에 거장들이 맘껏 벌여 놓은 형과 색의 향연이 펼쳐집니다. 눈과 가슴이 얼얼해지는 감동은 첫 번째 전시실부터 얻어맞게 됩니다.

단기 여행객들이나 단체 관람객들은 오로지 '게르니카, 게르니카'를 외치며 이 미술관을 찾지만 잠시만 지나면 곧 깨닫게 됩니다. 조금 전 자신들이 잡담하며 지나친 방에 수두룩하게 걸려 있던 작품들이 바르셀로나를 대표하는 초현실주의 사조의 거장인 호안 미로, 스페인을 대표하는 초현실주의 작가이면서 화가 자체가 엄청난 상품성을 지닌 세계적인 스타였던 살바도르 달리, 그리고 벨기에의 초현실주의 작가 르네 마그리트의 작품들이었다는 것을요. 그제야 허겁지겁 스쳐왔던 방들을 다시 되돌아 걸어가며 가이드북에 소개된 작품들을 찾아보느라 부산을 떠는 장면을 심심치 않게 볼 수 있습니다. 그 정도로 소피아 왕비 예술센터의 전시 작품들은 그 양과 질에 있어 타의 추종을 불허합니다.

그러다 2층의 한 방으로 들어선 순간, 정작 그토록 애타게 찾아왔음에도

피카소의 대표작 〈게르니카〉가 전시된 소피아 왕비 예술센터 206호의 모습. 관람객들이 〈게르니카〉를 감상하고 있다.

불구하고 놀라고 감탄해서 혹은 그저 어안이 벙벙해져서 아무 말도 못 하는 사람들이 침묵에 휩싸여 멍하니 서 있는 모습을 발견하게 됩니다. 미술관 내 그 어느 곳보다 많은 이들로 가득한 방이건만 실내는 쥐 죽은 듯 조용합니다. 작품을 지키기 위한 직원들이 있긴 하지만 그 누구도 '조용히 하라'고 통제하는 사람은 없습니다. 그럼에도 불구하고 명작이 주는 감동에 그리고 그 명작이 담고 있는 이야기의 참혹함에 압도되어 섣불리 입을 여는 이들이 없습니다. 이곳은 바로 〈게르니카〉가 전시된 206호 전시실입니다.

한창 스페인 내전이 치열했던 1937년 4월, 당시 프랑코 정권을 지지하던 독일 나치군은 스물네 대의 폭격기를 동원해 프랑코가 이끄는 왕당파에 대항하는 공화파 세력의 근거지에 포탄을 퍼부었습니다. 바스크 지방의 교통요지 게르니카에 쏟아부은 폭격으로 수백 명 이상의 민간인들이 죽거나 다쳤습니다. 피카소는 이 비극적인 사건을 가로 3.5미터, 세로 7.8미터의 거대한 캔버스에 흑색과 백색 물감만을 사용하여 그림으로 남겼습니다. 사실적인 형상도 아니고 핏빛이 낭자한 색상이 아님에도 불구하고 〈게르니카〉 앞에 서면 그림이 담아낸 전쟁의 참혹함과 인간의 잔인함, 스페인 민초의 슬픔과 한에 빠져들어 입이 다물어지고 맙니다. 피카소의 수많은 걸작 중에서도 〈게르니카〉를 최고로 꼽는 이들이 상당할 정도로 이 작품은 많은 사람의 사랑과 관심을 받고 있습니다. 덕분에 소피아 왕비 예술센터는 쉽게 이해하기 어려운 현대미술을 주로 전시하고, 미술관 역사 자체도 그리 길지 않다는 핸디캡에도 불구하고, 전 세계에서 몰려든 관람객들로 북새통을 이루고 있지요.

최고의 리더이자 팔로워였던 왕비와 미술가

소피아 왕비 예술센터가 시작부터 현재와 같은 모습과 위상을 갖추고 있었던 것은 아닙니다. 한 인물의 헌신적인 노력이 필요했죠. 전후 스페인을 대표하는 건축가이자 미술가인 호세 루이스가 바로 '그 인물'입니다. 아마도 1952년도 무렵이었을 것입니다. 호세 루이스가 이끌고 있던 스페인 소장파 미술인들의 모임에서 불평의 목소리들이 터져 나왔습니다.

"현대미술 작품들은 이미 포화상태인
프라도 미술관에서 벽에 걸릴 기회조차 박탈당했다."
"소외받는 현대미술 작가들의 작품들을
전시할 수 있는 공간을 마련해야 한다."

라는 내용이었지요. 이들의 주장에 문화예술계는 물론 시민들까지 공감해, 현대미술 작품 전시를 위한 새로운 공간 마련은 곧 이뤄질 듯했습니다. 그러나 많은 이들의 기대와 달리 새로운 미술관 건립 계획은 2년간 답보상태에 머물렀습니다. 1954년, '그리스와 덴마크의 소피아' 공주가 후안 왕세자와 결혼해 소피아 왕세자비가 되면서 건립 논의는 다시 급물살을 타게 되었습니다. 학교에서 고고미술과 음악을 전공한 문화예술 애호가에 전문지식까지 갖춘 소피아 왕세자비의 전폭적인 지지 덕분에 미술관 운영위원회가 결성되었고, 마드리드 국립도서관 로비층에 부족하나마 임시 전시공간도 마련되었습니다. 향후 미술관 건립을 총괄적으로 책임져야 할 운영 디렉터는 호세 루이스가 맡기로 했습니다.

하지만 거기까지였습니다. 이후 미술관 건립 준비는 답보에 답보를 거듭하며 방향을 찾지 못했습니다. 우선 건물부터 문제였죠. 마드리드 국립도서관 로비에서 일단 전시부터 시작하고 향후 빠른 시일 안에 인근의 폐쇄된 병원 건물을 개조해 그곳으로 이전한다는 것이 운영위원회의 생각이었습니다. 장소는 18세기에 지어진 이래 1965년까지 종합병원으로 사용된 건물이었죠. 하지만 구체적으로 어떻게(헐고 다시 지을 것인지? 증개축을 할 것인지?), 언제까지(지금 당장 할 것인지? 단계적으로 할 것인지?), 무슨 돈(세금만으로 할 것인지? 민간자본을 유치할 것인지?)으로 할 것인지 아무것도 정해지지 않았습니다. 미술관의 전시범위 또한 마찬가지였죠. 현대미술을 주로 전시하는 공간을 마련하기 위해 시작한 일이었지만, 현대미술의 범위가 넓어도 너무 넓었습니다.

그때 다시 활약을 시작한 것이 바로 소피아 왕비와 건축가 호세 루이스였습니다. 소피아 왕비는 새로운 미술관 건립에 대한 정부와 대중들의 식어버린 관심을 되살리는 역할을 했고, 호세 루이스는 실무 차원에서 준비해야 할 것들을 챙겨 나갔습니다. 하지만 두 사람이 자신들의 지위와 명성을 기반으로 강력한 리더십을 발휘해, 논의과정에서 이견을 잠재우고 타협해줄 것을 압박해 문제를 해결했을 것이라 생각한다면 그건 오산입니다. 두 사람은 회의 시간에 침묵하거나 아예 논의에 불참하는 경우가 허다했습니다.

역사적으로 근현대 시기 스페인 미술계, 특히 현대미술계는 늘 차별을 받아왔습니다. 프랑코 총통 집권 이후 권위주의적인 문화에 젖어있던 미술 행정가들은 미술계 현장의 목소리에 귀를 기울이지 않았습니다. 그런 탓에 현대미술가들은 매번 '한번 밀리기 시작하면 끝이다'라는 절박한 생각으로 논의에 임했고, 저마다의 입장을 앞세운 탓에 다툼이 끊이지 않았고 의사결정이 제대로 이루어질 리 없었습니다. 그런 상황을 안타깝게 바라보던 두 사람은 각자가 역할을 나눠맡기로 했습니다. 소피아 왕비는 문화 관련 행정관청과 최종 의사결정권자인 왕과 총리를 맡았고, 호세 루이스는 미술계 인사들을 맡았습니다. 그러고 나서 그들이 발휘한 것은 뜻밖에도 '주도적인 리더십'이 아니라 '주도적인 팔로워십'이었습니다.

한때 조직에서 중요한 의사결정을 하거나 전체 조직의 향방을 결정하는 것은 오로지 리더의 역할(혹은 리더가 감당해야 할 책임)이라고 굳게 믿었던 때가 있었습니다. 실제로 여전히 한 조직의 성공을 좌우하는 중요한 요소 중 첫째가는 요소는 리더의 능력과 영향력, 즉 리더십입니다. 그렇기 때문에 리더십에 대한 온갖 종류의 서적이 출간되었고, 리더십 관련 교육 프로그램도 개발되었습니다. 특히 우리나라에서는 리더십 중에서도 강력한 카리스마를 풍기는 강한 이미지의 리더, 리더십이 바람직한 리더, 올바른 리더십의 표상처럼 여겨져 왔습니다.

이제 시대가 변했습니다. 사람들은 점차 리더 또는 그 리더가 발휘하는 리더십만으로는 충분히 해결되지 않는 조직 내 문제점들이 상당수 있음을 깨닫게 되었습니다. 조직을 완벽하게 장악해 매사를 쥐락펴락하던 리더가 사소한 문제도 제대로 해결하지 못하고 휘청이는 경우가 목격되곤 했습니다. 강렬한 인상, 자신감 넘치는 모습으로 매사를 주도적으로 추진해가던 리더가 몰락하는 일이 잦아졌습니다. 사람들은 '우리에게 필요한 리더십은 과연 어떤 것일까? 모든 것을 주도하고, 매사를 책임지고, 강력하게 힘으로만 이끌어가는 리더가 좋은 리더일까?'를 두고 고민하기 시작했습니다.

해결책으로 떠오른 것이, 리더가 모든 것을 주도하지 않고 구성원들에게 맡기고 잘할 수 있도록 도와주는 유형의 리더십으로의 전환이었습니다. 이때 등장해 각광 받은 것이 임파워먼트 리더십이나 서번트 리더십 같은 것들이었습니다. 특히 서번트 리더십은 조난 당한 남극 탐험대를 무사히 구조해낸 어니스트 섀클턴 경의 사례가 더해져 관련 서적이 서점가를 휩쓸었고, 각종 교육 프로그램으로도 만들어져 회사마다 그를 배우느라 난리였습니다. 그럼에도 불구하고 리더십 자체에 대한 문제, 리더와 구성원 관계에 대한 문제 등에 있어 쉽게 정답을 찾을 수 없는 상황이 발생하자, 수많은 전문가와 기업들이 '관계'에 집중했습니다. 그 영향으로 한때 우리나라 회사에서는 교류 분석이니, 에고그램이니, DISC 검사니, MBTI니 하는 것이 유행했던 적이 있습니다.

하지만 이런 노력에도 마땅한 해결책을 찾지 못한 경영자나 조직은 이제까지 전혀 신경 쓰지 못하고 있던 새로운 형태의 영향력, 새로운 유형의 리더십이 있음을 깨닫고 그것에 관심을 갖기 시작했습니다. 그것은 바로 일반 구성원, 즉 리더를 따르는 팔로워들이 갖고 있고, 그들이 발휘하는 영향력인 '팔로워십'이었습니다.

리더십의 빈자리에 들어선 또 다른 리더십

아쉽게도 바람직한 팔로워십에 대해 확실하게 정의를 내렸다거나, 올바른 팔로워가 되기 위한 방법 혹은 그런 팔로워를 만들어내기 위해 해야 할 일에 대한 연구가 제대로 진행되었다는 소식이 들려오지는 않고 있습니다. 다만 몇몇 학자들에 의한 팔로워십 유형 분류나 팔로워십 향상을 위한 몇 가지 제언 등이 책으로 엮어져 나왔을 뿐입니다. 그런 내용을 종합해보면 탁월한 팔로워들에게는 몇 가지 공통점을 발견할 수 있었습니다.

그를 간단하게 정리해보면 리더를 리더답게 만들고, 조직이 올바른 방향으로 가는데 크게 기여했던 팔로워들은, 자기 일에 대해 강한 애착이 있고 더불어 상상력이 풍부한 사람이었습니다. 이런 이야기를 들어보셨을 것입니다. 그냥 전해오는 이야기라는 사람도 있고, 콕 집어서 미켈란젤로와 로렌초 데 메디치가 나눈 이야기라는 사람도 있는 이야기입니다.

어떤 사람이 길을 가다가 성당을 짓고 있는 현장에서 세 명의 석공을 만났다고 합니다. 그들에게 "무슨 일을 하고 있소?"라고 묻자, 첫 번째 석공은 "보면 모르슈? 망치질을 하고 있지 않소"라고 퉁명스럽게 대꾸했고, 두 번째 석공은 "무슨 집인가, 교회인가를 짓는다는데, 거기 들어갈 돌을 쪼고 있소이다"라고 했으며, 오직 세 번째 석공만 "사람들을 위한 영혼의 안식처를 짓고 있습니다"라고 답하며 환히 웃었다고 합니다.

본인 직업에 대한 소명의식 또는 올바른 직업정신에 대해 이야기할 때마다 빼놓지 않고 등장하는 우화입니다. 그런데 이는 단순한 우화가 아닙니다. 실제로 탁월한 능력을 발휘하는 우수한 팔로워들은 대부분 세 번째 석공과 같은 태도를 보인 사람들이었습니다. 그들은 현재 자신이 맡은 일(직책)의 크기, 위치, 높낮이보다는 그 일에 자신이 부여한 가치, 중요성, 무게감을 더 우선시하는 경향이 있습니다.

그런 성향 덕분에 지방 소도시 매장에서 감자튀김을 담당하는 일개 비정규직 직원임에도 자신을 맥도널드의 미래를 책임질 일류 조리사라 생각했던 팔로워도 있습니다. 공장 생산관리를 맡은 말단 사무직 사원이면서 자신이 공장장이라도 된 듯 용광로 옆에서 공정을 살피며 뜬눈으로 밤을 지새운 팔로워도 있었죠. 수많은 생산라인 중 하나를 맡고 있는 일개 조장 주제에 회사의 전 세계 공정을 책임지는 사람이라도 된 듯 문제가 생길 때마다 다섯 번씩 '왜?'라고 물으며 공장에서 먹고 살다시피 한 팔로워가 있을 수 있었던 것입니다. 이들은 자기 일에 남다른 가치를 부여하고, 거창하게 생각하는 성향 덕분에 매사를 팔로워의 눈이 아니라 리더의 눈으로 바라볼 수 있었습니다. 그렇게 바라본 높은 수준에 맞추어 일을 처리를 했기에 결국은 성공적인 팔로워, 더 나아가 성공적인 리더가 될 수 있었던 것이죠.

맥도널드의 미래를 책임지겠다며 최선을 다해 감자튀김을 튀겼던 첫 번째 팔로워는 이후 맥도널드 사장 자리에까지 오르게 됩니다. 맥도널드 북미 지역 사장을 지낸 쟌 필즈가 그 주인공입니다. 공장장이라도 된 듯 용광로 곁을 지키며 세계 최고 수준의 철을 생산하겠다던 두 번째 팔로워는 후일 포스코 그룹을 이끌게 된 이구택 회장입니다. 마지막으로 자기 회사의 전세계 공정 책임자라도 된 듯 일했던 팔로워는 '토요타 생산방식의 아버지'로 불리는 오노 다이이치 명장입니다. 이처럼 최고의 팔로워는 자신의 자리가 어디건 그에 얽매이지 않고, 자신이 가치를 느끼는 대로 일했던 사람들이었습니다.

머무르는 자리를 생각하지 않는다, 해야 할 일들을 생각한다

탁월한 팔로워는 또한 리더의 부족한 부분이나 리더가 미처 발견하지 못한 부분을 보완해주는 데 있어서 다른 팔로워들보다 훨씬 더 많은 능력을 발휘했습니다. 그리고 리더와 구성원, 구성원과 다른 구성원 등 조직을 이루는 여러 가지 요소들을 발전적으로 결합시키거나 상호 간 커뮤니케이션 채널을 구성하는데 탁월한 역량을 발휘하는 사람들이었습니다.

존슨앤존슨에서 인간생활 특성에 대한 연구를 수행한 개리 뱀브릿지 박사는 '인간은 생존의 안정성이 확보되면 몇 가지 특징적인 행동을 하고 싶어한다'고 주장했습니다. 그 특징적인 행동들은 '관계를 맺고 교류하고 싶어하는', '재화의 교환·구매를 통해 무언가를 소유하고 싶어하는', '진리를 추구

248

하고 싶어하는' 그리고 '즐거움을 추구하는' 행동이라고 합니다. 그런데 그 중에서 가장 적극적으로 하고 싶어하는 행동이 타인과 우호적인 관계를 맺 고 서로 소통하는 것이라고 합니다. 인간은 근본적으로 외로움을 참을 수 없 는 사회적 동물이기 때문입니다.

그러나 리더 자리에 올라선 사람일수록 쉽게 타인과 관계 맺기가 어려 울 뿐만 아니라, 수평한 입장에서 관계 맺을 대상 자체가 거의 없는 것이 현 실입니다. 조직 내에서는 특히 더 하죠. 먼저 다가가려 해도 그에게 부여된 '리더'라는 명찰 탓에 다른 이들(특히 부하직원들)이 선뜻 마음을 열지 못하 는 경우가 많습니다. 그럴 때 역량을 발휘하는 것이 탁월한 팔로워들입니다. 그들은 양측의 언어, 문화에 모두 능한 편입니다. 자신이 속해있는 팔로워 집단의 것이야 당연하겠지만, 그들이 진짜 탁월한 것은 아직 자신이 경험해 보지 못한 리더의 입장이나 생각, 리더가 사용하는 언어를 이해하는 데도 탁 월한 능력을 발휘한다는 점입니다. 그를 바탕으로 양측이 원하는 것과 어려 워하는 것들을 사전에 파악하여 보다 친밀한 관계를 맺을 수 있도록 중재하 고 조율하는데 그들은 매우 중요한 역할을 합니다.

다시 스페인 마드리드로 돌아가, 소피아 왕비 예술센터도 소피아 왕비 와 호세 루이스가 보유한 탁월한 팔로워십의 산물이었습니다. 물론 '왕비'와 '작가협회장'이라는 두 사람의 사회적 지위나 몸담고 있는 분야에서의 무게 감은 팔로워보다는 리더 중에서도 최고의 리더에 가까웠습니다. 하지만 건 립을 논의하는 과정 그리고 이후 실제 개관하기까지의 과정에서 그들이 발 휘한 영향력과 수행한 역할 등은 전형적으로 최고의 팔로워십이 만들어낸 산물이었습니다.

논의에 참여한 사람에게 부족한 부분을 찾아 적극적으로 보완했을 뿐만 아니라, 각 분야별 최고 수준의 전문가, 실제 준비작업을 하는 사람들, 법적 절차와 행정지원을 맡은 관료들이 서로 상처받지 않고 최고의 결과를 만들어낼 수 있도록 두 사람은 인내심을 가지고 조율하고 중재를 거듭했습니다. 두 사람의 위대한 팔로워십의 결과로 오늘날 우리는 피카소의 걸작인 〈게르니카〉를 최상의 환경에서 관람할 수 있고, 최고 수준의 보존상태로 후세에게 전해줄 수 있게 되었습니다. 최고의 인재들은 자리, 지위에 얽매인 사람들이 아니었습니다. 어디에 머물든, 어느 곳에서 일하건 자신이 해야 할 역할을 해낸 이들이었습니다. 리더가 아닌 팔로워의 자리에 앉아있더라도 그 일을 마치 리더처럼 해낸 이들이 바로 최고의 인재들이었습니다.

최고의 인재들이 주말을 보내는 곳 16

국립 소피아 왕비 예술센터

주소 Calle Santa Isabel 52, Madrid 28012, Spain

홈페이지 www.museoreinasofia.es

관람시간 10:00~21:00 (월, 수~토) / 10:00~14:30 (일요일)

휴관일 매주 화요일 / 1월 1일, 1월 6일, 5월 1일, 5월 15일, 11월 9일, 12월 24일, 12월 25일, 12월 31일

입장권 가격 €12 (학생증 소지 등에 따라 무료 입장 및 50% 할인 입장 가능)

관람 안내

· 외관이나 전반적인 분위기에서 느껴지는 자유로움에 비해, 내부로 들어가 보면 휴대폰의 소지, 가방의 반입 등에 대해서는 다른 유럽 미술관에 비해도 매우 엄격한 편입니다. 책가방 정도의 백팩을 매는 것도 타인의 관람에 방해가 될 수 있다해서 반입을 금지하는 정도입니다. 입구에 코인 락커가 있으니 소지품을 최대한 간소하게 해서 입장하는 것이 좋습니다.

· 많은 사람들이 '게르니카의, 게르니카를 위한, 게르니카만의' 관람을 외치며 미술관을 찾다보니 미로나 달리의 수준 높은 걸작들을 관람할 수 있는 기회를 놓친 채 관람을 마치게 되는 경우가 많습니다. 물론, 바르셀로나의 미로 박물관이나 휘게라스의 달리 미술관만큼은 아니지만, 그들의 수준 높은 작품들을 굉장히 충실하게 갖추고 있으므로 잊지 말고 챙겨서 보도록 합시다.

· 미술관이 기차역 바로 건너편에 위치하고 있고, 다른 유럽 미술관들이 상상할 수 없을 정도로 늦은 시간(저녁 9시, 심지어 늦은 시간에 입장하면 무료!)까지 관람할 수 있으니 똘레도 등 마드리드 근교 지역 여행과 묶어서 일정을 짜면 보다 효율적으로 관람할 수 있습니다.

※ 상기 내용은 24년 9월말 기준이며, 세부사항은 시기에 따라 일부 변경될 수 있습니다. 보다 자세한 사항은 공식 홈페이지를 참조하시기 바랍니다.

세계 최고의
인재들은
왜 미술관에 갈까?

Part 5.

세계 최고의 인재들은
무엇을 위해 일할까?

앞으로 어떻게 일해야 할지 고민이 될 때,
그들은 미술관에 간다

"중요한 것은 감동받고, 사랑하고,
희망하고, 전율하고, 살아가는 것이다."

- 오귀스트 로댕[5]

---

5 역사상 가장 유명하면서도 위대한 조각가로 꼽히며 '근대 조각의 아버지'라 불리는 인물.

미술관은
망하지 않는다
다만 사라질 뿐이다

살아있는 박물관

〈박물관은 살아있다〉라는 영화를 기억하시나요? 2006년 개봉해 전 세계 박스 오피스 5위에 오른 흥행작으로, 이 영화가 대단했던 점은 다른 블록버스터와 달리 화려한 출연진도 자극적인 스토리와 장면도 하나 없이 세계적으로 엄청난 관객을 끌어모았다는 점입니다. 짜임새 있는 이야기와 아기자기한 화면구성 그리고 나름 감동적인 결말 덕분이었습니다. 결정적으로 이 영화의 가장 특이한 점은 영화의 대부분이 특정한 한 장소에서 일어난 일들을 담고 있다는 것입니다. 웅장하면서도 친근하고 익숙하면서도 호기심을 자아내는 그 장소는 영화에서 주연배우 이상으로 존재감을 자랑했습니다.

미국 자연사 박물관의 상징과도 같은 거대한 공룡 화석들. 영화 〈박물관이 살아있다〉에서도 중요한 역할을 한다.

영화 〈박물관이 살아있다〉의 배경이 된 곳은 세계 최고의 자연사 박물관 중 하나인 미국 자연사 박물관American Museum of Natural History입니다. 뉴욕 맨해튼 센트럴 파크의 서쪽에 위치한 박물관은 4개의 거대한 전면부 기둥이 그리스 신전과 같은 위압감을 주는 외관을 하고 있습니다. 기둥을 지나 묵직한 현관문을 열고 안으로 들어가면 하늘이 뻥 뚫린 듯 갑자기 확 트이는 광활한 내부 공간에 들어서게 됩니다. 그리고 그곳에 도열하여 관람객들을 맞이하는 거대한 공룡 화석들과 마주하게 되면, 그 규모에 압도되어 벌린 입을 다물지 못하게 되죠. 영화에서도 등장해 관객들에게 공포와 웃음을 선사했던 공룡 화석입니다.

총 전시면적만 9만 제곱미터가 넘고 소장품은 3,400만 점에 이르는데,

매년 소장품 숫자가 어마어마하게 늘어나기 때문에 숫자를 세는 것이 크게 의미가 없습니다. 한때, 중국 당국이 자금성의 규모를 홍보하기 위해 '왕자가 태어나 한 방에서 하루씩만 자도 27년이 걸려야 겨우 자금성의 모든 방에서 자볼 수 있다'라는 이야기를 퍼뜨렸는데, 미국 자연사 박물관 역시 소장품 하나당 30초씩만 구경한다고 해도 30년을 훌쩍 넘겨야 모두 관람할 수 있다고 합니다.

하지만 매년 수천 종 이상의 유물과 전시품이 몰려드는 이 박물관의 특성상 30년간 관람하는 속도에 못지않게 소장품 또한 엄청나게 늘어나 있을 것입니다. 미국 자연사 박물관이 현재와 같은 모습과 시스템으로 운영되는 한 소장품을 다 본다는 것은 영원히 이룰 수 없는 시도일지도 모르겠네요. 그러나 이처럼 거대한 규모의 박물관도 시작은 무척이나 작고 보잘것없었습니다.

시작은 미약했으나, 끝없이 성장하리라

1869년, 앨버트 빅모어라는 사내가 정계와 재계, 밤에는 사교계 모임들을 찾아다니며 뉴욕에도 유럽처럼 제대로 된 자연사 박물관이 필요하다는 주장을 펼치고 다녔습니다. 그가 하버드대학교를 졸업한 박사라는 것과 그에게 학위를 준 인물이 미국이 낳은 위대한 동물학자 루이스 아가시스 박사라는 사실이 알려지면서 몇몇 사람들은 관심을 보이기도 했습니다. 하지만 대부분은 막대한 예산이 드는 반면 효용성 측면에서 생각해봐야 할 것들이 많았던 자연사 박물관 건립에 소극적일 수밖에 없었습니다.

대다수의 사람들에게 '말도 안 되는 허황된 이야기' 취급을 받던 그의 주장이 점차 반향을 얻게 된 것은 어린 시절 유럽 여행을 다녀왔거나, 외교관으로 유럽에 근무하면서 유수의 자연사 박물관들을 경험했던 이들이 관심을 보이면서부터였습니다. 대부분 유력가문의 자제였던 이들이 미국의 정관계는 물론 재계를 좌지우지하는 거물들이 되면서 "미국에도 제대로 된 자연사 박물관을 설립하자"라는 빅모어의 주장은 날이 갈수록 힘을 얻게 되었습니다.

박물관 건립 논의가 시작된 지 2년 만에 센트럴 파크 동물원 초입에 있는 아스날 빌딩에서 미국의 자연사와 관련된 전시회가 열려 한층 분위기가 고조되었고, '뉴욕의 설탕왕'으로 불리던 로버트 스튜어트가 관장을 맡기로 하면서 박물관 건립 준비는 더욱 속도가 붙게 되었습니다.

1874년 건물의 초석을 놓은 지 3년 만인 1877년 박물관의 첫 번째 건물이 완공되면서 정식 개관식을 거행했는데, 당시 미국 대통령이었던 러더퍼드 헤이스까지 참석할 정도로 성대한 행사였습니다.

그런데 미국 자연사 박물관이 정말로 대단한 점은 건물의 엄청난 규모도 아니고, 어마어마한 소장품에 있는 것도 아닙니다. 우리가 관심을 갖고 살펴봐야 할 것은 개관 이후 박물관을 위해 노력해 온 '사람'들의 모습입니다. 미국 자연사 박물관은 유럽의 자연사 박물관에 비해 다소 부족한 규모와 부실한 전시품으로 시작할 수밖에 없었습니다. 하지만 미국 정부가 남북전쟁의 상처에서 벗어나 강력한 통치권을 발휘하기 시작하면서 하루가 다르게 발전해갔습니다.

자산가들은 유럽 귀족가문을 흉내 내 예술품이나 진귀한 물건들을 사모으는 유행이 널리 퍼지기 시작했습니다. 그와 동시에 그렇게 모은 물품들을 사회를 위해 기부하는 분위기까지 유행했죠. 사업으로 벌어들인 수입을 현금으로 기부하는 사람들도 늘어났습니다. 막대한 재원이 투입되자 미국 자연사 박물관은 양적으로나 질적 수준으로나 엄청난 발전을 이루었습니다. 미국은 물론, 전 세계에서도 유래를 찾아볼 수 없는 성장 속도였습니다.

하지만 박물관을 만들고 유지하기 위해 노력해온 사람들이 정말로 대단한 것은 이러한 과거형의 결과 때문만은 아닙니다. 이미 세계 최고 수준의 자연사 박물관으로 성장했음에도 불구하고, 끊임없이 자신을 되돌아보고 좀 더 나은 박물관으로 바뀌기 위한 노력을 계속해오고 있다는 것이 그들의 진짜 대단한 점입니다.

'파손의 우려가 있으므로 전시품은 절대 손대서는 안 되며, 특히 어린 관람객들이 전시품 가까이 가는 것을 막아야 한다'라는 고정관념을 탈피하여 어린 관람객들이 직접 고고학자나 탐험대원이 되어 공룡의 알을 채집하는 과정을 경험하게 한다던가, 3D 입체화면을 활용해 실제로 밀림으로 들어가 고대 유물을 발굴하는 듯한 경험을 선사하는 등의 프로그램을 가장 먼저 도입한 곳이 미국 자연사 박물관입니다.

이미 엄청난 양의 자료들을 소장하고 있음에도 불구하고, 미국 자연사 박물관은 새로운 분야, 새로운 학문에 대한 자료가 발견되었다는 소식이 전해지면 가장 먼저 관심을 보이는 곳으로 유명합니다. (실제로 이 책에 관한 프로젝트를 진행하며 협조를 구했을 때, 가장 먼저 답을 주고 관련된 지원을 아끼지 않았던 곳도 바로 미국 자연사 박물관이었습니다.)

또한 미국 자연사 박물관은 다양한 프로그램과 다채로운 이벤트 등을 통해 관람객은 물론, 정부, 지역, 학교, 문화계 등 외부와 연계된 활동을 활발하게 시도하는 것으로도 유명합니다. 박물관 내부 홀 공간을 활용해 기금 모금 갈라 파티도 자주 개최하고, 외부와의 협업을 통한 특별 전시행사도 열심히 열고 있습니다. 이런 노력 덕분에 미국 자연사 박물관은 개관 100년을 지나 200년에 가까워지고 있는 지금도 가장 역동적으로 발전하고, 시대에 맞춰 적극적으로 변화하는 젊은 박물관으로 각광을 받고 있습니다. 그런데 기업 중에는 미국 자연사 박물관이 입증한 이 같은 성공스토리를 보면서도 깨달음을 얻지 못하고 낭패를 보는 사례가 적지 않습니다.

사라진 기업들

출간된 지 꽤 지난 《좋은 회사를 넘어 위대한 회사로》라는 책이 있습니다. 이 책은 스탠포드 경영대학원 연구원과 HP, 맥킨지에서 컨설턴트로 근무했던 짐 콜린스가 그의 연구팀을 이끌고 조사대상 1,435개 기업 중에서 15년 동안 주식시장 평균 수익의 세 배 이상을 넘어서는 주식배당을 만들어낸 회사를 추려내, 그 회사들이 그럴 수 있었던 이유를 분석한 책입니다. 당시 이 책은 미국은 물론이거니와 우리나라를 포함한 전 세계에서 선풍적인 인기를 끌었고, 덕분에 짐 콜린스는 세계에서 가장 유명한 경제경영서 저자이자 강연가로 명성을 떨쳤습니다.

전쟁터와도 같은 치열한 시장환경 속에서 '좋은 기업' 정도로만 언급되

259

어도 가문의 영광일 텐데, '위대한 기업'으로 거론된 기업들의 면면을 살펴보면 그 성과와 업적이 화려하다 못해 눈부실 지경이었습니다. 1,435개 기업 중 단 11개만 선정된 '위대한 기업'의 주식은 같은 기간 미국 주식시장에 상장된 기업의 평균보다 6.9배가 넘는 배당금을 주주들에게 지급했습니다. 그렇게 고배당을 유지하면서도 경쟁기업에 비해 성장률 또한 압도적으로 높았습니다. 책의 초판이 출간된 것이 2001년이니까, 제법 오랜 시간이 지난 현재 11개의 위대한 기업은 어떻게 되었을까요?

결론부터 말하자면, 여전히 '위대한 기업'으로 남아있는 것은 제약기업인 애보트Abbot Laboratories가 유일합니다. 성과가 부진하다 못해 아예 시장에서 사라진 기업도 있습니다. 한때 미국과 캐나다에서 1,400개가 넘는 매장을 운영했던 미국 2위의 가전제품 유통업체 서킷시티는 책에서 위대한 기업으로 언급된 지 불과 7년도 채 안 된 2008년 11월 법원에 파산신청을 해야했습니다. 부동산 담보대출업체 패니메이의 최후는 훨씬 더 비극적입니다. 부동산 경기 활황과 정부의 지원에 힘입어 승승장구하던 패니메이는 2007년 터진 서브프라임 모기지 사태의 주범으로 몰리며 2년 만에 상장폐지되고 말았습니다. 위대한 기업의 영광은 뒤로 하고 금융위기의 주범이라는 오명만 남은 셈입니다.

이외에도 세계적인 담배 제조회사인 필립 모리스는 위대한 기업이라는 명성에 걸맞지 않게 폐암에 걸린 흡연자와 가족들에게 지속적인 소송을 당하고 있습니다. 만일 법원에서 필립 모리스의 책임을 인정하고 피해자들에게 배상하라는 판결을 내린다면 그 금액이 천문학적인 수준이 될 전망입니다. 그렇기 때문에 2~3년에 한 번씩 필립 모리스가 파산신청을 검토 중이라는 뉴스가 심심치 않게 나올 정도입니다. 언급은 되지 않았지만 나머지 기업도 마찬가지입니다. 위대한 기업으로 극찬을 받았던 수많은 기업이 불과 10년도 되기 전에 그 명성이 크게 퇴색되고 만 것입니다. 그렇다면 이런 사례가 비단 위대한 기업들만의 이야기일까요?

여왕의 함정으로부터 탈출하라

2005년도에 골드만삭스 출신의 론 벨러를 위시한 몇몇 투자은행가들이 헤지펀드를 판매하는 사무실을 런던에 열었습니다. 회사의 이름은 펠로톤 Peloton Partners LLP으로 장거리 자전거 레이스에서 사용되는 용어인 페로통 Peloton에서 따온 것이었습니다. 페로통은 승부와 크게 상관없는 평지 직선 주로에서 쓸데없는 경쟁으로 에너지를 낭비하지 않기 위해 소속팀에 상관없이 큰 덩어리의 집단으로 일정한 속도에 맞춰 달리는 것을 의미하는 단어였습니다. 이름처럼 펠로톤은 탁월한 팀워크를 발휘해 몇몇 투자상품에 승부수를 던졌고, 그들의 투자 결정은 정확하게 맞아떨어졌습니다. 고위험 상품 중 하나인 주택담보대출 유동화채권을 위주로 몇몇 상품의 비중을 극도로 높인 그들의 펀드 운영방식은 큰 성과를 거두었습니다.

펀드를 운용한 지 불과 2년이 지나기도 전에 그들은 업계에서 가장 주목하는 헤지펀드 중 하나가 되었습니다. 2007년 한 해에 거둔 투자수익률은 무려 87%에 달했고, 자산규모는 100억 달러가 넘었으며, 그해 최고의 금융 상품 및 투자사 등을 뽑는 시상식에서 두 개 부분을 석권하는 기염을 토했습니다. 말 그대로 2007년은 그들의 해였습니다. 하지만 최고의 해를 보낸 지

정확히 석 달이 지난 어느 날, 단 하루 만에 그들이 운용하던 펀드의 유동성 지표에 빨간불이 들어오기 시작하더니, 같은 해 3월 5일 유동성 고갈 신호와 함께 그들은 파산 및 청산 발표를 할 수밖에 없었습니다.

왜 이런 일들이 벌어지고 있을까요? 다름 아닌 '레드퀸 이펙트' 때문입니다. 여기서 레드퀸Red Queen이란 영국의 대문호 루이스 캐럴의 소설 《이상한 나라의 엘리스》의 속편 격인 《거울 나라의 엘리스》에 나오는 캐릭터의 이름입니다. 온통 빨간색 옷을 입고, 입술과 볼에도 빨간색 화장을 해서 붉은 여왕으로 번역되어 불리는 인물입니다. 작중에서 레드퀸은 항상 달리고 있습니다. 엘리스가 그 이유를 묻자,

> "세상이 나보다 더 빨리 달리고 있기에,
> 같은 속도로 달려봐야 제자리지."
> "멈춰 서면 저 먼 세상 어디론가 뒤처져버릴 수밖에 없어."

라고 대답합니다. 여기서 따온 단어가 바로 레드퀸 이펙트입니다.

공진화共進化, coevolution라고도 번역되는 이 단어는 생물학에서 자주 쓰이는데, 한 생물 개체 혹은 집단이 진화하면 그와 연계된 다른 집단도 진화하는 현상을 가리킵니다. 예를 들어, 아프리카 영양이 체구가 커지고 다리가 길어져서 점점 더 빨리 달리게 되자, 그를 잡아먹어야 생존할 수 있는 치타역시 더 빨리 달리게 된 것이 레드퀸 이펙트 또는 공진화의 가장 대표적인

루이스 캐럴의 소설 《거울 나라의 앨리스》에 나오는 레드퀸의 삽화. 소설에서 레드퀸은 항상 달리고 있다.

예입니다. 생물학에서 쓰이던 이 단어는 이후 정치학이나 경영학에서 더 많이 활용되고 있습니다.

기업경영에서 레드퀸 이펙트는 다음과 같이 설명되고 있습니다. 기업이나 시장의 진화과정에서 약자(패배자)는 새로운 대비책을 마련하고, 강자(승자)는 더 강력한 무기로 시장을 지배하려 들기 마련입니다. 그렇기 때문에 약자는 열심히 달린 것 같은데도 강자에 비해 늘 뒤처져서 그대로인 듯한 모습의 자신을 발견하게 됩니다. 강자라고 신세는 크게 다를 것이 없습니다. 약자가 계속해서 뒤쫓아오기 때문에 방심하지 않고 열심히 달린 것 같은데, 어느새 또 뒤쫓아와 있는 약자를 발견하게 됩니다. 영원한 승자도 영원한 패자도 없이 끊임없이 달리는 상태가 지속되고 있는 것이지요. 따라서 현재 그대로의 모습으로 멈췄다가는 조만간 도태되어 버리고 마는 현상이 기업경영에서의 레드퀸 이펙트입니다.

이를 일컬어 '경쟁력의 함정'으로 설명하는 학자도 있습니다. 어떠한 경쟁에서 한 번 이긴 기업이 기존에 승리한 방법에 집착해서 그를 지나치게 맹신하다 보면, 새롭게 변화하는 시장환경에 발 빠르게 대처하지 못하고 과거의 전략, 기법 등을 그대로 재활용하다 결국 도태되어 버린다는 것이 경쟁력의 함정입니다.

실제로 앞서 예로 들었던 '11개의 위대한 기업'이나 펀드업계의 '무서운 아이들'이었던 펠로톤 모두 한때 자신들을 성공시켰던 그 전략, 그 기술, 그 방법을 핵심역량으로 규정하고 그를 강조하기만 했을 뿐, 외부환경의 변화에 맞춰 자신들이 변해야 할 부분은 무엇인지에 대한 고민은 다른 경쟁자에 비해 약했던 것이 사실입니다. 그러다 보니, 경쟁에 이기기 위해 자신들의 약점을 찾아 과감하게 제거하고, 필요하다면 경쟁자의 장점을 흡수하는 것조차 거리낌이 없었던 2등, 3등에 비해 위대한 그들은 제자리걸음만을 계속했고, 어느덧 1위의 자리를 내주게 되었다는 것입니다.

박물관이 진짜 살아있다

다행히 미국 자연사 박물관은 레드퀸 이펙트에 휘말리지도 경쟁력의 함정에 빠져들지도 않았습니다. 어려운 여건을 극복하며 박물관을 만들고 운영해온 이들은 자신들이 얼마나, 어떻게 변해야 하는지를 명확하게 알고 있었습니다. 또한 반드시 변해야 할 만큼 세상이 엄청난 속도로 빠르게 변하고 있다는 것 역시 분명하게 알고 있었죠.

박물관을 찾는 사람들의 모습이 시각적 관람에서 촉각적 관람으로, 감탄하는 대신 공감하고 경험하는 관람으로 변하고 있다는 것을 정확하게 간파하고 그를 충족시키기 위해 다양한 프로그램들을 도입했습니다. 많은 박물관이 '최대 규모', '최다 소장' 등 양적 측면에 집중하거나, '가장 비싼', '전 세계에 하나뿐인' 등 희귀성 측면을 홍보할 때, 미국 자연사 박물관은 '가장 가까이에서 볼 수 있는', '직접 경험해볼 수 있는' 전시품들로 전시관을 채워 나갔습니다.

소장품의 파손이나 박물관 이미지 훼손 등의 문제 때문에 후보지에 오른 다른 박물관들이 모두 거절했지만, 이들은 과감하게 자신들의 박물관을 할리우드 영화의 촬영장소로 제공했습니다. 결국 영화의 흥행에 힘입어 미국 자연사 박물관은 자신들의 존재를 태평양을 건너 아시아 각국과 대서양 건너 유럽, 아프리카 사람들까지 인지하도록 만들었습니다.

이외에도 미국 자연사 박물관은 관람객과 함께 호흡하기 위한 과감한 시도를 다양하게 전개하는 것으로 유명합니다. 다양한 분야에 걸쳐 토론, 강연, 공연 등을 유치해 박물관 관람과 관련 분야 학습을 유기적으로 경험할 수 있도록 한 것은 지극히 평범한 일상적인 활동입니다. 유명 모델의 화보 또는 인기가수의 뮤직비디오 촬영 등도 수시로 진행되고, 희귀성이 떨어지는 일부 소장품 또는 대량으로 구할 수 있는 표본 등은 어린 학생들이 직접 만져볼 수 있도록 하고 있습니다. 시기별로 신청을 받아 박물관에서 하룻밤을 숙박할 수 있는 행사도 수시로 진행하는데, 접수창구가 오픈하자마자 곧바로 마감될 정도로 인기몰이 중입니다.

물론 이러한 활동에 반감을 가진 이들도 있었습니다. 박물관이 박물관답지 않다는 이유에서였습니다. '박물관이 아니라 아이들 놀이터 같다'라는 비아냥 역시 주기적으로 들어야 했습니다. 그러나 문턱을 낮추고 변화의 물결에 적극적으로 동참한 미국 자연사 박물관에서 소장품을 만지고 화석들과 함께 놀아본 아이들은, 학생이 되어 과제물 해결을 위해 박물관을 다시 찾았습니다. 그 학생들은 학교를 마치고 어른이 되어 이번에는 자신의 자녀들과 함께 놀기 위해 박물관을 다시 찾았죠. 그뿐만 아니라, 그러한 박물관 운영 취지에 공감하여 관심을 갖고 기부에도 열심히 동참한 터라 미국 자연사 박물관은 전 세계 자연사 박물관 중에서 가장 탄탄한 재정을 자랑하고 있습니다.

영화의 제목 그대로 미국 자연사 박물관은 '살아있는 박물관'으로 레드 퀸 이펙트, 경쟁력의 함정을 멋지게 극복하고 있습니다. 최고의 인재들이 매너리즘에 빠질 무렵이면, 미국 자연사 박물관과 같은 박물관과 미술관을 즐겨 찾는 이유가 여기에 있지 않을까 싶습니다.

미국 자연사 박물관

주소 200 Central Park West, New York, USA

홈페이지 www.amnh.org

관람시간 10:00~17:30 (월~토) / 09:00~19:00 (일, 공휴일)

휴관일 추수감사절, 12월 25일

입장권 가격 $28.00 (3세~12세 어린이는 $16, 학생 및 60세 이상은 $22)

관람 안내

· 뉴욕의 다른 미술관이나 유명 관광지들을 선택해서 이용할 수 있는 다양한 패스
(New York City Pass, The New York Pass, Explorer Pass 등)가 있습니다. 관람료
를 포함한 모든 물가가 엄청나게 높은 뉴욕에서 비용을 아낄 수 있다는 장점도 있
지만, 줄을 서지 않고 편하게 관람할 수 있다는 장점도 있으므로 적극적으로 활용
하면 좋습니다.

· 쌍방향 경험을 표방하는 박물관답게 관람객의 연령대나 학력 수준별로 이용할 수
있는 방법이 굉장히 다양한 곳으로 유명합니다. 미국 자연사 박물관의 홈페이지에
시기별로 이용할 수 있는 프로그램이나 이벤트가 끊임없이 업데이트되고 있으므로,
사전에 반드시 홈페이지를 확인하고 방문할 것을 권합니다.

· 다른 유명 미술관, 박물관과 마찬가지로 미국 자연사 박물관 주변은 늘 혼잡합니다.
특히, 소매치기가 많은 것으로 유명하니 소지품은 최대한 줄이고, 주위를 잘 살펴가
며 관람해 주세요.

※ 상기 내용은 24년 9월말 기준이며, 세부사항은 시기에 따라 일부 변경될 수 있습니다. 보다 자세한 사
항은 공식 홈페이지를 참조하시기 바랍니다.

열여덟 번째 미술관

오쿠라슈고칸 : 일본 도쿄

공부하는 미술관만이 살아남는다

삼성을 만들어낸, 한 겨울날의 사색

1983년 2월 8일, 도쿄. 일흔넷, 당시로는 연로한 나이의 경영자였던 삼성의 이병철 회장은 새벽 일찌감치 일어나 호텔 창밖을 물끄러미 바라보고 있었습니다. 최근의 따뜻했던 날씨와 어울리지 않게 창밖으로 내다보이는 호텔 정원에는 흰 눈이 소복이 내려앉아 있었죠. 그렇게 한참을 꼿꼿하게 선 채 창에 비친 풍경만을 쳐다보고 있던 이 회장은 눈을 감았습니다. 잠시 뒤, 눈을 뜬 그는 결심이 섰다는 듯 수행비서에게 서울로 전화를 넣으라 지시했습니다. 도쿄와 서울 모두 일상을 시작하기에는 조금 이른 새벽 시간이었지만, 수화기 너머로 전화를 받은 상대는 이른 시간의 전화쯤은 너무나도 익숙하다는 듯이 맑은 목소리였습니다.

"예, 회장님. 접니다."

"이른 시간에 미안합니다. 꼭 드릴 말씀이 있어서요."

"예, 말씀 주십시오."

"우리 삼성은 반도체를 할 겁니다.

중앙일보에 이 기사 좀 실어 주십시오."

전화를 받은 이는 이 회장의 사돈이자 중앙일보 발행인이었던 홍진기 회장이었습니다. 이후 몇 가지 추가적인 이야기를 나눈 뒤, '자세한 이야기는 서울 들어가서 나누자'라는 말로 통화가 마무리되었습니다. 수화기를 내려놓은 이병철 회장의 머릿속에는 1년 전의 기억이 떠올랐습니다.

1982년 3월, 이제 막 위암 수술과 회복 치료를 마치고 현업에 복귀했던 그는 보스턴대학교의 초청을 받았습니다. 불과 30여 년 전까지만 해도 세계 최빈국이었던 대한민국에서 삼성을 창업해 아시아에서 손꼽히는 거대 기업 집단으로 성장시킨 그에게 명예 경영학 박사 학위를 수여하고 싶다는 내용의 초청이었죠. 방문한 김에 이 회장은 실리콘밸리를 들러 IBM, HP, GE의 공장과 몇몇 반도체 업체들을 방문했습니다.

삼성은 이미 반도체 사업에 반쯤 진출해 있었지만, 문제는 '반쯤 진출해 있었다'라는 것이었습니다. 당시 이건희 동양방송 이사를 통해 한국 최초의 전공정Front-End 반도체 제조업체였던 한국반도체를 1977년 이미 인수해놓은 상태였습니다. 삼성전자와의 합병과 분리를 거듭하며 운영하고 있었지만, 성과는 시원치 않은 상태였죠.

실리콘밸리의 쟁쟁한 기업들을 둘러보며 반도체의 미래에 대해 굳은 확신을 가진 이병철 회장은 미국에서 돌아와 그해 여름 비밀리에 경기도 용인군 기흥면 능서리 일대에 부지조성 작업을 지시했습니다. 인사팀을 급파해 미국에서 활동하고 있는 재미과학자들의 영입에도 나섰습니다.

이듬해 1월에는 최정예 인원들로 구성된 사업개발팀을 실리콘밸리로 보내 사업계획서를 작성토록 했습니다. 현지에서 작성된 보고서에는 '제대로 된 투자만 적기에 이뤄진다면, 향후 5년간 5억 개 이상의 마이크로프로세서를 생산 판매할 수 있으며, 그로 인해 거둘 수 있는 수익은 천문학적 수준일 것'이라고 적혀 있었습니다. 문제는 '제대로 된 투자'를 '적기에' 하는 것이었습니다. 5년 동안 4천 4백억 원의 시설 투자와 1천억 원 이상의 연구개발비가 소요될 것으로 예상되며, 그 이상 필요할 것이 분명하다는 것이 중론이었습니다. 지금의 삼성전자에게는 충분히 감당할만한 금액이지만, 당시로는 천문학적인 규모의 자금이었습니다.

성공확률 역시 도전을 주저하게 했습니다. 미국, 일본과 유럽의 몇몇 선진국을 제외하면 반도체 산업을 성공적으로 영위하고 있는 업체는 전무했습니다. 아시아의 중진국이나 개발도상국 중에는 아예 찾아보기 힘들었죠. 회사의 명운이 달린 투자 결정을 해야 하는 상황. 1983년 초, 이병철 회장은 새해를 맞아 일본으로 향했습니다.

이 해만 특별했던 것은 아닙니다. 이 회장은 새해가 되면 늘 일본을 방문해 정재계 인사들과 업계 동향 및 세계 정세에 대한 이야기를 나누고, 일본 선진기업 등을 둘러보며 생각을 정리하고 한해 사업을 구상하는 것이 하나의 루틴이었습니다. 그리고 그 루틴 중 하나, 아니 가장 핵심적인 루틴이 바로 오쿠라 호텔에서의 숙박이었습니다.

대한민국 호텔의 롤모델이 되었던 호텔

도쿄 미나토구에 위치한 오쿠라 호텔은 서양식 호텔을 따라하기에 급급했던 분위기를 탈피해 일본식 정원을 본 떠 호텔 로비를 인테리어했습니다. 호텔 외관부터 객실, 각종 비품과 식기들은 모두 일본 전통의 와和 문화를 기반으로 디자인했고, 직원들의 서비스 역시 서양식 호텔리어보다 일본 료칸의 직원 같은 느낌을 살렸습니다. 설립 당시는 물론 지금까지도 일본 최고의 호텔, 일본의 전통문화를 되살려 지어낸 호텔, 일본 정관재계를 주무르는 실력자들이 제일 좋아하는 호텔로 거론되는 것이 오쿠라 호텔입니다.

그런 위상 덕분에 오쿠라 호텔은 일본을 찾는 수많은 유명인사의 사랑을 받았습니다. 영국의 찰스 왕세자와 다이애나비가 방문했을 땐 호텔 일대가 인산인해를 이루기도 했고, 일본을 방문한 미국 대통령 중 다수가 이 호텔에 묵었습니다. 이병철 회장의 오쿠라 호텔 사랑은 그중에서도 유별나서, 앞서 언급한 것처럼 매년 연말연시면 오쿠라 호텔에 숙박하며 연말 정리와 새해 구상을 했고, 신라호텔 개관을 준비할 때는 직원들을 선발해 오쿠라 호텔에 파견 연수를 보내기도 했습니다. 그도 모자랐는지, 1979년 신라호텔을 개관할 때는 아예 총매출의 1%, 영업이익의 4.5%를 15만 달러 상한하에 지급하는 위탁경영 계약을 맺고 운영을 부탁하기까지 했습니다.

이렇게만 보면, 오쿠라 호텔은 사업 감각과 미적 감각이 뛰어난 사업가

271

오쿠라 호텔에 위치한 오쿠라슈고칸의 전경. 크지 않은 사설미술관이지만 우리에게는 안 좋은 인연으로 얽힌 미술관이다.

가 지은 수준 높은 호텔로 보입니다. 하지만 이 호텔의 뒷마당에는 우리가 절대로 잊지 말아야 할 미술관이 하나 있습니다. 그것은 바로 대창집고관大倉集古館, 일본어로는 '오쿠라슈고칸'이라고 불리는 미술관입니다.

이 미술관은 원래 미술관으로 지어진 건물이 아니었습니다. 오쿠라 그룹 창업주인 오쿠라 기하치로가 조선, 중국, 만주 등을 오가며 수집한 개인 미술품을 보관하기 위해 1909년에 건축한 일종의 창고였습니다. 그러나 '오쿠라 집안에 기가 막힌 보물이 있다더라'라는 소문이 장안에 회자되고, 심지어 실제 소장하고 있지도 않은 보물까지 오쿠라가 갖고 있다는 '카더라 통신'이 파다하게 퍼져나가자 기하치로는 자신의 창고를 일반 대중에게 공개하기로 결정합니다. 이는 1912년의 일입니다. 오쿠라슈고칸의 시작이자 일본 최초 사설미술관의 시작이었습니다.

남의 보물로 생색낸 이의 말로

그런데 오쿠라 기하치로는 여기서 하지 말아야 할 짓을 해버리고 맙니다. 일제 강점기 주인 없는 건물 신세로 전락한 경복궁 자선당을 헐어 일본으로 싣고 가 오쿠라슈고칸 건물 발치 아래에 다시 지어 올린 것입니다. 자선당은 왕세자와 왕세빈이 머무르던 처소로 흔히 동궁東宮이라 불리던 곳입니다.

그는 새롭게 조립한 자선당 건물에 '조선관'이라는 이름을 붙이고, 자신이 조선에서 직접 반출하거나 도굴꾼, 장물아비로부터 사들인 한민족의 보물들을 전시하는 공간으로 활용했습니다.

물론 오쿠라 기하치로의 주장에 따르면 자선당을 자신이 불하받게 된 것은 정상적인 매각절차에 의해서였으며, 매매대금 역시 정당하게 지불했다고 합니다. 하지만 시기가 시기이니만큼 그의 주장을 액면 그대로 믿기는 어렵습니다. 또한 그곳에서 만날 수 있는 소장품의 면면을 보면 더더욱 그렇습니다.

우선 오쿠라슈고칸 안뜰에는 한눈에 봐도 오래된 역사의 흔적이 느껴지는 석탑이 두 개 있었습니다. 하나는 〈이천오층석탑〉이고 다른 하나는 〈평양율리사팔각오층석탑〉입니다. 탑 이름 앞에 붙은 지명을 보면 알겠지만, 두 석탑 모두 우리나라에서 찬탈해 간 보물입니다. (아, 이 역시 제값을 치르고 구매해왔다고 주장하고 있긴 하지만요.)

불행히도 지금은 만나볼 수 없지만, 오쿠라슈고칸이 처음 문을 열 무렵에는 엄청난 숫자의 고려청자를 소장하고 있었다고 합니다. 기록에 따르면

273

오쿠라슈고칸에 자리잡고 있는 〈이천오층석탑〉과 〈평양율리사팔각오층석탑〉. 현재는 그 모습을 찾아볼
수 없다.

진열되고 있는 것만 헤아려도 3,600점이 넘었고 수장고에 있던 건 그보다도 훨씬 더 많았다고 합니다. 귀한 고서적도 다수 보관하고 있었는데, 대략 1만 5천 권이 넘는 숫자였다고 하네요. 그런데 이처럼 과거완료형으로 말씀드리는 이유는 이들 보물을 이제는 만나볼 수 없기 때문입니다.

1923년 발생한 관동대지진 때 조선관을 포함해 오쿠라슈고칸의 모든 전시동 건물이 붕괴했고, 연달아 발생한 화재 등으로 내부 소장품 역시 모두 소실돼 버리고 말았습니다. 그렇기 때문에 현재 오쿠라슈고칸의 조선 유물은 돌로 된 탑 두 개가 전부지요. 지진에도 굳건하게 정원을 지켰던 〈이천오층석탑〉과 〈평양율리사팔각오층석탑〉은 새롭게 문을 연 오쿠라슈고칸을 대표하는 소장품으로, 슈고칸이 발행한 소개 책자마다 빠짐없이 등장했습니다. (이후, 해당 문화재에 대한 반환요청이 줄을 잇자 슈고칸 측은 은근슬쩍 석탑들을 해체해서 어딘가에 숨겨놓았습니다.) 이래저래 오쿠라슈고칸

274

은 한국인이 흔쾌히 방문하기 참으로 찝찝한 곳임에는 틀림이 없습니다.

그런데 언제까지고 승승장구할 것 같았던 오쿠라 가문에 몰락의 기운이 드리우기 시작했습니다. 1990년대 무렵부터 버블경제가 급속도로 사그라들자 일본경제 이곳저곳에서 앓는 소리가 들리기 시작했습니다. 1990년대 후반기부터는 아시아 경제 전체가 심각한 위기를 겪게 되었습니다. 우리에게도 아픈 기억인 IMF 구제금융과도 맞물려 있는 1997년 아시아 금융위기의 직접적인 여파가 오쿠라 가문의 기업들을 덮쳤습니다.

오쿠라 그룹 몰락의 결정타가 됐던 오쿠라 상사의 파산은 부동산 때문이었습니다. 미쓰비시 상사에 이어 일본 역사상 두 번째로 문을 연 상사였던 오쿠라는 한때 시장을 주름잡는 상사였습니다. 특히 그들이 강점을 발휘한 것은 부동산 사업이었습니다. 그러나 거품이 놀라운 속도로 터져버리기 시작했습니다. 10대 재벌로 꼽히던 오쿠라 그룹은 한때 200개가 훌쩍 넘었던 계열사가 7개의 계열사와 오쿠라 호텔 정도로 줄어들어 버렸습니다. 물론 지금까지도 오쿠라 가문의 기업들이 존재하고 오쿠라 호텔 역시 일본과 동남아 지역을 중심으로 성업 중입니다. 하지만 이제는 누구도 오쿠라 그룹을 주목하지 않습니다. 일본을 대표하는 기업으로도 생각하지 않지요.

못 배워먹어서 망한 사람들

인간은 본능적으로 학습에 대한 욕구가 있습니다. 새로운 것을 배우고 싶어하며, 원하는 배움을 얻었을 때 그에 대한 만족감 덕분에 자존감이 높아지는 경험을 하게 됩니다. 그런 인간들이 모여서 일하는 기업 역시 마찬가지입니

275

다. 기업은 원래 끊임없이 학습하고자 하며 그를 통해 성장하고 확장하려는 본능이 있습니다.

하지만 기업을 이루고 있는 조직으로 가면 이야기가 달라집니다. '기업이나 조직이나 똑같은 거 아냐?'라고 생각하실 수도 있는데, 여기서 조직은 기업을 움직이는 의사결정체 혹은 관리를 위한 제도를 의미합니다. 조직은 태생적으로 효율성, 좀 더 실감 나게 표현하자면 가성비를 추구합니다. 적은 돈으로 기업을 운영해 더 많은 수익을 창출하는데 몰두합니다. 기업에 속한 개인 또한 그렇게 하도록 강요하죠. 그 결과 수많은 기업 조직은 새로운 도전을 하기보다는 기존에 하던 일을 지속하며, 정해놓은 제도와 규범에 따라 관리되고 통제되는 구성원들을 더 선호하는 경향이 있습니다.

외부의 변화를 관찰하고 학습해 그에 기민하게 대응하기보다는 애써 무시하고 해오던 관행대로 움직이는 것이 일반적입니다. 끊임없이 변해야 한다고 부르짖지만 정작 모든 것을 바꿔가야 하는 시점이 되면 '돌다리도 두들겨보고 건너야 한다'라며 애써 신중론을 펼치는 사람들로 가득합니다. 그러다 보니 자연스럽게 학습하는 사람들을 지지하고 학습하는 행위 자체를 권장하는 분위기보다는 묵묵히 해오던 일을 더 열심히 하는 것이 칭찬받는 분위기가 만연하죠. 이를 두고 피터 센게 MIT 슬론 경영대학원 교수는 '지배적인 관리 시스템'이라 이름 붙였습니다.

오쿠라 그룹 역시 전형적으로 지배적인 관리 시스템에 의해 운영됐습니다. 태평양 전쟁 과정에서 해체의 길을 밟았던 재벌기업들은 1950년대 들어 전범기업을 중심으로 슬금슬금 재벌그룹 형성을 시도했습니다. 문어발식 확장 시도가 난무하고, 정치 권력을 돈으로 매수하는 정경유착이 횡행했습니다. 오쿠라 역시 과거 오쿠라 기하치로가 설립했거나, 그와 관련 있는 기업들끼리 손에 손을 잡고 재벌그룹화에 나섰습니다. 오쿠라 상사를 중심으로 오쿠라 가문과 직간접적으로 연관된 12개 기업들이 아오이카이葵会라는 친목 모임을 결성했습니다. 따가운 주위의 시선을 의식해서였는지 '아오이카이는 단순히 경영을 연구하는 친목 모임으로, 오쿠라 그룹 만들기와는 관련이 없다'라고 못 박았지만, 모임의 이름에 아오이라는 글자가 들어간 이유 자체가 오쿠라 기하치로의 집이 있던 동네, 즉 현재의 오쿠라 호텔이 들어선 지역 이름인 아카사카아오이초赤坂葵町에서 유래한 것만 보아도 이들의 속셈은 뻔했습니다.

이후 이 아오이카이가 실질적으로 오쿠라 그룹으로 여겨진 여러 기업의 경영에 깊숙이 개입했습니다. 사업적 협력관계 구축을 이유로 각 기업의 의사결정에 영향력을 행사했으며, 각종 제도와 시스템에 손을 댔습니다. 그런데 원하건 원하지 않았건, 이들이 이때 오쿠라 그룹 전반에 이식시킨 것이 전형적인 지배적인 관리 시스템이었습니다. 고령의 고루한 경영자들이 모여 지혜와 경륜을 전수해준다는 빌미 하에 젊고 진취적인 인재의 발탁을 막고 대신 말 잘 듣고 고분고분한 이들을 요직에 앉혔습니다.

오쿠라 호텔로부터 호텔 경영의 A부터 Z까지를 다 배웠다던 신라호텔이 한 성깔 하기로 유명했던, 시골 깡촌 출신의 허태학이라는 인물을 CEO로 등용해 호텔(호텔신라)과 리조트(삼성에버랜드) 사업을 크게 일으킨 것과 대조적입니다.

미술관도 기업도 배워야 산다

오쿠라 그룹을 포함해 지배적인 관리 시스템으로 인해 외부의 변화에 둔감하고, 더 이상 학습하거나 성장하려 하지 않으며, 그저 과거의 습성과 관행에 따라 안전하게만 살아가려는 기업 혹은 그 기업의 구성원들에게 피터 센게 교수가 제안한 해결책은 '학습조직'의 구축이었습니다. 기업이 성장하려면, 구성원들이 세상의 변화에 호기심을 갖고 항상 배우고 익혀 스스로를 성장시키는 것이 필요하다는 것이 그의 주장이었습니다. 기업은 구성원들의 학습을 촉진하기 위해 늘 관심과 지원을 아끼지 않아야 한다는 것도 빼놓지 않았죠.

늘 보던 단순한 문제 한두 개만 풀면 승패가 좌우되던 시대가 지나가고 복잡한 비즈니스 환경 속에서 여러 가지 문제가 서로 긴밀하게 엮여 있어 다양한 해결 방법을 찾아내야 하는 시대가 되었습니다. 탁월한 리더, 지혜로운 전략가, 강인한 장수 한두 사람만 활약해서는 조직이 성장은커녕 생존하기조차 힘든 시대가 된 것이죠. 앞으로는 그런 경향이 더 심화될 것입니다. 그래서 기업이 진정한 우위를 점하기 위해서는 모든 구성원이 끊임없이 학습하고 성장하는 시스템, 분위기를 만들어가야 합니다.

피터 센게 교수가 제시한 학습조직으로 전환하는 주요한 방법은 일명 '다섯 가지 규율'이라고 불리는 것들입니다.

첫 번째 규율은 '시스템 사고'로 전체를 명확하게 바라보고 복잡성을 이해한 뒤 효과적으로 바꿀 방법을 모색하는 것을 말합니다. 그를 위해 사물 자체보다 사물 사이의 관례를 보기 위한 훈련을 해야 합니다.

두 번째 규율은 '개인적 숙련'으로 개인의 성장 비전을 심화시키고 그를 달성하기 위해 자기객관화를 통해 현실을 있는 그대로 보는 것을 의미합니다. 세 번째 규율은 '공유 비전 구축'으로 진정한 헌신과 참여를 이끌어내는 동력이 됩니다. 두 번째와 세 번째 규율은 모두 학습에 대한 '열망'과 관련이 있습니다.

네 번째 규율은 '정신 모델' 혹은 '정신적 모형'으로 우리 안에 각인된 전제, 이미지나 상식 등을 말합니다. 세상을 이해하고 행동하는 방식에 큰 영향을 미치는 요소지요. 다섯 번째 규율은 '팀 학습'입니다. 구성원 각자가 품고 있는 가정을 유보하고 함께 생각하는 단계로 넘어가는 것을 말합니다. 이른바 집단 지성과 연관이 있습니다. 단, 전제조건은 진심으로 함께 생각해야 하죠. 네 번째와 다섯 번째 규율은 '성찰적 대화'로 갈무리할 수 있습니다. 조직에 필요한 학습 능력은 크게 시스템 사고와 열망 그리고 성찰적 대화의 안정감 있는 균형에 의해 좌우됩니다.

다시 도쿄로 돌아가, 오쿠라 호텔은 여전히 성업 중입니다. 호텔 오쿠라 그룹이라는 이름으로 해외시장에도 진출해 꽤 여러 곳에서 호텔을 운영하고 있습니다. 하지만 과거의 오쿠라 그룹은 이제 존재하지 않습니다. 오쿠라 상사를 비롯한 몇몇 기업들은 문을 닫았고, 또 다른 몇몇 계열사는 다른 기업에 팔려 가면서 간판을 내렸습니다. 과거 그룹에 속했던 몇몇 기업이 살아남아 명맥을 이어나가고는 있습니다만, 이제는 누구도 오쿠라를 과거의 그 대단했던 오쿠라 그룹이라고 생각하지 않습니다.

다만, 이제는 90세가 훌쩍 넘은 아오이카이 멤버만은 꼿꼿하게 살아남아 끊임없이 훈수를 두고 있습니다. 마치 자신들에게는 아무런 잘못이 없었다는 듯이…. 세상이 눈부시게 변해가고 있음에도 불구하고 전통과 경륜이라는 방패를 다부지게 들고 후배 일본 기업인들의 학습에 대한 열정을 뜯어말리고 있는 형국이죠.

우리의 귀한 문화유산을 빼앗아가 한때 전성기를 구가했지만, 결국은 마음을 열고 배우려 하지 않은 경영자와 그 주변인들 탓에 모기업조차 큰 위기에 빠져든 오쿠라슈고칸의 사례로부터 '공부하지 않으면 빼앗긴다'라는 교훈을 다시 한번 배우게 됩니다.

탁월한 인재들이 가끔은 '이제는 별로 볼 것도 없는' 미술관까지도 찾아가는 데에는 이유가 있는 것 같습니다.

최고의 인재들이 주말을 보내는 곳 18

오쿠라슈고칸

주소 日本國 東京都 港区 虎ノ門 2-10-3

홈페이지 www.shukokan.org

관람시간 10:00~17:00 (월~토) / 10:00~19:00 (금요일)

휴관일 매주 월요일 / 월요일과 국경일이 겹칠 경우 다음날 휴관, 12월 31일

입장권 가격 ¥1,000 (대학생 ¥800, 고등학생 이하 청소년은 무료)

관람 안내

· 우리 문화유산을 약탈해서 만든 미술관이라는 선입관 탓에 그다지 감정이 좋지 않을 수도 있지만, 잠시 그런 감정을 누그러뜨리고 찬찬히 살펴보면 꽤 볼만한 소장품들이 있는 편입니다. 특히 〈목조보현보살기상상〉, 〈고금화가집서〉, 〈수신정기회권〉 등 국보 3인방은 시간을 내어서라도 꼭 한 번쯤은 볼만한 작품들입니다.

· 역시 야스쿠니 신사의 정문을 설계했다는 이유만으로도 감정이 좋을 수 없지만, 어찌됐든 일본 건축 역사에 한 획을 그은 인물임에는 틀림없는 이토 주타 교수가 설계한 미술관 건물 자체도 볼만합니다. 일본 전통 건축양식을 살린 듯하면서도 묘하게 이국적인 느낌이 나는 외관도 둘러보면 재밌고 내부 역시 용을 비롯한 상상 속 짐승들의 조각으로 장식된 기둥과 들보는 묘한 감흥을 줍니다. 건물 외부 정원은 볕이 좋은 날에는 산책하기에 딱 알맞습니다.

※ 상기 내용은 24년 9월말 기준이며, 세부사항은 시기에 따라 일부 변경될 수 있습니다. 보다 자세한 사항은 공식 홈페이지를 참조하시기 바랍니다.

제값을 주고
그림을 사들인
미술관이 오래간다

강철의 부녀, 아버지의 고집

1912년 4월. 40대 초반의 미국인 벤자민은 머리끝까지 화가 난 상태였습니다. 1년 가까이 얼굴을 보지 못한 자녀들을 만나기 위해 예약했던 배편이 화부들의 파업으로 출발 직전에 취소됐기 때문입니다. 개인 비서 빅터가 다른 배편을 알아보기 위해 이곳저곳을 분주하게 뛰어다녔지만 사정은 여의치 않았습니다. 결국 자녀들과 약속한 날짜에 미국 집으로 돌아가는 것을 반쯤 포기하고 있을 때 빅터가 헐레벌떡 뛰어오는 모습이 보였다.

"사장님, 구했습니다. 배편을 구했습니다!"

실제로 빅터의 손에는 벤자민에게 필요했던 세 장의 승선권이 들려져 있었습니다. 갓 건조돼 처녀 출항을 하는 배의 티켓이라고 했습니다. 그런 건 아무 상관 없었습니다. 어차피 그가 탈 1등 선실은 어떤 배를 타더라도 그 배 안에서 가장 호화롭고 안락할 것이기 때문이었습니다. 반쯤 풀었던 짐을 다시 꾸린 그는 항구로 나가 '그 배'에 올랐습니다.

그리고 몇 시간 뒤.

벤자민은 선실 내를 서성거리고 있었습니다. 잠시 생각에 빠져 있던 그는 빅터를 불렀습니다. 얼굴이 하얗게 질린 빅터는 "지금 여기서 뭐 하시는 거냐"라며 그를 채근했습니다. 평상시라면 상상도 못할 일이었습니다. 하지만 벤자민은 그런 그의 불손한 태도에 전혀 화를 내지 않았습니다. 평소와 달리 부드러운 미소를 띠어 보이기까지 했죠.

"턱시도와 브랜디를 꺼내오게."

태연스러운 그의 말에 빅터는 이제 아예 고함을 지르며 화를 내기 시작했습니다.

"사장님! 지금 뭐 하시는 겁니까? 지금 밖은 난리라고요!"
"얼른 구명정을 타셔야 합니다. 턱시도는 또 무슨 말씀이세요?
구명조끼를 입으세요!"

283

하지만 천천히 옷을 갖춰 입은 벤자민은 한 손으로 브랜디 잔을 감싸 향을 즐기기 시작했습니다. 순간 덜컹하는 충격과 함께 굉음이 밖에서 들려왔습니다. 브랜디를 한 모금 입에 머금은 그는 아예 안락한 소파에 앉아서 승무원을 불렀습니다. 역시 빅터처럼 경황없는 얼굴로 찾아온 그에게 벤자민은 떨림 없이 엄숙한 목소리로 말했습니다.

"상황이 급박하다고 신사가 경망스럽게 굴 수 있나."
"난 이곳에 가장 어울리는 복장을 하고 브랜디나 즐기겠네."
"자네들은 어린아이와 숙녀분들을 먼저 도와주도록 하게."

그 말에 승무원과 빅터 모두 펄쩍 뛰었습니다.

"고객님, 구조는 1등 객실 승객부터 하도록 되어 있습니다."
"이건 비밀인데, 구명정이 승객수에 비해 부족합니다."
"서두르지 않으면 자리가 모자랄지 모릅니다."

그러나 그는 가끔 브랜디 잔을 입에 댈 때를 제외하고는 미동도 하지 않았습니다. 그러더니,

"내게 배정된 구명정의 자리가 있다면
어린아이나 숙녀분들에게 양보하도록 하겠네."

라고 말한 뒤 입을 다물고 긴 생각에 잠겨버렸습니다.

1912년 4월 15일 새벽 2시 20분. '영원히 침몰하지 않을 정도로 튼튼하고 안전한 배'라고 열심히 홍보한 통에 '불침선'으로도 불렸던 타이타닉호는 차가운 대서양의 심연으로 가라앉아 버렸습니다. 그리고 그 배와 함께 희생된 1,503명 중에는 끝까지 신사의 모습을 지키려 노력했던 미국인 백만장자 벤자민 구겐하임이 있었습니다.

강철의 부녀, 딸의 고집

그로부터 30년이 지난 1941년 7월, 뉴욕 이민국. 이민국 전체가 쩌렁쩌렁 울리도록 큰 소리가 터져 나왔습니다. 목소리의 주인공은 평범한 중년 여성의 모습이었지만, 사람을 움찔하게 할 정도로 차갑게 쏘아보는 눈매와 도도함이 자연스럽게 배인 모습은 뭔가 남달랐습니다. 여성은 팔짱을 낀 채, 이민국 관리들이 행정 절차를 밟고 있는 모습을 바라보며 질책을 퍼붓고 있었습니다. 엄하기로 소문난 뉴욕 이민국에서는 좀처럼 보기 힘든 모습이었습니다.

그럼에도 불구하고 이민국 담당자는 독일 국적의 한 남성을 세워두고 이것저것 꼬치꼬치 캐물었습니다. 당시 독일은 미국과 전쟁을 치르고 있는 적성국이었으므로 담당자의 행동은 지극히 당연한 절차였습니다. 독일인 남자는 열심히 답했지만, 무언가 부족해 보였습니다. 담당자는 서류를 앞뒤로 뒤적거리며 다른 질문거리를 찾는 듯했습니다. 그때였습니다. 잠시 소강 상태였던 여성의 불만이 폭풍처럼 터져 나왔습니다. 이번에는 목소리가 이

전보다 비교할 수 없을 만큼 커졌습니다.

"자, 여기! 혼인증명서가 있잖아요.

미국인과 결혼하면 입국이 가능한 것 아닌가요?"

"혼인증명서를 못 믿겠다면,

서류를 발급한 우방 프랑스 정부를 못 믿겠다는 건가요?"

"미국이 언제부터 이민자들을 가려서 받았죠?

대통령의 전화를 받아야 허가를 내줄 것인가요?"

대통령까지 들먹이며 고함을 치는 그녀와 혼인증명서를 번갈아 살펴보던 이민국 담당자는 소스라치게 놀라 상사의 소매를 당겨 서류를 자세히 들여다보도록 했습니다. 그녀가 언급한 '대통령의 전화'가 허풍이 아님을 직감한 이민국 직원들은 서둘러 독일 남자의 입국서류를 발급하고 도장을 찍어줬습니다. 소식을 듣고 내려와 정중하게 배웅까지 하는 이민국장의 모습을 보면서 신참 이민국 직원이 물었습니다.

"아니, 저 여자가 누군데 대통령님을 들먹거리고,

국장님까지 쩔쩔매시는 거죠?"

그러자 방금 입국 도장을 찍어준 직원이 한숨을 쉬며 답했습니다.

"폐기…폐기 구겐하임"

이미 유럽은 물론이고 미국에서도 유명세가 대단했던 미술계의 큰손이자 사교계의 여왕이 바로 그녀였습니다. 그녀가 보낸 초청장 한 장에 유럽의 왕실이 움직이고, 전화 한 통에 미국 상하원 의원들이 들썩거린다는 인물이었습니다. 그리고 30년 전 타이타닉호에서 멋진 최후를 맞이한 낭만적인 억만장자 벤자민 구겐하임이 바로 그녀의 아버지였습니다. 벤자민은 바로 이 딸의 생일에 맞춰 미국 집으로 돌아가려다 타이타닉호와 함께 최후를 맞이한 것이었습니다.

개인에 대한 욕망을 예술에 대한 욕구로 승화시키다

페기 구겐하임의 할아버지는 자원개발로 세계적인 재벌이 된 인물이었습니다. 산업의 발달과 전기의 공급으로 앞으로 구리 수요가 폭발적으로 늘어날 것이라는 정보를 입수하고, 구리광산을 싹쓸이하여 몇 배의 이문을 붙여 되팔면서 '구리왕'으로 불리던 분이었습니다. 그리고 외할아버지 역시 남북전쟁 당시 북부연방군에 물품을 공급했던 군납업자로 전쟁이 끝난 이후 복구에 필요한 물품까지 도맡아 납품하며 돈을 갈퀴로 쓸어 담아 엄청난 재산을 축적한 분이었습니다. 이러한 양가의 재산을 아버지와 어머니를 통해 상속받은 페기 구겐하임은 '구겐하임 가문의 상속녀'라는 간판으로 사교계에서 명성을 떨치고 있었습니다.

하지만 사교계의 다른 부유층 여성들과 달리 그의 관심은 값비싼 보석이나 모피가 아니었습니다. 그녀의 관심은 오로지 미술품으로 향해있었습니다. 그것도 당시 부자들이 선호하던 르네상스나 중세 유럽의 미술품이 아닌, 생존하고 있는 작가들의 현대미술 작품이었습니다. 당시만 해도 미술애

호가라 하면 다빈치나 미켈란젤로의 팬들이 대부분이었습니다. 조금 현대적인 작가들을 좋아한다고 해봐야 르누아르와 고흐 정도가 주된 관심 대상이었지만, 죽기는커녕 화단에 제대로 이름조차 알리지 못한 신예작가들의 작품을 사 모으고 작품활동을 지원하던 그녀에 대해 사람들은 호기심을 가졌습니다.

하지만 그녀는 타인의 시선은 아랑곳하지 않고 계속해서 작가들을 지원하고 그들의 작품을 제값에 사들였습니다. 물론 피카소나 샤갈처럼 생존해 있음에도 불구하고 이미 엄청난 명성을 떨치고 있던 예술가의 작품들도 그녀의 수집 목록에 올라 있었습니다. 하지만 그렇지 못한 작가들의 작품이 압도적으로 더 많았죠. 당시 그녀가 작품을 사거나 지원했던 예술가들의 면면을 보면, 이브 탕기, 앙드레 마송, 커트 셀리그만, 마크 로스코 등이 있었습니다. 1941년 이민국을 한바탕 뒤집어 놓은 소동의 주인공 막스 에른스트 역시 그녀가 지원하던 예술가였습니다. 유대계 독일인 화가로 이후 쉬르레알리즘Surrealism이라 불리는 초현실주의의 대부이자 다다이즘Dadaism의 창시자 중 한 명이 될 인물이었습니다.

페기 구겐하임은 항상 그랬습니다. 일반인들의 상식이나 고정관념과는 조금 다르게 생각하고, 그 조금은 다른 생각에 따라 과감하게 행동했습니다. 2차 세계대전 직전에 그가 내린 결정 역시 그랬죠. 지금 환율로 수천억 원에 가까운 막대한 유산을 물려받은 그녀는 런던에 자신의 화랑을 열었습니다. '젊은 구겐하임Guggenheim June'이라는 이름의 화랑은 페기 구겐하임 자신을 위한 것이기도 하지만, 집으로 돌아오지 못하고 차가운 대서양 바다에서 숨진 아버지 벤자민 구겐하임을 위한 것이기도 했습니다.

한동안은 열정적으로 화랑을 운영했습니다. 그런데 어느 순간부터인가 점점 다른 욕심이 생기기 시작했습니다. 작가 한 명의 작품을 전시·판매하기 위한 공간보다 좀 더 큰 규모의 그럴듯한 미술관을 건립해 운영하고 싶어졌습니다.

욕구 속에 머물던 그녀의 생각을 현실 세상으로 끄집어내 준 것은 그 무렵 한창 교분을 나누던 유명한 미술사학자 허버트 리드 경이었습니다. 페기 구겐하임이 예술가적 안목을 가질 수 있도록 도와준 평생의 스승이자, 영국은 물론 유럽 전역에 이름을 떨치던 저명한 미술사학자였던 그는 그녀에게 미술관 설립에 필요한 것들을 알려주고 도움을 줄 만한 사람들을 소개해주었습니다.

목숨을 걸고 예술품을 긁어모은 엽기적인 컬렉터

그렇게 개관 준비로 한창 바쁘던 1939년 9월 1일. 페기 구겐하임은 자신의 이름을 딴 미술관의 개관 기념 특별전에 전시할 미술품과 초대할 작가들을 섭외하기 위해 잠시 파리로 건너와 있었습니다. 이날 오전 역시 전시 작품 검토와 작가 물색을 위한 미팅이 한창이었죠. 그런데 갑작스럽게 호텔 방문이 열리며 파리 현지에서 일을 도와주던 직원이 헐레벌떡 뛰어 들어왔습니다. 직원은 얼굴이 새파랗게 질린 채로 벽난로 위에 놓인 라디오를 급히 켰습니다. 라디오에서는 프랑스 대통령이 독일의 폴란드 침공을 알리고 조만간 영국을 포함한 다른 국가들과 함께 해결책을 마련할 것이라는 긴급성명

289

을 발표하고 있었습니다. 하지만 방에 있던 모든 이는 알 수 있었습니다. 상황이 심상치 않다는 것을요.

아니나 다를까, 곧 국경에서 프랑스군과 독일군이 교전 중이라는 소식이 들려오기 시작하더니, 이내 파리 근교까지 밀고 들어와 파리 입성이 멀지 않았다는 소문이 연달아 들려왔습니다. 미국과 영국의 가족, 지인들이 페기에게 서둘러 런던 또는 뉴욕으로 돌아오라며 급전을 보내왔습니다.

하지만 그녀는 그럴 생각이 없었습니다. 미술관을 준비 중인 그녀에게 뭔가 '새로운 양상' 혹은 '기회'가 보이기 시작했기 때문입니다. 독일군이 파리 입성을 앞두고 있다는 소문을 들은 파리 시민과 귀족 그리고 화랑들이 피난을 가기 위해 짐을 싸기 시작했습니다. 목숨이 위협받는 상황에서 부피가 큰 예술품까지 챙길만한 여유가 있는 사람은 거의 없었습니다. 게다가 피난 생활이 언제까지 계속될지 모르는 상황이었기에 소장하고 있던 미술품들을 앞다퉈 시장에 내놓았습니다. 대대로 내려오던 명작은 물론이거니와 피카소와 미로 등 최고 인기작가들의 대표작들도 매물로 나왔습니다. 하지만 작품을 팔려고 내놓는 사람은 있어도 내놓은 작품을 사겠다는 사람은 단 한 사람도 없었죠.

그때 그녀가 미술시장에 등장한 것입니다. 그녀는 주변 사람의 만류를 무릅쓰고 시장에 나온 미술품들을 사 모으기 시작했죠. 그녀는 온종일 매물로 나온 미술품을 살펴보고, 값을 치르고, 작품들을 사무실로 옮겨다 놓았습니다. 예전 같으면 절대 살 수 없었던 미로나 마그리트의 작품을 헐값에 사들일 수 있었죠. 돈이 있어도 구할 수 없었던 피카소의 작품 여러 점도 적당

2차대전이 벌어지고 있는 와중에 수집한 현대미술 작품을 중심으로 열린 '금세기 화랑'의 모습.

한 가격에 구입할 수 있었습니다.

　　그렇다고 해서 그녀가 위험을 즐기는 성격이라거나 무작정 운과 팔자를 믿는 운명론자여서 그랬던 것은 아니었습니다. 정열적으로 미술품을 사 모으던 그녀는 독일군이 파리에 입성하기 정확히 이틀 전, 누군가로부터 연락을 받고 알프스 인근의 조용한 산골마을로 안전하게 피난을 갔습니다. 이후 그녀는 유럽에 남아있는 유대계 예술가들을 영국이나 미국으로 이주시키기 위한 활동에 전념했습니다. 그리고 파리에서 싼값에 사들인 불후의 걸작들을 기반으로 '금세기 화랑The Art of This Century Gallery'을 열었습니다.

　　미국으로 돌아온 그녀는 사교계의 여왕으로, 현대미술계의 막강한 후원자로 화려한 명성을 계속 이어나갔습니다. 혹자는 숱한 남성 편력과 자신의 외모적 특성을 전혀 고려하지 않은 패션과 과한 화장, 어떤 것에 대해 때로는 집착에 가까운 모습이었다가 또 때로는 방관하다시피 했던 변덕스러운 성격 등을 예로 들며 그녀에게 '엽기적인 컬렉터'라는 별칭을 붙여주기도 했습니다. 하지만 그녀는 예술을, 예술가들을 그리고 자기 인생을 열정적으로 사랑할 줄 아는 사람이었습니다.

세기의 명작이 그녀만을 찾는 이유

제2차 세계대전이 끝난 뒤, 유럽 문화계가 초토화되고 유명 화가의 작품들이 눈에 띄게 사라지자 뉴욕의 화랑들은 자신들이 소장하고 있던 유럽 작가의 작품을 비싼 값에 되파는 데 혈안이 되었습니다. 당연히 사람들의 관심은 화랑계의 큰손이자 미국에서 유럽 현대미술 작품을 가장 많이 소유하고 있다고 소문난 페기 구겐하임에게 쏠렸습니다. 하지만 그녀는 주위와는 담을 쌓고 자기 자신만의 방식으로 미술에 대한 사랑을 계속 이어갔습니다. 당시 그녀는 불우한 예술가들을 돕는데 푹 빠져 있었습니다.

하지만 미국 미술계에 대한 페기 구겐하임의 애정은 이내 식어버리고 말았습니다. 이미 정치적, 상업적 그리고 문화적으로도 세계 초강대국의 반열에 올라선 미국, 그중에서도 모든 것의 중심지였던 뉴욕의 분위기는 예전 같지 않았습니다. 그녀에게 뉴욕 예술계는 돈에 찌든 사업가들이 판을 치는 복마전으로 보였습니다. 미국 생활에 염증을 느낀 페기는 1949년 다시 유럽으로 돌아갔습니다. 전쟁이 끝난 직후 이탈리아 여행을 떠났을 때부터 눈여겨 봐두었던 베네치아가 그녀의 목적지였죠.

아름다운 미술관의 정원을 거닐며 베네치아의 대운하와 함께 세계 최고 수준의 현대미술 작품들을 감상할 수 있는 페기 구겐하임 컬렉션 전경.

그녀는 호텔에 머물며 이탈리아 귀족들의 저택 중 쓸만한 것이 있는지 물색했습니다. 오래지 않아 과거 베네치아 총독이 소유했던 유서 깊은 저택을 구입할 수 있었습니다. 최고급 대리석을 사용해 18세기 무렵 지어진 건물 위로 담쟁이가 멋들어지게 타고 올라간 운치 있는 저택이었습니다.

페기 구겐하임은 수집한 미술품들을 이곳에 모두 모아 자신만의, 하지만 어찌 보면 모두를 위한 미술관을 열기 바랐습니다. 규모는 크지 않았지만, 자신이 사랑했던 작가들의 작품을 전시하기엔 충분했고, 가족처럼 보살피고 있는 두 마리의 강아지가 뛰어놀 수 있는 정원이 있어 마음에 쏙 들어 했습니다. 실제로 지금 다시 가봐도 베네치아 페기 구겐하임 컬렉션Peggy Guggenheim Collection은 확실히 미술관이라기보다는 제법 큼지막한 화랑에 가깝습니다. 그러다 보니 베네치아를 방문한 많은 사람들이 다른 곳은 다 들르면서도 페기 구겐하임 컬렉션은 지나쳐 버리는 경우가 많습니다.

규모는 작지만, 현대미술에 대한 미술관 주인의 안목과 애정을 반영이라도 하듯 페기 구겐하임 컬렉션의 작품들은 하나하나가 화제가 되는 문제작, 다른 곳에서 접하기 힘든 희귀작, 그림을 그린 작가에게 중요한 시기가 되는 때에 그린 인생 작품들인 경우가 많습니다. 그중 몇 가지만 살펴보면, 〈게르니카〉가 피카소가 그린 가장 슬프고 비극적인 그림이라면, 반대로 그가 그린 가장 경쾌하고 밝은 그림 중 하나인 〈바다에서〉, 그녀의 지원 덕분에 인생이 바뀐 몇 명의 예술가 중 가장 극적인 성공을 거둔 것으로 평가받는 잭슨 폴록의 대표작 〈달의 여인〉, 역시 페기 구겐하임과의 교류를 통해 창작활동에 전념할 수 있었던 파울 클레의 〈마법의 정원〉 등과 같은 회화 작품들이 있습니다.

미술관의 입구에는 페기 구겐하임 컬렉션의 상징과도 같은 작품이자, 이탈리아가 낳은 최고의 현대 조각가 중 한 명인 마리노 마리니의 걸작 〈도시의 천사〉가 있습니다. 조각 작품 라인업도 화려한데, 여느 미술관에서 쉽게 만나보기 힘든(이라고는 하지만, 우리나라의 미술관인 리움도 그의 작품을 소장하고 있는…) 알베르토 자코메티의 조각 〈걷는 여인〉이나, 페기 구겐하임의 두 번째 남편이자 영원한 예술적 동반자였던 막스 에른스트의 〈아테네의 거리에서〉 같은 조형물들이 페기 구겐하임 컬렉션의 이름을 널리 알리고 있습니다.

그런데 이곳 페기 구겐하임 컬렉션을 방문하거나, 그녀의 생애 특히 제

2차 세계대전 직전 엄청난 숫자의 미술품들을 사들이며 세계 미술계의 거물로 등극하게 될 무렵의 모습을 살펴볼 때마다 드는 생각이 있습니다. '어떻게 그녀는 제2차 세계대전이라는 절체절명의 순간에 미술품을 사들일 생각을 했을까?'와 '그렇게 맹렬히 미술품을 사들이던 그녀가 어떻게 독일군의 파리 입성 직전에 빠져나올 수 있었을까?'와 같은 생각들입니다. 어떻게 그럴 수 있었을까요? 답은 바로 '정보'였습니다.

그녀는 단순히 허영심에 빠져 산 엽기적인 여성이거나 무식하게 배포만 큰 상속녀가 아니었습니다. 관련 분야에 전문지식과 엄청난 양의 정보를 가진 사람들을 주변에 두고 그들이 자신의 능력과 정보를 최대한 활용하도록 하는데 탁월한 능력을 발휘했습니다. 덕분에 그런 이들이 미술시장의 동향과 전쟁 상황, 심지어 독일군의 파리 진격 일시와 외국인, 특히 유대인에 대한 박해 계획 등 온갖 정보를 그녀에게 빠짐없이 알려줬습니다. 그런 정보를 바탕으로 그녀는 '지금이 미술품을 사들일 절호의 기회'라는 판단을 내렸고, 또한 '지금은 털고 떠날 때'라는 판단을 내리기도 했던 것입니다.

변하지 않는, 생존의 법칙

잠깐 다른 이야기를 해볼까요? 서울대학교 교수와 한양대학교 석좌교수를 역임한 '경영학계의 구루' 윤석철 교수는 자신의 책 《프린시피아 메네지멘타》에서 '기업의 생존 부등식'이라는 이야기를 한 적이 있습니다. 그에 따르면 시장이 정상적인 모습으로 존재하려면 일종의 부등식이 성립되어야 하는데, 첫 번째 부등식은 생산자(공급자)의 입장에서 '판매한 상품의 가격은 언제나 상품을 만들어내기 위해 투입한 원가보다 커야 한다'라는 것입니다.

당연한 얘기지요. 세상 어떠한 사람도 상품을 만드는데 들어간 원가보다 싸게 팔려고 하지는 않을 것입니다. 두 번째 부등식은 소비자의 입장에서 '구입한 상품으로부터 느끼는 가치는 구입할 때 지불한 상품의 가격보다 커야 한다'라는 것입니다. 이 역시 당연한 이야기인 게, 90원 정도의 가치로 느껴지는 상품을 구입하는데 100원을 쓰고 싶은 사람은 없을 것이기 때문입니다.

이 둘을 결합하면 '상품의 가치^{Value} 〉 상품의 가격^{Price} 〉 상품의 원가^{Cost}'라는 이중의 부등식이 성립되는데, 윤석철 교수는 이를 '생존 부등식'이라 하였습니다. 즉, 시장이 존재하려면, 기업이 생존하려면 반드시 성립되어야 하는 부등식이라는 말이겠지요. 이 생존 부등식을 다시 자세히 살펴보면 '시장의 수요와 공급에 의해 결정되는' 상품의 가격과 '소비자가 느끼는 필요에 의해 결정되는' 상품의 가치 사이의 차이$^{Value-Price}$가 '소비자 이득' 또는 '소비자 혜택'이 되고, 상품 가격과 '생산자의 노력과 능력에 의해 결정'되는 상품 원가 사이의 차이$^{Price-Cost}$가 '생산자 이득'이 된다고 합니다. 그런데 기업의 입장에서 문제는 상품의 가격을 생산자가 마음대로 할 수 없다는 데에 있습니다.

> "아니, 물건 파는 사람이 가격을 붙여 파는데,
> 뭘 마음대로 못한다는 거야?"

라는 말씀을 하는 사람도 있을 수 있습니다. 하지만 실제 가격이 형성되는 매커니즘을 자세히 살펴보면 생산자(와 경쟁자), 소비자, 정부 등이 촘촘하게 연결돼 한 치의 양보 없이 팽팽하게 밀고 당기는 가운데 가격이 결정되는 경우가 대부분입니다. 그렇기 때문에 실제로 기업들은 가격이 어느 정도 선에서 고정된 것으로 보고(혹은 심지어 점진적으로 더 내리는 것을 목표로 한 채) 제조원가를 절감하는 방법으로 생산자 이득을 크게 하기 위해 노력하게 됩니다. 그를 위해 가장 신경 쓰는 것 중 하나가 공급하는 상품이나 서비스의 원료가 되는 원자재나 인건비 등의 절감이죠.

그를 잘해서 성공한 기업이 바로 월마트입니다. 특이하게도 우리나라에서는 고전을 면치 못하다 철수해 버렸지만, 미국을 포함한 전 세계적으로 월마트는 최고로 인정받는 유통기업 중 한 곳입니다. 그렇다면 월마트의 어떤 전략, 어떤 경쟁력이 강력한 경쟁자들을 물리치고 부동의 '유통업 1위 기업'이 될 수 있게 했을까요? 다들 아시다시피 일단 '남들보다 싸게'를 실현했기 때문입니다. 그것도 매우 강력하게! 월마트는 설립 초기부터 임대료가 비싼 시내보다는 차를 타고 조금 멀리 나가더라도 넓고 싼 교외에 매장을 오픈해 왔습니다. 그렇게 낮춘 초기 투자비 덕분에 그들은 지금까지도 월마트 하면 저절로 생각나는 슬로건 "매일매일 최저가! Everyday Low Price!"를 현실로 이뤄낼 수 있었습니다. 그런데 여기서 한 가지 간과하면 안 될 것이 있습니다. 일부 사람들은 '월마트가 강력한 구매력을 바탕으로 납품업체들을 쥐어짜는' 악덕 업체로 알기도 하지만 그렇지만은 않습니다.

물론 월마트가 강력한 구매력을 바탕으로 최저가 납품을 유도하는 정책을 펼치고 있는 것은 사실입니다. 하지만 관련 자료들을 살펴보면 실제 그들의 매출액에서 매출원가가 차지하는 비중은 다른 업체들에 비해 절대로 낮지 않습니다. 비슷하거나 오히려 조금 상회하는 수준이죠. 특히 매출원가 중에서도 구매비용만 따져보면 경쟁업체보다 오히려 3% 이상 더 높은 비중을 보입니다. 반면, 물류비용과 기타비용을 경쟁업체보다 확실하게 절감해서 매출원가를 낮추고 있습니다. 영업비용으로 가면 차이가 더 커집니다. 영업비용을 구성하는 요소인 광고비, 임대료, 기타 영업비용 등에서 월마트는 경쟁업체에 비해 확실한 차이를 만들어내고 있습니다. 덕분에 좋은 물건을 '제대로 된 값을 주고', '대량으로 구매해', '최저가로 팔아'도 월등한 수준의 영업이익을 거둘 수 있었습니다.

여기서도 마찬가지로 페기 구겐하임이 그토록 잘 활용했던 '정보'가 등장합니다. 월마트가 전 세계에서 가장 싼 물건을, 적기에 공급받을 수 있었던 것 역시 그들이 '정보'를 쥐고 있었기 때문입니다. 정보를 활용해 물건을 공급하는 생산자들에게는 적정한 보상을 해주면서 물류비용이나 기타 불필요한 비용들은 최대한 아끼는 방법을 통해 낮은 구매 원가를 실현했던 것입니다. 월마트의 정보력과 정보분석력은 워낙 막강해 그들의 날씨 정보가 웬만한 국가의 일기예보보다 정확하다고 합니다. 정밀한 날씨 정보를 바탕으로 농산물을 최저의 가격으로 사서 적정한 가격에 소비자에게 공급할 수 있었죠.

페기 구겐하임 역시 자신이 보유한 정보를 활용할 줄 아는 사람이었습니다. 화랑 주인이나 투기 세력에게 돌아가는 거품 비용은 최대한 거둬내고, 작품을 창작한 예술가들에게는 적정한 보상을 하며 최고 수준의 작품들을 수집했습니다. 그랬기에 사망 후 수십 년이 지난 현재까지도 20세기 최고의 예술 컬렉터로, 이 시대의 위대한 화랑 경영자로, 시대를 앞서갔던 미술품 애호가로 사람들의 기억 속에 남을 수 있었습니다.

세계 미술계의 대모이자, 현대미술의 유력한 지원자로 명성을 떨친 페기 구겐하임은 '베네치아의 여왕' 소리를 들으며 행복하게 살다, 1979년 크리스마스를 불과 이틀 앞두고 심장마비로 영면에 들었습니다. 자녀가 있었지만 생전 자신이 걸어온 삶의 방식대로, 돈이 될만한 작품들은 단 한 점도 그들에게 물려주지 않았습니다. 대신 삼촌 솔로몬 구겐하임이 뉴욕에 건립한 구겐하임 미술관에 대부분의 작품을 기증했습니다. 뉴욕 구겐하임 미술관은 그녀의 뜻을 기려 별도의 컬렉션을 미술관 내에 두었을 뿐만 아니라, 그녀가 살았던 저택을 개축해 지금과 같은 모습의 페기 구겐하임 컬렉션으로 재개장했습니다.

지금도 베네치아에는 햇살이 따스한 날이면 테라스에서 선글라스를 낀 채 일광욕을 즐기던 베네치아의 여왕을 기억하는 이들이 많습니다. 그리고 그들은 그녀가 베네치아 시민들에게 선사한 아름다운 미술관에 방문해 다시금 그녀에 대한 기억을 추억하고는 하죠. 반면에 최고의 인재들은 조금 다른 모습으로 그녀를 기억할지도 모릅니다. '기업의 생존 부등식'을 제대로 이해해, 제값 주고 사서 제대로 가치를 인정받는 방식으로 성과를 이뤄낸 대단한 사업가로 말이죠. 사업에 대한 혜안이 필요할 때 최고의 인재들이 종종 미술관을 찾아가는 이유가 여기에 있습니다. 이번 주말, 여러분도 근처의 미술관 또는 박물관에 방문하는 것은 어떨까요?

페기 구겐하임 컬렉션

주소 Palazzo Venier dei Leoni Dorsoduro 701 I-30123 Venezia, Italy

홈페이지 www.guggenheim-venice.it

관람시간 10:00~18:00

휴관일 화요일

입장권 가격 €16 (26세 이하 학생 €9, 70세 이상 €14)

관람 안내

· 미술관의 규모나 소장하고 있는 작품 숫자에 비해 입장권이 조금 비싼 감이 없지는 않으나, 다양한 할인 프로그램 및 무료 입장 이벤트가 굉장히 많으니 티켓을 구입하기 전에 미술관 홈페이지를 반드시 먼저 살펴볼 것을 권해드립니다.

· 다른 유명 미술관도 그런 경우가 많지만, 특히 베네치아의 페기 구겐하임 컬렉션은 내부에 전시된 작품들도 작품이지만 미술관 자체가 여주인의 드라마틱한 삶의 흔적과 이야기가 가득 담긴 일종의 전시물 그 자체입니다. 시간을 두고 천천히 둘러보며, 테라스에 수영복을 입고 누워 특유의 선글라스를 끼고 베네치아 운하를 오가는 곤돌라와 수상보트를 보며 손을 흔들며 아름다운 인생을 노래했을 페기를 떠올려 보는 것은 어떨까요?

※ 상기 내용은 24년 9월말 기준이며, 세부사항은 시기에 따라 일부 변경될 수 있습니다. 보다 자세한 사항은 공식 홈페이지를 참조하시기 바랍니다.

세계 최고의 인재들은 무엇을 위해 일할까?

스무 번째 미술관

폴디 페촐리 미술관 : 이탈리아 밀라노

한 번을 보여주더라도
폼나게 보여주는
미술관이 성공한다

억울한 선의

많은 시간이 흘러 사람들의 뇌리에서 잊힌 기억이 되어 버렸지만, 영국 런던
에서 개최된 제30회 하계 올림픽에서 대한민국 남자 국가대표 체조선수가
금메달을 땄습니다. 우리나라 기계체조 역사상 첫 올림픽 금메달이었습니
다. 당연히 온 국민의 폭발적인 관심이 그에게 쏟아졌고, 금메달 획득 다음
날 동이 트기가 무섭게 방송국에서는 전라북도 고창군에 있다는 그의 부모
님 댁으로 몰려갔습니다. 그러나 TV를 본 시청자들은 깜짝 놀라고 말았습니
다. 가정환경이 어렵다는 말이 있었지만, TV에 나온 그의 집은 상상 이상이
었습니다. 당시 선수의 가족은 몇 차례 사업적 실패와 가장이었던 아버지의
질병 치료 등으로 가세가 기울어, 살던 집과 세간을 다 처분하고 비닐하우스

301

를 개조한 가건물에서 생활하고 있던 터였습니다.

그런 형편에도 불구하고 훈련에 매진해 금메달을 딴 그의 인생 역정에 많은 사람은 크게 감동했습니다. 거기에 화룡점정이 된 것은 런던 현지에 있는 선수와 어머니와의 화상통화 중계였습니다. 선수의 어머니는 감격에 벅차오른 표정으로,

"아들, 오면 뭘 제일 빨리 먹고 싶을까? 라면? OOO?"

라고 물었습니다. 하루라도 빨리 아들을 만나, 좋아하는 음식을 배불리 먹이고 싶다는 어머니의 애틋한 사랑이 느껴지는 장면이었습니다. 게다가 정작 어머니가 언급한 음식이 값싸고 간단히 먹을 수 있는 음식의 대명사 격인 라면이었던 점이 어려운 가정형편 모습과 오버랩되면서 사람들의 마음을 울렸습니다.

그 뒤 몇 차례 우여곡절과 여러 사람의 주선으로 선수의 어머니가 언급한 OOO 라면을 생산하는 식품회사는 "선수가 우리 라면을 먹고 금메달의 꿈을 키웠다는 얘기를 듣고 감동을 받았습니다. 선수 가족들이 동의한다면 우리 라면을 평생 지원하겠습니다"라고 밝혔습니다. 여기까지만 보면 과거에도 종종 볼 수 있었던, 기업의 CSR Corporate Social Responsibility, 기업의 사회적 책임 활동이 만들어낸 훈훈한 미담과 크게 다르지 않은 비슷한 구조의 스토리였습니다. 하지만 그 내용이 언론과 인터넷, 특히 SNS를 통해 알려지기 시작하면서 엉뚱한 방향으로 이야기가 전개되었습니다.

'라면을 먹는 것도 하루 이틀이지…놀리는 거냐?', '올림픽 금메달리스트가 무슨 이재민인 줄 아나 보네', '체중 유지가 다른 종목보다 더 중요한 체조 종목 선수에게 라면을 박스로 가져다주다니, 제정신이냐?'라며 비난하기 시작했습니다. 더 나아가 '최고 몸값으로 떠오른 스타 선수를 모델료도 안 주고 거저 광고에 활용하려는 꼼수로군'이라며 보다 아픈 곳을 찌르는 사람도 있었습니다. 심지어 라면회사에서 제공하기로 한 라면의 금액을 언급하며, '1년 내내 먹어봐야 30만 원 정도인데, 그걸로 생색내는 건가?'라고 비난하는 사람들도 있었고, '저 라면은 유통기한도 없나? 하루에 몇 개씩 먹어야 유통기한 내에 라면들을 다 먹을 수 있을까?'라며 비아냥거리는 사람들까지 등장했습니다.

보다 직접적으로 회사 게시판을 통해 비난을 퍼붓는 사람들까지 나타났습니다. 물론 (CSR 활동을 하는 다른 기업들의 속마음과 마찬가지로) 간접적인 광고효과를 기대하지 않았던 것은 아니었겠지만, 그래도 좋은 마음으로 호의를 베풀었던 식품회사로써는 당황하지 않을 수 없었습니다. 자기 돈 들여 좋은 일을 했음에도 불구하고 온갖 비난이란 비난, 욕이란 욕은 다 듣게 되었습니다. 말 그대로 '내 돈 쓰고, 욕먹는' 다소 억울하고 황당한 사태가 벌어진 것이었습니다.

세계에서 가장 스타일리쉬한 자선사업가

라면을 앞세운 선의가 오해를 빚으며 한바탕 소동이 벌어진 뒤 한참이 지났을 무렵 한 SNS를 통해 캠페인 하나가 진행되었습니다. 해당 캠페인을 진행한 곳은 '더 라운지 헤어 살롱'으로 태국의 프랜차이즈 미용실이었습니다. '헤어 태그^{Hair Tag}'라는 이름이 붙여진 영상이자 캠페인의 내용은 다음과 같았습니다.

당시 그들의 공식 SNS에 들어가면 수십 명의 여성 사진이 게시되어 있었습니다. 다양한 연령대와 생김새의 여성들이었지만, 한가지 공통점이 있었습니다. 마치 이제 막 해병대에서 제대한 것처럼 짧은 머리를 하고 있는 점이었습니다. 고객들은 그중 마음이 가는 여성의 사진을 선택하고 그녀의 머리 부위에 자신의 지인 또는 SNS 팔로워들을 태그할 수 있도록 했습니다. 무척이나 단순한 캠페인이었지만 사람들은 경쟁적으로 그들의 SNS에 들어가 여성 사진을 선택하고 지인들을 태그했습니다. 그렇게 태그가 완성되면 사진 속 여성은 얼굴 주위로 계정명이 적힌 검은색 태그가 주렁주렁 달려 마치 풍성한 파마머리를 한 것처럼 보였습니다.

SNS에 얼굴 사진이 게시된 여성들에게는 숨겨진 또 다른 공통점이 하나 더 있었습니다. 그것은 바로 그들이 모두 항암치료를 받는 암환우라는 점이었습니다. 항암치료의 후유증으로 갑작스럽게 머리카락이 빠지는 현상은 불쾌감을 넘어서 두려움까지 느껴지게 만듭니다. 가뜩이나 암 판정으로 인한 상실감과 독한 치료로 인한 피로감에 시달리는 암환우에게 치명적이죠.

그런 이들을 돕기 위해 더 라운지 헤어 살롱이 나선 것이었습니다. 그들은 암환우들을 돕되 자신들만의 방식으로 좀 더 멋지게 돕고 싶었습니다. 많은 사람에게 기부의 즐거움을 선사하되 그 기부를 받는 사람이 불쌍해 보이거나 측은하게 느껴지도록 하고 싶지 않았습니다. 소소한 즐거움을 주면서

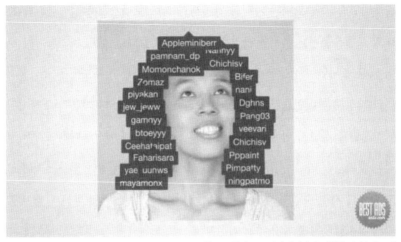

더 라운지 헤어 살롱의 '헤어 태그' 캠페인 모습. CSR 활동도 즐겁고 스타일쉬하게 진행할 수 있다는 사실을 알려준다.

도 경쾌하게 기부활동이 일어나게 하고 싶었죠. 그래서 선택한 방식이 암환자의 사진 위에 태그를 걸어 풍성한 파마머리가 완성되면 해당 사진의 주인공에게 실제로 풍성한 머리숱의 가발을 무료로 기부해 주는 캠페인이었습니다. 암환우들을 웃게 만들고 참여한 이들도 기분 좋게 만들어 주는 기발한 캠페인이었습니다.

해당 캠페인을 주도한 인물은 더 라운지 헤어 살롱의 공동경영자이자 모델과 배우로도 활동하고 있는 메티네 킹파요메였습니다. 그녀의 재능은 탁월한 미모 그 이상이었습니다. 자신을 주인공으로 한 TV쇼의 프로듀서이자 제작자로 나서 큰돈을 벌어들였고, 뷰티 사업에도 진출해 더 라운지 헤어 살롱을 명실공히 태국 최대의 뷰티샵으로 성장시켰습니다.

그녀가 자신의 재능을 가장 멋지게 발휘한 영역은 사회적 기부와 자선

활동이었습니다. 그녀는 자신의 남동생과 함께 모델스쿨을 설립했는데 그
녀의 모델스쿨에는 특이한 클라스가 하나 있었습니다. 어린 소녀들이나 나
이 많은 중노년 여성들을 위한 모델수업이었죠. 물론 전문모델을 육성하기
위한 과정은 아니었습니다. 학교에 잘 적응하지 못하거나 자존감이 떨어진
여학생들과 갱년기 이후로 삶의 활력을 잃은 중노년 여성들에게 모델처럼
걷는 캣워킹을 가르쳐주고 무대 위에 오르도록 해 자신감을 되찾게 해주고
자 마련한 자선 수업이었습니다. 그녀는 자신의 기부활동이 받는 이를 비참
하거나 비굴해지게 하지 않고 기쁜 마음으로 도움을 받을 수 있도록 하는데
능했습니다. '헤어 태그 이벤트' 역시 마찬가지였습니다. 기발한 아이디어를
통해 주는 사람은 즐겁고 받는 이들 역시 마음이 불편하지 않은 기부 캠페인
을 만들어낸 것이었습니다.

저는 마침 태국을 방문했을 때 우연히 '헤어 태그'와 관련한 방송을 보게
되었는데, 화면 속에서 인터뷰하는 메티네 킹파요메의 모습을 보며 그녀에
게서 눈을 떼지 못했습니다. 그녀가 단순히 아름답고 스타일이 좋아서 그런
것만은 아니었습니다. 그보다는 그녀를 어디선가 많이 봤다는 느낌이 들
어서였습니다. 자신이 갖고 있는 능력을 활용해서, 다른 어려운 사람을 돕는
그 성스럽고 숭고한 순간마저 패션잡지의 한 장면처럼 시크하고 멋지게 보
이게 만드는 그녀를…어디에서일까요? 어디에서였을까요?
　궁금함은 풀리지 않았지만, 딱히 해답을 찾을 수도 있는 게 아니어서 거
의 잊고 살았었습니다. 그러던 어느 날, 집필에 필요한 자료들을 모아 둔 하
드 디스크를 정리하기 위해 사진 파일이 들어있는 한 폴더를 열어보는 순간,

잊고 있던 메티네 킹파요메가 떠올랐습니다. 그녀를 연상시키게 만든 폴더의 이름은 엉뚱하게도 'Museo Poldi Pezzoli(폴디 페촐리 미술관)'이었습니다.

전쟁 덕분에 오히려 기회를 잡은 미술관

폴디 페촐리 미술관은 이탈리아 패션의 중심지인 밀라노의 도심에 있습니다. 미술애호가들 사이에서는 작지만 알찬 컬렉션을 자랑하는 명품 미술관으로 유명하지만, 대로에서 안쪽으로 물러앉은 위치에 있고 입구조차 매우 작다 보니 무심결에 그냥 지나쳐 버리는 관광객들도 많고 위치를 잘 모르는 현지인들도 많습니다.

이 미술관은 밀라노의 유명한 귀족이었던 폴디 페촐리가 사후 자신의 저택과 미술품들을 국가에 기증하면서 1881년 개관했습니다. 하지만 부실한 전시물 관리와 주먹구구식의 소장품 분류로 인해 미술관은 일반 대중에게 큰 사랑을 받지는 못했습니다. 그랬던 폴디 페촐리 미술관이 다시금 밀라노 시민이나 이탈리아 국민은 물론, 전 세계인의 관심을 받게 된 것은 아이러니하게도 미술관이 개관이래 최대의 시련을 겪고 난 이후부터입니다.

1943년 당시 독일, 일본과 더불어 추축국의 일원으로 연합군과 제2차 세계대전을 치르고 있던 이탈리아는 혼돈 그 자체였습니다. 특히 그해 7월 연합군이 칼라브리아 해변에 상륙해 독재자 무솔리니가 세운 정권을 무너뜨리자 전쟁이 끝나는 듯싶었지만, 독일의 나치 무장 친위대가 무솔리니를 구출해 북부 이탈리아에 괴뢰정부인 이탈리아 사회주의 공화국을 세우면서

폴디 페촐리 미술관 로비의 모습. 로비의 조형물과 1층으로 올라가는 계단이 미술관보다는 귀족의 저택과 같은 모습을 보여준다.

혼란은 오히려 더 극심해졌습니다. 연합군 사령부는 자칫하다가는 세력을 회복한 무솔리니가 다시 정권탈환을 노릴지도 모른다는 생각에 대규모 공세를 준비했습니다. 결국 그렇게 진행된 것이 밀라노 대폭격이었습니다. 그 폭격으로 인해 밀라노 시내 한복판에 자리 잡고 있던 폴디 페촐리 미술관도 큰 피해를 입을 수밖에 없었습니다. 건물은 심한 손상을 입게 되었고, 일부 소장품들은 파손 혹은 완전히 유실되어 버리고 말았습니다.

하지만 각고의 노력 끝에 폴디 페촐리 미술관은 이전과는 완전히 다른 새로운 미술관으로 거듭났습니다. 중구난방으로 뒤섞여 있던 전시품들은 각각의 종류별로 관람하기 쉽도록 재배치되었고, 단순히 소장품들을 진열장에 죽 펼쳐놓은 것에 그쳤던 컬렉션들은 일정한 주제에 맞춰 체계를 갖추게 되었습니다. 그때부터 본격적으로 폴디 페촐리 미술관은 전 세계적으로 사랑받는 미술관이 될 수 있었습니다. 말 그대로 화가 도리어 복이 되는 전화위복의 순간이었습니다.

폴디 페촐리 미술관의 문을 열고 들어가면 귀족 저택의 로비 같은 공간이 나타나고 1층(우리로 치면 2층)으로 올라가는 계단이 등장합니다. 계단 주변부터 다양한 회화 작품이 즐비하게 걸려있습니다. 1층에 위치한 '황금의 방'은 폴디 페촐리 미술관에서 가장 핵심적인 전시실로 피에로 델 폴라이올로가 그린 것으로 알려진 〈젊은 여인의 초상〉이 전시되고 있습니다. 우리에게는 다소 생소하지만, 이탈리아 사람들에게는 〈모나리자〉에 버금가는 존재감을 주고 있는 작품입니다. 폴디 페촐리 미술관은 그 그림을 단순화시켜 자신들의 로고로 사용할 정도죠. 이외에도 황금의 방에는 지오반니 벨리니의 〈이마고 피에타티스〉, 보티첼리의 〈죽은 그리스도에 대한 애도〉, 만테냐의 〈마돈나와 아이〉 등 수많은 걸작이 즐비하게 전시되어 있습니다.

'비스콘티 베노스타의 방'은 이탈리아 왕국의 외교관이자 우리로 치면 국회부의장 격인 전국위원회 부위원장을 역임한 지오반니 마리아 비스콘티 베노스타를 기리기 위한 방입니다. 그는 무솔리니의 반대편에 서서 이탈리아가 파시스트들에게 지배당하지 않도록 하는데 평생을 바친 인물입니다. 그는 예술품 수집가로도 유명했는데, 죽음이 임박해 오자 자신이 소장품들을 밀라노 시민들이 모두 함께 감상할 수 있도록 해주면 좋겠다는 유언을 남겼습니다. 부인이 뜻을 받들어 그가 평상시 즐겨 찾던 폴디 페촐리 미술관에 기증 의사를 밝혔고, 마침 폭격 이후 새롭게 미술관을 단장하던 시기였기에 지금과 같은 모습의 비스콘티 베노스타의 방이 조성되었습니다.

그 외에도 폴디 페촐리 미술관에는 일반적인 미술관에서는 쉽게 만나기 어려운 다양한 분야의 소장품들이 전시되고 있습니다. '무라노 유리의 방'에는 무라노섬을 비롯한 다양한 곳에서 만들어진 유리공예품과 식기 등이 전시되어 있고, '프란치니의 방'에는 16세기부터 20세기 초반까지 제작된 최고급 시계를 포함해 여러 가지 귀족들의 장식품과 생활용품들이 전시돼 관람객들의 큰 사랑을 받고 있습니다. 폴디 페촐리의 이 같은 부활 스토리에서 우리는 십수 년 전부터 유행처럼 퍼지고 있는 기업의 CSR 활동에 대한 몇 가지 중요한 시사점을 얻을 수 있습니다.

베풀고도 욕먹지 않으려면 고민해야 하는 것들

CSR은 1990년대 무렵 유럽 기업들로부터 시작돼 2000년대 초반 이후 전 세계적으로 크게 부각이 된 개념입니다. 사실 CSR이 중요하다는 주장은 1950년대 무렵부터 지속적으로 이어왔으나, 실제로 사람들의 입에 오르내리게 된 것은 이를 제대로 지키지 못한 비윤리적·반사회적 기업 덕분이었습니다.

1984년 인도 중부에 위치한 유니언 카바이드의 공장에서 폭발사고가 발생했습니다. 독성 화학물질인 메틸이소시안을 저장해 두었던 탱크가 폭발하면서 약 40톤가량의 원료물질이 공기 중에 유출된 것입니다. 그 사고로 인해 당일에만 2천 259명의 공장 근로자와 보팔 시민이 사망했고, 이튿날 1천 528명이 추가로 더 사망해 단 이틀 만에 3천 787명이 목숨을 잃고 말았습니다. 그에 더해 20만 명 이상의 주민들이 평생 후유증에 시달리게 되었죠. 몇 년 뒤 조사관들에 의해 밝혀진 사고 원인은 너무나 어처구니없었습니다. 유니언 카바이드가 비용 절감을 이유로 저장탱크 관리에 필수적인 안전 수칙 몇 가지를 제대로 지키지 않아서 벌어진 사고였습니다. 더 어처구니없 었던 것은 사고가 일어난 뒤에도 약 2시간 동안이나 책임자들이 제대로 된 조치를 취하지 않아서 피해가 천문학적으로 늘어났다는 사실입니다.

비슷한 사고는 이후에도 끊이지 않았습니다. 1989년에는 엑슨 발데즈 라는 초대형 유조선이 알래스카 근방을 지나다 암초에 부딪혀 좌초되는 사 고가 일어났습니다. 어찌 보면 단순한 선박 조난으로 보이는 이 사고가 역사 에 길이 남을 뉴스거리가 된 까닭은 우선 피해가 어마어마했기 때문이고, 사 고의 원인이 선장의 음주와 항해사의 졸음 운항이었기 때문입니다.

이 사고로 청정해역으로 유명한 알래스카 해안에 25만 배럴 이상의 원 유가 쏟아져나와 약 1,900킬로미터나 되는 길이의 기름띠가 만들어졌고, 그 로 인해 바닷가재, 연어, 청어 등의 어장이 기름으로 뒤덮였으며, 바다사자, 물개, 대머리 독수리 등 전 세계적 희귀동물들의 서식지가 완전히 초토화되 는 참사가 벌어졌습니다.

기업 혹은 기업에 몸담고 있는 이들의 부주의에 의해 빚어진 참극은 환 경 문제에만 국한되지 않습니다. 2001년, 미국 역사상 최대 규모를 기록 하며 파산한 엔론은 법원에서 파산 선고를 받기 불과 며칠 전까지만 하더라 도 직원들에게 거액의 성과급을 나눠주는 파티를 벌였고, 비슷한 시기에 발 표한 실적 자료에도 자신들이 매우 우수한 성과를 내고 있다고 공표했습니 다. 하지만 모든 것이 회계장부 조작에 의한 것이었고 실제로는 심각한 재정

위기를 겪고 있음이 알려졌습니다. 그렇게 그들은 몰락의 길을 걷게 되었죠. 회계부정을 담당했던 임원이 자살하고, 최고경영자들이 가석방 없는 수백 년형을 선고받았습니다.

'이 사건이 본보기가 돼 앞으로는 이런 사건이 다시는 일어나지 않을 것이다'라는 몇몇 이들의 전망을 비웃기라도 하듯 불과 1년도 채 안 돼, 언론이 세웠던 '역사상 최대 규모'라는 파산 기록은 월드컴이라는 또 다른 기업에 의해 갈아치워지게 되었죠. 부도덕한 경영자에 대한 수백 년형 기록 역시 또다시 볼 수 있게 되었습니다.

이처럼 기업 또는 경영자의 부도덕함, 몰염치함, 눈앞에 보이는 이익을 위해 공공복리를 미련 없이 맞바꾸려는 태도 등으로 의한 피해가 계속되면서 기업의 사회적 책임에 대한 관심이 폭발적으로 증가했습니다. 기업들은 과거 '윤리경영'이라는 이름으로 일부 존재했던 개념을 보다 적극적이고, 폭넓게 확장해나갔고, 전담부서를 신설하고 담당자를 육성하는 등 노력을 기울이기 시작했습니다.

그럼에도 불구하고 이윤추구가 목적인 기업이라는 집단의 특성상, 그리고 여러 가지 사회적 여건상, 한동안 기업의 CSR 관련 활동은 지극히 제한적이었습니다. 초기에는 시도 자체만으로도 기업은 소기의 목적을 거둘 수 있었죠. 영리 추구를 목적으로 한 기업이 자신의 이익과 거의 관련 없는 불우한 이웃 또는 단체에 기부한다는 것만으로 대중들은 그 기업의 선의를 칭송했습니다. 호감은 곧바로 해당 기업의 제품 또는 서비스에 대한 구매로 이어졌습니다.

선의를 베푸는 기업들이 많아지면서 이제는 그 규모로 경쟁을 하기도 했습니다. 과거 태풍이나 홍수로 인한 피해가 발생하면 방송사마다 수재의연금 모금행사를 진행했는데 '누가 얼마를 냈는가?'가 큰 관심거리였습니다. "모 재벌그룹 회장이 몇억 원을 냈다"라는 뉴스가 나오면, 다음 날에는 "또 다른 그룹 회장이 그보다 조금 더 많은 몇억 원을 냈다"라는 뉴스가 보도되었습니다. 그러면 사람들은 기업들이 보여준 선의의 크기를 자신들의 기준으로 재단하곤 했죠.

모든 것이 유통되는 정보의 양과 질, 파급 속도와 전파력 등이 지극히 제한적이었기에 벌어질 수 있었던 일들이었습니다. 하지만 시대가 바뀌었습니다. 이제 사람들은 어떤 기업인이 남모르게 기부하려고 익명으로 기부한 내용도 원 단위 숫자 하나까지 틀리지 않고 알 수 있는 시대에 살고 있습니다. 반대로 모 그룹의 수백 명도 넘는 임원 중 한 명이 태평양 상공 항공기 안이라는 제한된 환경에서 저지른 갑질을 대한민국에서 거의 실시간으로 속속들이 알 수 있는 시대이기도 합니다.

'누가', '왜', '얼마나'만이 주목받던 기업의 CSR 활동에서 '어떻게'의 중요성이 나날이 커져가는 시대로 접어들게 된 것입니다. 그 '어떻게'에 많은 신경을 써 최고의 CSR 활동으로 꼽히는 일들을 해낸 기업이 있습니다.

정승처럼 벌어서 정승같이 써야 하는 세상

1991년, 어느 날. 런던에서 인쇄회사를 경영하던 존 버드는 TV를 보다가 깜짝 놀랐습니다. 세계적인 화장품 기업의 공동창업자이자 소유주였던 부부가 등장했는데, 그중 남편이 자신이 알던 사람이었기 때문입니다. 기업을 경영하는 건실한 사회인으로 살고 있었지만, 사실 존 버드에게는 지우고 싶은 어두운 과거가 있었습니다.

그는 런던 빈민가에서 태어나 5살에 거리에 버려져 10살이 될 때까지 고아원에서 살아야 했습니다. 그는 안 좋은 친구들과 어울렸고 여러 차례 구치소에 드나들어야 했습니다. 한번은 제법 큰 범죄를 저질러 지명수배를 당하는 지경에 이르렀습니다. 수배령을 피해 스코틀랜드에 있는 에든버러로 도망을 쳤는데, 그곳에서 우연히 자신과 같은 도망자 신세였던 한 히피 청년을 만나게 되었습니다. 동병상련의 처지였던 두 사람은 금방 의기투합해서 절친이 되었는데, TV에 등장한 세계적 기업의 공동창업자이자 소유주가 바로 그 '히피 친구'였던 것입니다. 반가운 마음에 그를 찾아간 존 버드는,

"자칫 운이 나빴으면 우리도 평생 범죄자로 살거나,
홈리스로 객사했을 지도 모르네."
"다행히 좋은 이웃들의 도움으로
지금의 이 자리에까지 오게 된 것이지."
"자네, 예전의 우리와 비슷한 처지의 사람을 돕는 일을
나와 함께하지 않겠나?"

라고 운을 띄웠습니다. 이미 이전부터 회사를 친환경 기업으로 성장시켜 오며, 다양한 분야에서 사회공헌활동을 해 왔던 '히피 친구' 고든 로딕은 친구의 제안에 흔쾌히 찬성했습니다. 하지만 그는 존 버드에게 '어떻게 도울

것인지' 방법에 대해 조금 더 고민해줄 것을 요청했습니다. 그가 원한 사회 공헌의 방법은 무조건적인 기부나 자선활동이 아니었습니다.

결국 고민 끝에 존 버드가 제안한 방법은, 다양한 사람들의 재능 기부를 통해 퀄리티 높은 잡지를 만들면, 노숙자 등 불우한 형편의 사람들이 가져다가 열심히 팔고, 남는 수익을 본인이 갖도록 하는 방식이었습니다. 어려운 사람들이 굴욕적이거나 부끄럽지 않고 떳떳하게 도움을 받도록 한 방법이었습니다. 기부를 유도하기 위해 외부로 내건 모토 역시,

"그들 스스로 그들을 돕도록 돕는다."

였습니다. 이와 같은 형태의 자선활동에 수많은 사람이 열광적인 지지를 보냈고, 적극적으로 동참했습니다. 레이디 가가와 같은 팝스타는 물론이고, 조앤 롤링 같은 유명 작가, 심지어 버락 오바마 전 미국 대통령까지 이 잡지의 제작에 재능을 기부했습니다. 수많은 지식인이 언론 인터뷰 등을 통해 이 잡지를 즐겨 사 본다고 이야기하면서 런던에서는 이 잡지 구매가 지식인 또는 개념 있는 시민의 상징처럼 여겨지기도 했습니다. 현재 이 잡지는 세계 10여 개국에서 판매가 되고 있으며, 영국에서는 매주 20만 부가량, 일본에서도 4만 부 이상 팔리는 인기 잡지로 성장했습니다. 2010년도에는 한국에도 진출해, 최근 급증하고 있는 한국인 노숙자들의 자활에도 기여하고 있습니다. 잡지의 성공 덕분에 영국에서만 무려 5,500명의 노숙인이 자활에 성공했고, 우리나라에서도 100여 명의 노숙인 가구가 매입 임대주택에 보금

자리를 마련할 수 있었습니다.

잡지의 이름은 많이들 들어보셨을 텐데, 〈빅 이슈〉입니다. 그리고 이 잡지가 탄생하기까지 막대한 금전적 지원을 아끼지 않았던 고든 로딕과 그의 부인 아니타 로딕이 창업해서 운영한 화장품 회사가 바로 '바디샵'입니다.

이처럼 현대에 들어와서 CSR의 개념이 많이 달라졌습니다. 얼마나 많은 것을 사회에 베푸느냐가 아니라, 사소한 것이라도 어떻게 사회에 전달하느냐가 더 중요해졌습니다. 이와 관련해 CSR 분야의 최고 권위자 중 한 명인 오스트리아 빈대학교의 마틴 노이라이터 교수는 자신의 저술을 통해,

"과거의 경우, 기업이 어떠한 방법으로 돈을 벌었건,
번 돈을 어떤 방법으로 나눠 주건, 이윤을 사회에 돌려주는
그 자체만으로 칭송받을 수 있었다.
하지만 현재 그리고 앞으로는
돈을 버는 과정과 행위부터가 CSR 활동이 되어야 한다.
제대로 된 방법으로 벌어서, 제대로 된 방법으로 베풀지 않는 한
사회로부터 무조건적인 호의를 이끌어내기 힘들 것이다"

라고 주장했습니다. 즉, 우리 속담인 '개처럼 벌어서 정승같이 쓴다'라는 것이 앞으로의 CSR에서는 더 이상 통용되지 않으리라는 것입니다.

앞서 사례로 든 태국 프랜차이즈 미용실의 가발 제공 프로젝트 역시 '항

암제로 인해 가발이 필요한 여성들을 도와달라'라는 의미는 훼손하지 않으면서도 도움을 주는 사람은 즐겁고 유쾌하게, 도움을 받는 여성들도 절대 불쌍하거나 비참하지 않게 도움을 주고받을 여지를 만들어낸 것입니다. 바람직한 CSR은 이렇게 해야 합니다. 하는 사람(또는 기업)은 기쁘고 뿌듯하게, 그 혜택을 받는 사람(또는 기업) 역시 떳떳하고 당당하게 주고받을 수 있어야 합니다. 앞으로는 '무엇을, 얼마나 줄지'에 대한 집착을 벗어나 '얼마나 멋있고 행복하게 줄 수 있는지'에 대해 고민해야 합니다.

부유한 귀족이 기부한 미술품을 그저 모아놓은 곳이었던 폴디 페촐리가, 보다 멋지게 더 많은 사람이 즐겨 찾을 수 있는 공간으로 발전해 지금과 같은 명성을 얻게 된 것처럼 말이죠. 오래도록 성공하고 싶은 최고의 인재들이 폴디 페촐리와 같은 미술관을 즐겨 찾는 이유가 여기에 있습니다.

317

폴디 페촐리 미술관

주소 Via Manzoni 12, 20121 Milano, Italia

홈페이지 www.museopoldipezzoli.it

관람시간 10:00~18:00 (수~월) / 09:00~19:00 (일, 공휴일)

휴관일 매주 화요일 / 1월 1일, 부활절, 4월 25일, 5월 1일, 8월 15일, 11월 1일, 12월 8일, 12월 25일

입장권 가격 €14 (연령 및 발매 조건 등에 따라 다양한 할인 혜택)

관람 안내

· 폴디 페촐리는 유럽의 다른 유명 미술관에 비해 규모가 무척이나 작아서, 잘 모르고 방문했다가 실망했다는 분들도 꽤 있더군요. 하지만 생각을 조금만 바꿔서 이탈리아 한 귀족가문의 개인 컬렉션에 초대를 받았다는 생각으로 집안 구석구석을 감상하듯 느린 속도로 차분하게 분위기 자체를 만끽하면 저택 주인장의 안목이 담긴 다채로운 예술 작품들이 오밀조밀 정겹게 자리잡은 모습에 오히려 마음을 사로잡힐지도 모릅니다.

· 폴디 페촐리는 다른 미술관보다 조명과 전반적인 내부 인테리어가 어두운 편입니다. 그 덕분일까요? 같은 화가의 작품이라도 폴디 페촐리에서 만나게 되면 뭔가 더 몽환적이고 아련한 느낌이 들 때가 많습니다. 보티첼리의 〈마돈나〉가 바로 그렇습니다. 이 작품만큼은 잊지 말고 꼭 관람하도록 합시다.

※ 상기 내용은 24년 9월말 기준이며, 세부사항은 시기에 따라 일부 변경될 수 있습니다. 보다 자세한 사항은 공식 홈페이지를 참조하시기 바랍니다.

도움을 주신 분들

Mr. Andrea Von Ehrenstein (Sherlock Holmes Museum Curator)

Ms. Beatriz Carderera Arnau (Museo Nacional del Prado PR Officer)

Shinagawa and Kiriki上 (森美術館 広報マネージャー)

Mr. Sabyasachi Mukherjee (Chhatrapati Shivaji Museum Director)

Ms. Prachee Sathe (Chhatrapati Shivaji Museum PR Manager)

Ms. Pia Hildesheim (Bayern Museum Association PR Manager)

Mr. Hessa al Muhassin (Dubai Tourism Office Senior Executive of Statistics and Information)

Ms. Fatima Hayeder (Dubai Tourism Office PR Manager)

Ms. Anne Giroux (Musée de Louvre CS Department Director)

Mr. Chris Sutherns (British Museum Images Editorial Account Manager)

Mr. Serge Lemoin (Mus?e d'Orsay 前 Director)

Y. Bhg. Datuk Abdullah Haji Jonid (Malaysia Tourism Office Director)

김성동 : 前.현대건설 해외건설부문 부장

Ms. Susi Piovanelli (Italy Firenze Museum Association PR Manager)

Ms. Laura Hurtado Gálvez (Museo Nacional Centro de Arte Reina Sofia CS Manager)

Mr. Frank Lees (American Museum of Natural History CIO)

Mr. Philip Rylands (Collezione Peggy Guggenheim Director)

Ms. Lavinia Galli (Museo Poldi Pezzoli Curator)

모두가 궁금했지만
아무도 묻지 못했던
부자를 향한 3개의 질문

"당신의 현재 자산은 얼마입니까?"
"처음 시작할 때 수중에 얼마가 있었습니까?"
"당신은 어떻게 부자가 되었습니까?"

죽은 원고도 살리는 업계 최고의
해결사가 취재한
총자산 2조 5,000억 원의 부자 25인의
일거수일투족.
낮에는 대기업을 다니는 평범한 생활인
이지만 밤에는 유명인들과 부자들의
책을 대필해주던 '유령작가'가
지금껏 한 번도 스스로를 드러내지 않은
'히든 리치'의 돈에 대한 철칙과
부의 축적 과정을
실시간으로 중계한다!

테크놀로지의 진보만이
미래를 밝게 한다

2040년 미래에는 어떤 세계가 펼쳐질까?
기회와 위기가 공존하는 미래

2040년 미래, 당신은 어떤 삶을 살 것인가?

미래 기술에 주목한 사람들에게 엄청난 기회가 주어질 것이다!

이익이 나지 않는 매출은
적자일 뿐이다!

이익률 29% 초효율 경영의 비밀

단돈 10만 원으로 시작한 사업을
매출 1,000억 원, 이익 290억 원의 기업으로 성장시킨
'5단계 이익관리' 노하우 대공개!!